KB214684

The Peaceable Kingdom
Stanley Hauerwas

평화의 나라

예수 그리스도의 비폭력주의

스탠리 하우어워스
홍종락 옮김

일러두기

본문의 각주는 모두 역자 주이다.

하나님 나라에 신실하고자 노력하는

브로드웨이감리교회 교인들에게

차례

5장 예수: 평화의 나라의 현존

6장 섬기는 공동체: 기독교 사회윤리학

7장 내러티브적 기술로서의 결의론

8장 비극과 기쁨: 평화의 영성

추천 서문

내가 무엇을 할지 결정하는 일을 누가 도와줄까? 윤리학자들은 정합적 체계를 구축하느라 너무 바빠 도와줄 수 없다 해도, 기독교 윤리학자들이라면 "결정을 내리고 정당화하는 일에 구체적 지도"[1]가 필요한 우리의 상황을 존중해 줄 법도 하다. 하지만 스탠리 하우어워스는 그런 책임을 맡기를 처음부터 피한다. 그런데 그가 과연 그 일을 피하고 있을까? 나의 역량을 엄격하게 시험하여 파편화되고 폭력적인 세계에서 그리스도인으로서의 내 삶을 **충분히 생각하도록** 돕는 사람이야말로 내가 작은 단계와도 같은 사소한 결정들을 밟아 나가도록 누구보다 잘 훈련해 주는 이가 아닐까? 그리고 그런 작은 단계가 모여 결국 큰 결정을 이루는 것이 아닐까? 만약 결정하는 법을 그렇게 배울 수 없다면, 그 배움은 아예 불가능할 것이다. 결정은 우리가 행하는(또는 만드는) 어떤 것이라기보다는 우리를 위해 만들어졌다고 할 만한 것이면서도, 이후의 우리 삶을 형성함으로써 결국 우리를 만들어 가는 어떤 것이기 때문이다.

그래서 하우어워스는 윤리학을 '어려운 결정'과 연결하는 우리의 경향에 오랫동안 이의를 제기해 왔다. 그는 우리가 할 수 있는 일이 따로 있다고 상기시킨다. 그것은 우리가 일정한 방식으로 결정하는 데 더 보탬이 되는 맥락을 창출하도록 돕는 것이다. 교회가 그런 맥락이 될 것 같다. 교회는 구성원들 안에서 여러 덕이 구체적 형태로 구현되기를 추구하는 사회제도이니까. 기독교 윤리학자들은 그 구체적 형태가 어떤 모습이어야 하는지, 왜 그런지 말할 수 있다. 그래서 그들의 논증은 우리가 어떤 삶을 갈망해야 하고 무엇이 우리의 전형적인 일이 되어야 하는지 안내해 줄 것이다. 기독교 윤리학자들은 이렇게 빙 둘러 가되 유기적인 방식으로, 우리가 삶에서 무엇을 해야 할지 결정하는 일을 아주 분명하게 돕게 될 것이다. 하우어워스의 확장된 논증 기술은 바로 이렇게 작동한다.

그리고 나는 그것이 철저히 가톨릭적Catholic 논증이라고 주장하고 싶다. 여기서의 가톨릭은 '로마'가톨릭을 넘어 장구한 전통에 참여하고자 하는 수많은 개신교도까지 아우르는 공교회를 말한다. 하우어워스의 논증에서 자아는 공동체 안에 확고히 자리를 잡고 그 공동체의 언어와 관습 안에서 자유롭게 빚어지고 그 공동체의 대응을 통해 계속 이루어지는 교육을 받으며 예수를 따르는 법을 배우기 때문에 가톨릭적이라고 말할 수 있다. 더욱이, 이 논증으로 그 공동체의 대응을 추적해 보니, 남미 주교들을 필두로 이제는 북미 주교들까지 동참하여 가리키는 한 방향이 드러났다. 그곳은 예루살렘, 즉 예수께서 이 세상의 권세들과 맞서시는 지점이다. 이 세상은 우리를 포함하여 하나님의 이야기를 자신의 이야기로 삼지 **않기로** 선택한 이들로 구성된 세상이다. 그래서 예수의 이야기를 자신의 이야기로 삼고자 하는 이들의 주된 과제는 그 세상(그들의 세상) 안에 서서 그 세상에 대한 올바른 이해를 보여 주는 평화의 나라를 증언하는 것이다.

이 입장에 따라, 예수를 따르려는 이들에게는 엄중한 요구가 주어질 것이다. '사티아그라하*satyagraha*' 정책을 위해서는 삶의 방식으로 비폭력 저항을 훈련할 공동체들이 있어야 할 줄을 간디가 알아본 것처럼, 하우어워스는 교회가 구성원들에게 인내와 소망의 덕을 함양해 주고 구체적 상황에서 올바르게 분별할 역량을 길러 줘야 한다고 주장한다. 여기서도 우리를 이끌어 줄 것은 규칙이 아니라 관행이다. 공동체 안에서 구현되고 자체의 확신에 충실하게 살려는 그런 집단의 지속적 노력을 통해 정당화되는 관행이다. 새로운 형태의 결의론casuistry★이라 할 수 있는 관행은 가톨릭 도덕적 가르침의 각 단계를 규정하는 미니 서사들에 살을 붙여서 그 과정이 예수를 따라 예루살렘으로 가려는 이들의 삶에서 훨씬 더 큰 영향을 끼치게 만든다.

인내는 평화의 나라를 증언하는 공동체가 실제로 자라나는 데 있어 소망과 함께 필요한 덕일 것이다. 그리고 이 책에서 하우어워스는 덕에 대한 우리의 이해를 이전 저술들에서보다 몇 걸음 더 진전시킨다. 그는 다른 사람들과의 관계를 통해 덕이 어떻게 개발되는지 분명히 밝힌다. 우리가 직접 알 수 있는 평화는 다

★ 사례를 중심으로 하여 윤리 문제를 해결하는 기술. 아리스토텔레스와 고대 철학에서 출발한 오래된 방법론이며 중세 가톨릭교회의 고해성사와 속죄 관행을 통해 발전하였고 16-17세기에 최전성기를 누린 후 완전히 몰락했으나 20세기 후반 이래로 특히 의료윤리 분야에서의 요청과 함께 되살아났다.

른 사람들을 용서한 것의 열매이고, 다른 사람들을 용서하기 위해서는 우리가 착각을 떨치도록 돕는 진실함의 맥락이 있어야 한다. 진실함이 우리가 사는 세상의 특징일 수는 없으므로, 그것은 예수께서 가르치고 구현하셨던 나라와 닮은 모습으로 형성될 공동체를 묘사하는 말임이 분명하다.

더욱이, 그런 공동체를 형성하는 과제를 추구할 때 우리는 참된 **한 가지 일**을 행하는 데서 오는 기쁨을 경험하게 된다! 이 사실은 인내와 소망의 덕의 또 다른 차원, 즉 우리가 진리에 따라 살도록 그 덕들이 어떻게 준비시켜 주는지 어렴풋이 보여 준다. 아퀴나스는 그것을 관상적 삶을 통해 깨달았고, 적극적인 그리스도인으로 사는 데 필요한 덕에 대한 그의 가르침은 우리를 관상으로 이끄는 데서 절정에 이른다.[2] 그리스도인의 삶에 대한 이해를 시도하는 이 책의 마지막 몇 쪽도 이와 같은 일을 한다. 하우어워스가 우리를 위해 윤곽을 그린 프로그램에서 인내와 소망이 중요한 자리를 차지하는 것은 두 덕이 우리가 서 있는 세상과 우리가 증언해야 할 나라 사이의 비극적 간격에 대처하는 데 도움이 되어서만은 아니다. 인내와 소망이 이 부분에서 도움이 되는 것은 사실이지만, 그럴 수 있는 것은 오로지 우리가 이 세상과 하나님 나라라는 현실에 적응할 수 있게 두 덕이 작용하고 있기 때문이다. 인내와 소망이 우리가 비폭력 저항으로 안팎의 악에 맞설 힘을 준다면, 그것은 두 덕이 우리를 자유롭게 하겠다고 약속하신 진리 되신 그분을 관상하는 법 또한 가르치기 때문이다.

데이비드 B. 버렐David B. Burrell,
C.S.C.(성십자가수도회 소속 사제)

서문

이 책은 아칸소주 콘웨이의 헨드릭스대학에서 시작되었다. 남부의 아테네로 불리던 그곳에서 나는 강연을 하고 내 저작에 관한 세미나에 참여했다. 현대의 철학적·신학적 윤리학에 대한 비판을 자세히 개진하는 과정에서 나는 한 학부생의 간단한 질문을 받았는데, 그것은 사람을 깜짝 놀라게 해서 자기 인식에 이르게 만드는 질문이었다. "교수님의 입장으로 인해 교수님이 기독교 윤리학 수업을 진행하는 방식이 어떻게 달라졌습니까?" 참으로 쑥스럽게도, 나는 내 입장으로 인해 수업을 진행하는 방식이 크게 달라지지 않았음을 인정할 수밖에 없었다. 수업 시간의 대부분을 다른 사람들의 견해를 가르치는 일로 채우기 때문이었다. 그런 수업 방식은 대학원에서 익힌 분위기 탓이 큰 것이 분명하다. 교수의 일차적 책임은 학문적 공정성과 객관성을 위해 문제의 모든 측면을 제시하는 것이라고 배웠던 것이다. 하지만 그 정당한 우려와 과제가 지적 비겁함과 자기기만의 구실이 되어

버리기가 너무나 쉽고, 만약 그런 우려를 빌미로 교사가 자신의 견해를 학생들의 비판적 반응에 노출할 필요가 없다고 생각한다면 정말이지 비겁함과 기만에 빠진 것으로 볼 수 있다. 그래서 나는 집으로 돌아가면서 기독교 윤리학을 어떻게 이해해야 하는지에 관한 나의 건설적 제안을 중심으로 강좌를 계획하고 가르치기로 결심했다.

이 책은 그 결심의 결과물이다. 그러므로 수업 시간에 이 책에 담긴 생각들을 시험해 보도록 허락해 준 노터데임대학교 학부생들에게 먼저 감사해야 마땅하다. 석박사 과정 학생들과 함께 여기 담긴 사색을 펼칠 기회를 마련해 준 몇몇 여름 계절학기 수업과 여러 기관, 이를테면 버지니아주 리치몬드의 유니온신학교와 일리프신학교의 신세를 졌다. 나는 그 학생들을 통해 내 생각을 어떻게 제시해야 하는지 많이 배웠을 뿐 아니라, 그들의 질문들을 받고서야 비로소 내가 말하고 싶은 것 혹은 말해야 할 것을 제대로 이해할 수 있었던 적이 많았다. 학생들과 함께한 결과가 이 입문서에 잘 반영되어 강의실에서 쓰기에 더 용이하게 되었기를 바란다.

물론 '입문서'나 '개론서'는 쓰기 어려운 책으로 악명이 높다. 입문서의 필자는 흔히 두 부류로 나뉜다. 한 부류는 자신이 그런 만만한 과제를 수행하는 데 필요한 정도보다 훨씬 많이 안다고 생각하는 젊은 학자들이다. 또 한 부류는 은퇴를 얼마 앞둔 노학자들로서, 자신의 지식이 충분하지 않다는 것을 알지만 아는 바를 단순하고 자신 있게 쓸 수 있는 명료성을 획득한 사람들이다. 이런 명료성은 자신이 무엇을 모르는지 아는 데서 나온다. 내가 학자 경력의 중반에 이 '입문서' 집필을 시도했다는 사실은 아마도 기독교 윤리학에 대한 나의 이해가 얼마나 부족한지 말해 준다고 봐야 할 것이다. 내가 이런 시도를 하겠다고 겁 없이 나선 이유는 간단하다. 기독교 윤리학은 결코 '완전한 이해' 수준의 숙고에 이를 수 있는 학문이 아니지만, 그것을 다른 사람들에게 최대한 잘 소개하려고 시도하는 것은 중요하다고 확신하기 때문이다. 그래서 비록 이 책의 많은 내용이 충분히 전개되진 못했지만, 독자 중 일부라도 이 내용이 충분히 설득력이 있어서 보다 충실히 전개하고/하거나 부족한 부분을 드러낼 만하다고 여기기를 바란다.

이 책의 제목은 성경에서 간접적으로만 가져온 것이다. 내가 이사야서 본문을 찾게 된 것은 에드워드 힉스Edward Hicks의 그림들인 〈평화의 나라〉를 통해서였기 때문이다. 많은 이들이 힉스의 이 '원시적' 그림에 감탄하는 이유는 단순함이 주는 감동의 힘 때문이라는 것이 내 생각이다. 이 책의 지면이 그런 호소력의 일부라도 포착해 내고, 그 결과로 하나님의 평화의 비전이 우리 모두의 내면에서 보다 온전히 형성되기를 바랄 뿐이다. 힉스의 다소 덜 유명한 다른 작품 〈노아의 방주〉는 〈평화의 나라〉의 몇몇 묘사보다 더욱 강력하다. 힉스는 방주를 평화의 종말론적 상징으로 제대로 보았다. 방주 안에서 늑대가 어린양과 함께 누울 수 있어야 남은 자들의 구원이 가능했을 것이기 때문이다. 불의 홍수로 위협을 받는 이 시대에 우리는 영감을 받은 힉스의 비전이 절실히 필요한 것 같다. 이 책이 그런 비전을 불러일으키고 보존하는 데 작게나마 도움이 되기를 소망한다.

늘 그렇듯, 이 책의 이전 원고들을 읽고 비판해 준 많은 이들의 신세를 졌다. 내가 가르치는 학생들에게 특히 큰 빚을 졌다. 마크 셔윈트, 필 푸버트, 폴 와델, 찰스 핀치스는 내용뿐 아니라 글쓰기에 대한 의견도 제시해 주었다. 그들이 내게 얼마나 많은 것을 가르쳤고 어떤 영역들에서 내가 그들의 온갖 비판에 제대로 답하지 못했는지는 그들만 안다. 제임스 버첼, 존 하워드 요더, 로버트 윌킨 같은 동료들의 사려 깊은 비판에서도 도움을 받았다. 나의 사고와 글쓰기 수준이 그들의 높은 비판 수준에 걸맞은 것이기를 바랄 뿐이다. 로완 그리어, 엔다 맥도너, 제임스 맥클렌든, 짐 칠드레스, 데이비드 슈미트도 이 책을 읽고 몇 가지 명백한 실수에서 나를 구해 주었다. 나는 알래스데어 매킨타이어와 데이비드 솔로몬에게 계속 신세를 지고 있는데, 이 사실은 본문에서 분명히 드러난다.

데이비드 버렐이 이 책의 추천 서문을 흔쾌히 써 준 것은 내가 그에게 계속 빚을 지고 있다는 작은 증거에 불과하다. 그는 내게 끊임없는 영감의 원천이지만, 신학을 너무 심각하게 여기지 말라고 상기시켜 줌으로써 사제의 임무를 수행하는 것도 잊지 않는다.

평소처럼 노터데임대학교 출판부의 제임스 랭퍼드 편집장에게 신세를 졌다. 그는 내가 이런 노선의 책을 써야 한다고 처음 제안했고, 그의 열정과 인내에 힘입어 계속 쓸 수 있었던 때가 많았다. 내 글을 쉽게 이해할 수 있게 만들려고 계속 애써 주는 앤 라이스에게 감사한다. 많은 이들이 《교회됨 *A Community of Character*》(북코리아)에서 내 글이 나아졌다고 말했는데, 그건 앤 라이스가 이제 내 편집자라는 사실을 모르고 하는 소리이다.

아내 앤과 아들 애덤에게 감사를 전한다. 두 사람은 글을 쓰고 생각을 하는 내게 필요한 지원과 인내를 계속 베풀었다. 앤은 나의 문체를 계속 교정해 준다. 뿐만 아니라 내가 '멋진' 생각이라고 여기는 것에 결코 감동하지 않는다. 그런 아내 덕분에 나는 올바로 파악했다고 생각한 내용을 다시 생각하고 수정하는 고통스러운 과정에 임해야 한다. 그러나 앤과 애덤에게 무엇보다 고마운 일은 기꺼이 나와 함께 있어 준 것이다. 우리는 자기에게 몰두하는 존재이고, 특히 글쓰기에는 자기 몰입을 의식하지 못하게 만드는 힘이 있는 듯하다. 가족에게 감사할 내용이 많지만, 그들을 내 자신의 확장이 아니라 하나님의 소유로 보라는 끊임없는 요구보다 더 중요한 선물은 없는 것 같다.

끝으로, 과거에 나는 교회 소속이 모호하다고 밝힌 바 있다. 지적으로는 이전보다 더 분명한 위치에 있지 못하지만, 적어도 나는 지난 몇 년간 나를 삶의 일부로 기꺼이 받아 준 사람들 무리의 일원이 되었다. 인디애나주 사우스벤드의 브로드웨이감리교회이다. 구체적 공동체의 일원이 되도록 권면해 준 브로드웨이교회의 존 스미스 목사에게 특히 감사한다. 평화를 위한 노력을 결코 멈추지 않는 브로드웨이 교인들에게 이 책을 바친다.

도입

'개론서' 소개

이 책은 대학의 개론 수업이나 성인 스터디그룹에서 사용되기를 바라고 기독교 윤리학 입문서 또는 개론서로 썼지만, 다양한 윤리학자들이 윤리학의 여러 현안에 대해 어떻게 생각하는지 개요를 제시하지 않는다. 기독교 윤리학의 과거와 현재의 인물들에 대한 광범위한 분석도 내놓지 않는다. 이 책은 한 가지 기독교 윤리에 대한 하나의 단도직입적 해설을 시도한다는 의미에서 개론서이다.

대안적 해설들은 내 자신의 입장을 명료하게 하는 수단으로서만 언급된다. 그래서 이 책은 개론서치고는 확실히 '한쪽으로 치우쳤다'라고 말할 수 있을 것이다. 나로서는 다르게 할 수 있는 방법을 몰라서 이렇게 했다고 말할 수밖에 없다. 내가 이 책에서 줄곧 보이려 한 것처럼, 기독교 윤리학을 중립적으로 탐구하는 방법은 없다. 기독교 윤리학이 무엇인지, 어떻게 탐구해야 하는지에 대해서는 신학적·철학적으로 상당한 이견이 있을 뿐 합의가 없기 때문이다. 그래서 나는 윌리엄 프랑케나William Frankena의 《윤리학*Ethics*》(철학과현실사)의 방식으로 책을 쓰려고 시도하지 않았다. 이 '개론서'는 버나드 윌리엄스Bernard Williams의 《도덕: 윤리학 개론*Morality: An Introduction to Ethics*》에 더 가깝다. 나도 윌리엄스처럼 윤리학을 윤리학이 되게 하는 것이 무엇인지 설명을 시도하지 않았기 때문이다.

프랑케나가 윤리적 숙고의 다양한 대안들을 주의 깊게 분류하고 기술한 작업의 유용성은 누구도 의심할 수 없다. 하지만 그의 책은 윤리학이 주로 대안적 윤리학 이론들 사이에서 하나를 선택하거나 그중 몇 가지를 조합하는 일이라는 유감스러운 인상을 남긴다. 그에 반해, 윌리엄스의 책은 학생(과 교사)에게 윤리학은 이론의 문제가 아니라, 쉽게 배울 수 없는 반성적 활동이라는 사실을 상기시킨다. 나 역시 윌리엄스와 같은 생각이고, 이 책을 다 읽은 독자들이 '윤리학'이 무엇인지 안다고 느끼거나 내가 전개하는 입장에 동의할 거라고 예상하진 않는다. 하지만 이 책에 제시된 윤리학적 활동이 계속 이어 갈 만한 가치가 있다는 확신을 독자들이 갖게 되기를 바라는 마음은 있다. 뿐만 아니라, 독자들이 이 책을 다 읽음으로써 그런 활동을 이어 가는 데 도움이 될 몇 가지 기술을 갖추거나 적어도 하나의 기독교 윤리에 관해 생각할 때—그리고 그에 따라 살아갈 때—어디서 어떤 사안들과 문제들을 만나게 되는지 정도는 알게 되기를 바란다.

하지만 독자들이 내 입장에 동의할 거라는 생각을 버렸다고 해서 내가 이 책에서 전개하는 입장에 무관심하다는 뜻은 아니다. 비폭력의 중심성을 강조하는 것이 그리스도인의 도덕적 삶의 특징이라는 점에 독자가 동의하지 않더라도 나는 그들이 그 사실을 인식하게 되는 것에 깊은 관심이 있다. 나는 그런 입장이 소수의 선택지 정도가 아니라, 예수의 생애와 죽음과 부활로 가능해진 나라 안에서 신실하게 살고자 하는 모든 그리스도인의 의무라는 것을 보여 주기를 소망한다. 비폭력은 복음에서 도출할 수 있는 여러 행동적 함의 중 하나가 아니라, 기독교적 확신을 이루는 데 필수 요소이다.

이 책에서 나는 이전의 저술들에서 다룬 주제들도 소개한다. 덕과 성품의 중요성, 도덕적 숙고의 방식인 내러티브, 그리스도인의 삶을 형성하는 데 있어서 예수 생애의 중심성 등이다. 그러므로 이 책은 **하나의** 기독교 윤리에 대한 입문서이다. 하지만 나는 이것을 내 '개인적 견해'로만 제시할 생각이 없고, 내가 전개하는 입장이 모든 그리스도인의 입장이 되어야 한다고 주장하고 싶다. 그래서 내가 제시하는 분석 방식이 성경과 전통에서 발견되고, 하나님 나라에 신실한 방식으로 살아가기를 추구하는 이들의 지속적인 삶과 성경과 전통에서 발견되는 기독교적 확신의 전체 모습을 제대로 다루기를 바란다.

나의 이전 저술은 대부분 에세이 형태라서 많은 이들이 내게 책 한 권에 "그 모든 내용을 한데 묶을" 필요가 있다고 제안했다. 그런 제안은 더없이 정당하면서도 어떤 면에서는 안 좋은 생각이다. 우선은 어떻게 "그 모두를 한데 묶을" 수 있는지 나는 전혀 모르겠다. 더 중요하게는, 요약을 시도하면 나의 기본적 신학 이해가 왜곡된다는 생각에 변함이 없기 때문이다. 신학은 하나의 가장 중요한 교리나 원리로 해석할 수 없다. 내가 보이려

하는 것처럼, 신학은 본질적으로 실천적 성격을 갖고 있고 목회적 학문이라는 위상이 분명하기 때문에 엄격한 체계화가 되지 않는다.

물론 신학에는 기독교적 확신들과 그 확신들 간의 관계에 대한 체계적 제시와 분석이 포함된다고 나는 믿는다. 더욱이, 신학자는 그런 관계들에 대한 분석을 통해 기독교적 확신들이 어떤 의미에서 참이라고 주장할 수 있는지 보이려는 시도를 해야 한다고 생각한다. 내가 이 책에서 "모든 내용을 한데 묶어 냈다"라고 말할 수는 없지만, 신학을, 특히 기독교 윤리학을 어떻게 진행해야 하는지에 관해 그동안 내놓았던 제안들의 근저에 있는 개념적 토대를 과거보다 더 분명하게 드러내려고 시도한 것은 분명하다.

나의 과거 저술에 익숙한 이들에게 이 책의 가장 놀랍고 새로운 부분은 내가 비폭력주의를 강조한다는 점일 것이다. 많은 이들이 나의 평화주의를 상당히 의심스럽게 바라봤고 그것을 나의 여러 특이함 중 하나 정도로 여겼다. 그런 해석도 부당하다고 할 수는 없다. 나는 지금까지 평화주의 중심성을 드러내는 방식으로 글을 쓰지 않았기 때문이다. 나는 비폭력주의 입장을 취하면 왜 예수의 생명, 죽음, 부활을 다른 형태의 기독교 윤리학에서 제시하는 것과 다르게 이해하게 되는지 보여 주려 시도할 것이고, 이 작업이 방법론적으로 매우 중요한 이유를 분명히 드러내는 데 이 책이 도움이 되기를 바란다.

입문서에서 비폭력주의를 중심 이슈로 삼는 것은 최악의 전략처럼 보일 수 있다. 그것은 사실과 달리, 그리스도인의 도덕 생활에는 이 한 가지밖에 없다는 인상을 준다. 하지만 나는 그리스도인의 삶의 특징인 평화로움이 다른 문제들, 이를테면 도덕적 주장의 본질, 자유의 의미와 지위, 종교적 확신을 어떻게 참 또는 거짓으로 주장할 수 있는지를 해명하는 데도 도움이 된다는 것을 보여 주고 싶다. 그래서 이 책의 앞부분에서 평화의 주제에 집중하지 않고, 뒷부분에서도 다른 신학적 이슈들과 관계해서만 평화를 다룬다. 나는 이 과정을 통해 그리스도인들의 평화는 신학적 확신들과 별개로 존재하는 이상이 아니라는 것이 분명해지기를 바란다. 우리가 갈망하고 목말라하는 평화는 예수 그리스도의 생애, 죽음, 부활을 통해서만 결정되고 가능해진다.

독자는 이 책이 윤리학만큼이나 신학을 다룬다는 것을 알게 될 것이다. 이 책의 한 가지 주요 관심사는 기독교 윤리학이 왜 신학의 한 방식인지 보여 주는 것이다. 참으로, 신학과 윤리학의 관계가 무엇인지 묻는 일로 논의를 시작하는 것 자체가 이미 오류라고 볼 수 있다. 기독교적 확신은 본질상 삶을 형성하고 조명하도록 되어 있다. 나는 윤리학이 신학이라고 생각하기 때문에, 성경의 권위나 이성과 계시의 관계처럼 흔히 조직신학이나 철학신학에서만 다루는 이슈들을 이 책에서 가끔 다룬다. 이러한 복잡한 사안들을 적절히 해설하고 분석하는 척 가장할 수는 없지만, 기독교 윤리학이 신학적 기획의 중심에 놓여 있다고 본다면 이런 사안들을 피할 수 없음을 보여 줄 만큼은 충분히 말할 수 있기를 바란다.

첫 몇 장은 이런 나의 견해를 떠받치는 데 필요한 개념적 도구들을 제시하려는 시도라고 볼 수 있다. 그러므로 여기에서는 그리스도인의 삶을 해석하는 데 대단히 중요한 요소로 내러티브, 성품, 덕, 전통을 강조한다. 이것들은 이전 저술에서도 친숙한 주제이지만, 그 상호 연관성을 연구하려는 여기서의 명시적 시도로 이 주제들에 새로운 빛을 비출 수 있게 되었으면 좋겠다.

이번에는 이전 저술에 대한 많은 훌륭한 비판들도 고려해 보려 한다. 이 책에 쓴 내용이 내가 그동안의 비판에서 많은 것을 배웠음을 드러냈으면 좋겠다. 하지만 나를 비판한 많은 이들은 그들의 우려에 대한 나의 반응이 불만족스럽다고 느낄 수 있을 것 같다. 나의 반응이 시원찮은 것은 그저 어떻게 대답해야 할지 몰라서일 때가 많다. 가령, 행위주체성의 본질 및 행위주체성과 성품의 관계를 제시하는 문제는 내가 아직 해결하지 못한 터라 뭐라 말할 수가 없다. 하지만 내 저술에 대한 일부 비판의 경우 과녁을 완전히 빗나갔다고 보기 때문에 적극적으로 대응하지 않는다. 그렇지만 내가 비판을 대단히 귀하게 여긴다는 사실은 분명히 밝혀 두고 싶다. 비판은 내가 생각하는 바를 보다 정확히 진술하도록 도와주고 견해차의 중요성에 눈뜨게 해 주기 때문이다.

나는 이 책에서 불가능한 시도를 하고 있는지도 모른다. 신학을 별로 공부해 보지 않은 사람들도 신학 공부를 많이 한 사람들만큼이나 이 책에 흥미를 갖기를 바란다는 점에서 그렇다. 신학 초심자들의 경우, 내가 다양한 기독교적 확신들 사이의 관계를 어떻게 해석하는지 따라감으로써 신학적 숙고에 어떤 것이 포함되고 그것이 지적 기획으로서 온당함을 합당하게 내세울 수 있는 이유를 어느 정도 알 수 있게 되기를 바란다. 거기에 더해, 내가 할 수 있었던 것보다 신학을 더 잘 연구해 보고 싶은 자신감을 얻고, 신학을 중요한 시도이자 즐길 만한 신나는 지적 시도로 보게 되기를 바란다.

보다 숙련된 신학 연구자들에게는 이 책이 나의 '입장'(명료한 나의 입장이라는 것이 있다면)을 명료하게 파악하는 데 도움이 되고, 내가 어떤 방식으로 다소 독특한 신학적 대안을 기술하는지 알려 줄 것이다. 신학에서 독특성이나 창의성이 그 자체로 덕목은 아니다. 신학자의 과제는 하나의 전통과 공동체를 섬기는 것이기 때문이다. 우리 신학자들의 자유, 특히 지적 자유는 그런 섬김에서 나온다. 하지만 십자가에 못 박힌 하나님이 중심이 되는 전통을 섬길 때, 우리의 상상력에 가해지는 지속적 도전을 피하기란 불가능하다.

어떤 이들에게는 나의 입장이 어느 지점에서 상당히 보수적이고 다른 지점에서는 대단히 진보적으로 보이겠지만, 나는 그런 꼬리표에 전혀 관심이 없다. 그저 폭력적 세상에서 우리가 진리와 평화의 백성으로 살기를 원하시는 하나님의 성품에 충실하다고 내가 믿는 바를 말하기만 바랄 뿐이다. 윤리학을 고려할 때 신학은 창조와 구속에 관한 주장들에서 시작할 수 없고 하나님의 이스라엘 선택과 예수의 생애에서 출발해야 한다는 주장이 진보적인지 보수적인지는 모르겠다. 교회의 첫 번째 사회적 과제는 교회가 되는 일이고, 그러자면 인간의 모든 오만한 허세를 비판할 수 있는 공동체가 되어야 한다는 주장이 진보적인지 보수적인지도 모르겠다. 신학은 진보나 보수의 문제가 아니라 진리의 문제이다. 왜 그렇고, 어떻게 그런지 이 책이 조명해 줄 수 있기를 바란다.

나는 누구에게 어떤 영향을 받았는가

나의 입장이 과거와 현재의 다른 신학자들과의 관계를 통해 쉽사리 규정되고 포착되지 않는다는 사실이 어떤 이들에게는 문제가 되었다. 더욱이, 나는 개신교도나 가톨릭 신자로서의 자의식 없이 신학 연구를 해 왔기 때문에 그들에게 나의 저술들은 더욱더 혼란스러울 것이다. 그래서 몇몇 사람들이 내게 나의 지적 발달 과정을 자세히 설명하도록 제안했다. 나는 그런 과제에도 의구심이 든다. 내가 정확한 설명을 제시할 수 있을지 확신이 없고, 그런 시도로 사상보다 사상가에게 관심이 쏠리게 되는 상황을 우려하기 때문이다. 그럼에도 내 지적 성장의 윤곽을 대략 그려 볼 생각이다. 그것이 내가 이 책에서 전개하는 입장을 독자가 좀 더 잘 이해할 수 있는 배경지식이 되기를 소망한다.

지난 50년간의 신학과 철학의 지적 흐름을 잘 아는 이들이라면 나의 입장이 독창적인 것과 거리가 멀다는 사실을 제대로 인식할 것이다. 나는 니버 형제Niebuhrs★, 칼 바르트Karl Barth, 폴 램지Paul Ramsey, 제임스 거스탑슨James Gustafson, 프레드 카니Fred Carney, 존 하워드 요더John Howard Yoder, 알래스데어 매킨타이어Alasdair MacIntyre를 비롯해, 아리스토텔레스, 아퀴나스, 아우구스티누스, 칼뱅, 웨슬리, 에드워즈 같은 많은 고전적 인물들에게서 많은 것을 배우고 빌려왔다. 이들의 경우만큼 잘 드러나지는 않겠지만, 존 듀이John Dewey, R. G. 콜링우드Collingwood, 루트비히 비트겐슈타인Ludwig Wittgenstein, 플라톤으로부터도 많은 것을 배웠다. 나는 이

★ 라인홀드 니버, 리처드 니버.

모든 사상가에게 깊이 의존했지만 일체의 조악한 절충주의는 피했기를 바란다. 나는 사상가 X가 사상가 Y와 어떤 관련이 있는지에는 전혀 관심이 없었다. 그보다 나의 주된 관심은 체계적인 데에 있었다. 말하자면, 기독교적 확신들을 참된 것으로 주장하면서도 그리스도인들이 실제로 믿어야 하는 내용을 왜곡하거나 축소해서 설명하지 않을 방법을 이해하는 것이었다.

이 측면에서는 한 가지 자전적 요소가 어느 정도 유용할 수도 있겠다. 나는 기독교 가정에서 양육되고 교회에서 자랐지만, 기독교를 받아들이거나 거부할 만큼 기독교와 관련된 내용을 충분히 잘 안다고 느낀 적이 없었다. 대학 시절에 기독교가 참일 수 없다고 확신한 시기가 있었지만, 철학 공부와 존 스코어John Score의 부드러운 촉구 아래서 나는 기독교에 대한 견해를 가질 만큼 기독교를 충분히 이해하지 못했음을 깨닫게 되었다. 사실은 지금도 종종 그렇다고 느낀다. 내가 이것을 언급하는 이유는, 많은 이들이 성장 배경 탓에 자신이 믿음과 행동으로서의 기독교에 무엇이 담겨 있는지 안다고 확신하여 기독교에 반발해야 할 필요를 느끼지만, 나는 그런 적이 없다는 사실을 지적하기 위해서일 뿐이다. 나의 관심은 언제나 그보다는 우리 그리스도인들이 무엇을 믿고 행해야 할지 이해하는 일에 쏠려 있었다.

나는 기독교의 진실성 문제를 따지는 데 가장 적합한 학문이 조직신학이라는 확신을 갖고 신학교에 진학했다. 특히 하나님이 역사 속에서, 그중에서도 예수라는 인간 안에서 행하신다는 것이 도대체 무엇을 의미할 수 있는지 이해하기 위한 방법으로 '역사의 문제'(알고 보니 그것은 얽히고설킨 '문제들'이었다)에 집중하고 싶었다. 신학교 입학 전에는 역사적 탐구와 해석, 그와 연관된 인간 행위에 대한 R. G. 콜링우드의 분석에 매료되었고, 그 결과 예수의 생애와 그것이 우리 삶과 어떤 관계가 있는지에 대한 일체의 해설에는 역사적 설명과 인간 활동이라는 문제가 포함될 거라고 확신하고 있었다.

하지만 줄리언 하트Julian Hartt의 지도를 받으면서, '조직' 신학 개념 자체에 대해 점점 회의적이 되었다. 참으로, 바르트가 신학하는 법에 관해 말한 내용이 아니라 그가 어떻게 신학을 했는지를 숙고하면 할수록, '조직' 개념, 적어도 19세기적 의미의 조직 개념이 교회의 학문으로서 가지는 신학의 임기응변적 성격을 왜곡했다는 확신이 강해졌다. 게다가 신학적 주장의 '검증 가능성'에 관한 철학적 도전에 직면하면서, 그런 도전이 종종 부적절한 여러 실증주의적 가정을 담고 있긴 하지만 그래도 타당하다고 생각하게 되었다. 하지만 그 도전에 어떻게든 적절히 대응하려면 신학적 확신의 실천적 힘에 관심을 가져야 했다. 그래서 나는 기독교 윤리학을 연구하기로 했다. 적어도 그런 활동은 기독교적 확신이 우리가 사는 방식에 어떤 변화를 가져오는지, 그리하여 그 확신이 어떻게 참 또는 거짓으로 드러나는지 알려 줄 수단을 제공하려 애쓰는 일이었다. 기독교 윤리학에 대한 나의 관심은 당시에는 의식하지 못했지만 내가 물려받은 감리교 유산인 성화에 대한 강조가 갖는 강력하고 지속적인 영향도 작용했을 것 같다.

그 시기에 나는 전혀 다른 두 사상가를 매우 폭넓게 읽기 시작했다. 내가 신학교에 입학한 바로 그해에 사망한 H. 리처드 니버와 루트비히 비트겐슈타인이었다. 니버는 내가 발견했다고 생각한 과제를 이미 오랫동안 연구해 오고 있었다. 신학자 니버가 윤리학을 연구한 이유는 오로지 윤리학이 신학적 확신의 이해 가능성을 그 실천적 힘의 관점에서 설명할 수단을 제공하기 때문이었다. 뿐만 아니라, 나는 니버가 인간 경험에 충실하고 우리와 하나님의 관계에 대한 기독교적 이해에도 충실한 도덕적 경험의 현상학을 제시하려 한 것이 바른 방향이라고 확신했다. 다만 나는 그의 보다 '진보적인' 신학적 전제 중 일부에는 동의하지 않았다.

내가 매력을 느낀 니버는《계시의 의미 *The Meaning of Revelation*》의 니버였다. 그 책에서 니버는 기독론의 여러 문제와 고되게 씨름했다. 내적 역사와 외적 역사를 나누는 그의 구분은 내가 볼 때 장점보다 문제를 더 많이 일으키는 것 같다. 그럼에도 그는 올바른 문제들을 포착했다. 이런 상황을 고려할 때,《계시의 의미》의 니버가《급진적 일신론과 서구 문화 *Radical Monotheism and Western Culture*》를 썼다는 사실은 의아했다. 후자의 하나님은 특정한 민족 및 그들의 구별된 역사와 동일시되는 데 필요한 특성을 결여한 듯 보였기 때문이다. 이 두 책의 입장 사이에 흐르는 긴장은 특수한 것과 보편적인 것, 역사적인 것과 초월적인 것, 종파적 교회와 보편교회 사이에서 니버의 인생이 겪은 긴장을 증언하는지도 모른다. 현재의 나는 이런 대립쌍이 함축하는 양자택일의 요구에 도전하고 싶지만, 당시에는 그것들이 둘 중 하나를 선택해야 하는 문제라고 믿었다. 그리고 니버 사상의 두 측면 중 하나를 선택할 수밖에 없다면 특수성 편을 들 생각이었다. 그렇지 않으면 예수의 생애와 죽음이 그리스도인의 삶과 생각에서 차지하는 중요성을 어떻게 이해할 수 있는지 알 수가 없었다. 이것은 내가 고전적 범주에서 '기독론' 연구를 계속하고 싶었다는 말은 아니다. 나는 한스 프라이Hans Frei의 지도 아래 바르트를 계속 읽어 나가면서 보다 '정통적' 기독론들이 성경이 묘사하는 예수의 모습을 어떤 면에서 제대로 담아내지 못했는지 점점 더 인식하게 되었다. 그리고 초대교회가 내러티브를 자신들이 믿는 예수의 중요성을 담아내기에 적절한 표현 방식이라 생각했음을 깨닫고 내러티브에 처음 관심을 갖게 되었다.

비트겐슈타인의 영향은 H. 리처드 니버의 영향과는 양상이 전혀 달랐다. 비트겐슈타인은 철학이 주로 명제, 개념, 그리고/또는 이론의 문제라는 생각에서 내가 서서히 벗어나게 해 주었다. 나는 그를 통해, 그리고 나중에는 데이비드 버렐을 통해 치료적 방식으로 철학을 이해하고 전개하는 법을 배웠다. 뿐만 아니라, 비트겐슈타인에게서 배워야 할 실질적 문제들도 있었다. 원래는 역사에 대한 관심에서 출발했다가 '마음과 몸의 관계 문제', '의도성', '동기' 같은 심리철학의 이슈들을 연구한 나는 비트겐슈타인(과 라일Ryle과 오스틴Austin)의 도움을 받아 '마음'과 몸이 인과관계로 이어져 있지 않다는 것을 알게 되었다. '마음'은 단일한 사물이나 기능이 아니었기 때문이다. 더욱이, 비트겐슈타인은 신학의 기반을 '인간 경험'에 대한 모종의 일반적 설명에서 찾으려 했던 나의 모든 시도를 영원히 그만두게 만들었다. 신학자의 연구 대상은 신자들이 쓰는 언어의 문법이라는 관점에서 가장 잘 찾을 수 있다고 그가 가르쳤기 때문이다.

이런 신학적·철학적 흥미 때문에 나는 신학적 윤리학이 성품과 덕에 초점을 맞추는 것은 그리스도인의 도덕적 생활의 본질을 드러내기에 최선의 방법일 거라는 제임스 거스탑슨의 제안에 매혹되었다. 도덕심리학에서 성품 이론의 근저에 있는 이슈들은 예수의 생애와 그것이 우리에게 갖는 중요성을 이해하도록 도왔던 바로 그 이슈들과 같은 듯 보였다. 하나님에 대한 우리의 지식과 자아에 관한 우리 지식의 상관관계, 칼뱅이 가장 잘 보여준 이 상관관계는 성품과 덕의 관점에서 가장 잘 표현될 수 있을 것이라는 생각이 들었다.

이런 직감으로 무장한 나는 아리스토텔레스와 아퀴나스를 본격적으로 연구하기 시작했다. 전형적 이미지와 달리 그들은 나와 놀랄 만큼 잘 맞는 사상가들이었고, 나의 신학적 의제를 전개하는 데 필요했던 많은 철학적·신학적 여정에서 도움을 주었다. 흥미롭게도, 내가 발견한 아퀴나스의 가장 중요한 정체성은 '자연법 윤리학자'가 아니라 신학적 덕들이 우리가 삶을 이해하고 형성하는 일을 어떻게 도울 수 있는지 알아본 사상가였다.

게다가, 윤리학에 대한 아리스토텔레스와 아퀴나스의 접근법이 회복되지 않고는 조지프 플레처Joseph Fletcher의 《상황윤리Situation Ethics》로 촉발된 교착상태와 대체로 혼란만 초래하는 논쟁을 끝낼 방법이 없다는 확신이 점점 커졌다. 그 논쟁은 우리의 보다 분명한 신학적 확신들이 우리 삶을 형성하는 과정에서만 의미 있게 다가오는 이유를 결코 제시하지 못하기 때문이다. 내가 보기에 도널드 에번스Donald Evans가 오스틴의 '수행문performatives'★ 분석을 활용하여 창조에 대한 주장들을 조명한 것은 우리에게 필요했던 건설적 분석이었다(이후 에번스의 생각은 달라졌지만). 왜냐

★ 참과 거짓을 기술하는 '진위문'과 달리 문장을 발화하는 것 자체가 어떤 행위를 수반하는 문장. "나는 이 배를 승리호라고 명명한다." "나는 이 시계를 동생에게 유산으로 물려준다."

하면 그런 시각은 '사랑'이나 '정의' 같은 우리 믿음의 '도덕적 결과'에 집중하기보다 윤리적 해석을 위한 신학적 주장들 전체를 드러냈기 때문이다. 나는 첫 번째 저술인《성품과 그리스도인의 삶*Character and the Christian Life*》에서 성품의 개념을 해석했는데, 그 작업을 통해 기독교적 확신이 우리 삶에 어떤 영향을 미쳐야 하는지 우리가 더 잘 이해할 수 있음을 보이기 위함이었다.

하지만 그 책에서 내가 시도한 성품 분석은 너무나 형식적이고 추상적이었다. 성품과 덕의 강조는 신학과 윤리학에 너무나 만연한 신학적·윤리적 기회원인론occasionalism★★을 반박했지만, 성품의 구체적 내용은 제대로 전개되지 못한 채로 남아 있었다. 나는 성화라는 주제를 가지고 그리스도인의 성품의 본질을 보다 구체적으로 설명했지만, 더 기본적인 기독교적 확신들이 어떻게 변화를 가져오는지, 또는 가져와야 하는지 보여 주기보다는 전반적으로 여전히 이차적인 신학적 개념들에 의지하고 있었다.

솔직히 말하면, 그때는 너무 미숙해서 나의 종교적 확신이 무엇인지, 또는 그런 확신들에 어떤 결과가 따라오는지 알지 못했던 것 같다. 예일대에서 윤리학 박사학위를 받으면서 결과적으로 나는 실질적 확신을 가져야 할 필요에서 벗어났다. 나에게는 그보다 더 나은 것이 있었으니, 다른 사람들의 실질적 확신이 함의하는 것과/또는 그 안에 있는 모순을 그들이 보도록 도와주는 일이었다. '윤리학자'가 되는 수많은 이들이 왜 자신의 과제

★★ 유일한 참 원인은 하나님뿐이며 자연적 원인으로 인식되는 것은 하나님이 작용하실 기회에 지나지 않는다는 설.

를 누군가의 권리를 옹호하는 일에서 기생적인 신학적 분석으로 바꾸는지 연구한다면 대단히 흥미로울 것이다.

'윤리학자'가 되는 일에는 종교적 담론의 논리적·행동적 함의를 해설하는 것 이상의 의미가 있다. 나는 두 가지 사건을 통해 이 사실을 곧 깨닫게 되었다. 첫째, 베트남전쟁의 절정기에 가르치는 일을 시작한 것. 둘째, 아이리스 머독Iris Murdoch의 소설과 철학을 읽기 시작한 것. 머독은 분석이라는 미명하에 객관성을 자처하는 현대철학을 강력히 비판했는데 내가 볼 때 그것은 결정적인 것이었다. 더욱이, 도덕적 삶의 특징으로 안목을 강조한 것은 대부분의 덕 이론에서 빠져 있는 바로 그것으로 느껴졌다. 우리가 어떻게 보게 되는지에 대한 머독의 설명, 특히 언제나 언어를 참된 안목을 왜곡하는 것으로 취급하는 그녀의 플라톤적 성향은 내가 받아들이기가 곤란했지만, 그럼에도 그녀는 덕이 어떤 방식으로 환상이나 거짓 희망 없이 세상을 보게 가르치는지 이해하는 데 도움을 주었다.

그와 동시에 나는 베트남전쟁의 도전에 점점 더 애를 먹고 있었다. 나는 라인홀드 니버의 현실주의 같은 모종의 현실주의 이론이 기독교 사회윤리학에서 발견할 수 있는 최선일 거라고 생각하면서 대학원을 졸업했다. 니버가 이해한 정의는 내가 판단할 때 다소 직관적이었지만, 보다 분석적인 도덕규범—이를테면 램지의 정당전쟁론—을 발전시켜 적절히 보완하면 사회정책을 이끄는 것을 도울 수 있으리라고 생각했다. 하지만 나는 니버의 입장이 베트남전쟁을 비판적으로 이해할 자원을 제공하기에는 부족하다는 것을 알게 되었다.

사회이론과 정치이론 분야에서도 관련 문헌을 계속 읽어 나가면서, 나는 니버의 현실주의가 매우 불충분하다는 것을 점점 더 인식하게 되었다. 그 현실주의는 다원주의와 힘의 균형을 좋은 정책의 규범으로 암암리에 인정할 정도였으니까. 로버트 폴울프Robert Paul Wolff와 테드 로위Ted Lowi 같은 사람들이 '다원주의라는 편견'에 대해 비판한 내용은 그 정치학자★만큼이나 니버에게도 적용되는 것이었다. 그리고 나는 그 비판에 이끌려 보다 심오한 문제를 보게 되었다. 내가 니버에게 느낀 의문은 다원적 민주주의에 대한 특정 이론들의 지위에 대한 것만이 아니라, 미국의 주된 공공철학인 자유주의의 지위에 대한 것이기도 했다. 그때 처음으로 나는 미국에 대한 마르크스주의의 비판이 가진 힘을 이해하고 그 가치를 알게 되었다. 그래서, 라인홀드 니버가 미국의 낙관적 자유주의와 낭만주의를 탁월하게 비판했음에도 불구하고 여전히 내 눈에는 그가 전형적인 미국의 자유주의자로 보였다. 이 일련의 문제들을 놓고 고심하면 할수록, 기독교 사회윤리가 건설적인 것이 되려면 '민주주의'가 더 잘 작동하도록 설계된 기관에 불과한 교회가 아니라 나름의 온전함을 가진 교회를 회복할 방법을 찾아야 한다는 생각이 더욱 강해졌다.

이 모든 것 한복판에서 나는 라인홀드 니버에게 느끼는 불편함 중 일부는 내가 성품과 덕을 강조한 결과라는 것을 이해하기 시작했다. 칭의라는 주제에 의지했던 니버는 그리스도인의 삶의 성장 가능성에는 별다른 자리를 내어주지 않았다. 니버에게 없었던 것, 그리고 성품과 덕의 성장을 위해 필요했던 것은 그에 대응하는 성품과 덕의 공동체였다. 서서히 나는 덕 윤리를 전

★ 《다원주의라는 편견*Bias of Pluralism*》의 저자 윌리엄 코널리.

개하려는 나의 시도에 예상하지 못했던 분파적 함의가 있을 수 있음을 깨닫게 되었다.

그 무렵에 노터데임대학교로 자리를 옮겼다. 거기서 존 하워드 요더의 저작을 처음 접하고 진지하게 받아들이기 시작했다. 당시에 요더는 인디애나주 엘크하트에 있는 메노나이트신학교에서 가르치고 있었고, 지금은 노터데임에 있다. 여기저기 흩어진 요더의 논문들을 찾아서 읽으면 읽을수록, 내가 그때까지 배워 온 '사회윤리학'에 대해 생각하는 방식에 그가 근본적인 도전장을 던진다는 생각이 더 커졌다. 놀랍게도, 요더가 설명하는 교회의 모습은 덕 윤리가 요구하는 것이라고 내가 막 생각하기 시작한 그 공동체와 거의 정확히 일치했다.

하지만 나는 요더라는 약을 삼키고 싶은 마음이 전혀 없었다. 그의 교회론은 그의 예수 이해 및 그리스도인의 삶의 중심 특성이 비폭력이라는 그의 생각과 별도로 작동할 수 없었다. 나는 널리 영향을 끼칠 수 있는 방식으로 윤리학 연구를 하고 싶은 마음이 컸기 때문에 평화주의자가 되고 싶은 마음이 전혀 없었다. 더욱이 체질상 비폭력주의에 별로 끌리지 않는다. 그러나 요더의 글을 읽을수록 그의 예수 이해 및 그와 관련된 비폭력 윤리의 주요 논지가 옳다는 확신이 강해졌다. 예수께서 가르치시고 실천하신 형태의 비폭력주의에는 크게 수동적인 요소가 없고, 오히려 그의 제자도는 그리스도인이 정의와 평화의 조건을 창출하는 일에 적극 참여하는 것을 허용할 뿐 아니라 요구하기까지 한다는 사실도 서서히 눈에 들어오기 시작했다.

뿐만 아니라, 요더가 예수의 온 생애—즉 죽음과 부활뿐 아니라 가르침까지—의 중요성을 강조한 것은 나의 성품과 덕에 대한 해설을 덜 딱딱하게 만들 방안이 되었다. 나는 새로운 안목을 가지고 원래의 연구로 돌아갈 수 있었다. 연구의 한 가지 사례로, 나는 마가가 강력하게 전개한 제자도의 가치를 경건한 왜곡 없이 인정할 길을 찾아낸 것 같았다. 마가의 제자도는 예수의 생애를 우리 삶의 패러다임으로 삼는 것이다.

요더의 입장과 씨름한 시간은 현대 윤리학의 몰역사적 특징에는 뭔가 심각한 왜곡을 초래하는 요소가 있다는 커져 가던 확신을 표현하는 데도 도움이 되었다. 나는 인식론과 과학철학 분야에서 이루어진 철학적 발전 및 나의 신학적 확신의 증가에 기대어, 신학(과 윤리학)에는 몰역사적 '기초'가 필요하지 않다고 확신하게 되었다. 하지만 내가 '기초'에 대한 추구를 포기한다고 해서 윤리학(또는 다른 어떤 것)에서의 합리성을 반드시 잃어버리는 것은 아니었다. 버나드 윌리엄스와 알래스데어 매킨타이어는 현대의 철학적 윤리학에 대한 비판을 통해 내가 이 사실을 알아보도록 도움을 주었다. 뿐만 아니라 매킨타이어는 건설적 대안을 계속해서 구축했고, 그 대안은 교회가 방법론적 문제들과 사회윤리적 문제들 모두에 있어서 매우 중요하다는 사실을 인식하게 했다.

내 연구의 여러 강조점 중에서 아직 설명하지 않은 한 가지가 남았다. 바로 내러티브이다. 내러티브는 어디에서 나왔을까? 솔직히 말하면 모르겠다. 분명히 나는 프라이와 하트가 제기한 여러 신학 이슈들의 관점과 심리철학 및 행동철학의 관점 모두에서 내러티브의 의미를 숙고해 왔다. 의도적 행위를 서술하는 문제를 골똘히 생각할수록, 행위주체성을 드러내는 데 핵심이 되는 개념이 내러티브라는 확신이 강해졌다. 물론 행위주체성

보존이라는 관점에서 성품을 강조하려면 내러티브적 요소가 필요했다.

나는 이 모든 주제를 하나로 통합할 방법을 찾으려고 노력하다가 내러티브가 비범할 만큼 유용한 개념이라는 것을 알게 되었다. 하지만 내러티브는 안타깝게도 새로운 신학적 유행을 가리키는 표제어로 전락할 위험에 끊임없이 노출돼 있다. 내가 내러티브 신학 또는 내러티브의 신학을 전개해 보려는 생각을 한 번도 해 본 적이 없고 지금도 마찬가지라는 점이 이 기회에 분명해졌으면 좋겠다. 그런 신학이 어떤 모습일지 나는 모른다. 신학 자체는 이야기를 들려주지 않는다. 오히려 신학은 이야기에 대한 비판적 사색이라고 할 수 있다. 어쩌면 먼 과거에도 있었고 현재에도 있으면서 미래를 내다보는 살아 있는 공동체로 구현되는 전통이라고 말하는 것이 더 나을 수도 있겠다. 그러므로 내러티브를 강조하는 것이 내 입장의 핵심이라고 생각하는 것은 오류이다. 나에게 입장이라는 게 있다면 말이다. 나는 그리스도인의 도덕적 삶을 건설적으로 해설하려 시도했고, 내러티브는 그 과정에서 내가 발전시키려 했던 다양한 주제들의 상호 관계를 명료하게 하는 데 도움이 되는 개념일 뿐이다.

이것으로 현재 시점까지 내가 누구에게 어떤 영향을 받았는지에 대한 설명이 끝났다. 내 설명이 너무 단순하면서도 너무 복잡한 것 같아 우려스럽다. 제임스 맥클랜든James McClendon, 로버트 윌킨Robert Wilken, 조지프 블렌킨숍Joseph Blenkinsopp, 데이비드 버렐 같은 사람들의 영향은 제대로 다루지 못했다. 정신지체자들의 위치 같은 나의 보다 '실천적' 관심사들이 보다 기본적이고 방법론적인 관심사에 어떤 영향을 끼쳤는지도 말하지 못했다. 하지만 이 기록을 통해 내가 이제껏 전개해 온 연구 프로젝트를 독자들이 더 잘 이해하게 되었으면 좋겠다. 그들이 내가 이 책에서 취한 입장에 동의하지 않는다 해도 말이다. 나의 생각 대부분은 다른 이들에게서 빌려온 것이기에 나에게는 '독창성'이라 부를 만한 것이 없다는 점만은 분명히 드러났기를 바란다.

나의 교회적 노선

독자의 참을성을 지나치게 시험하는 것 같긴 하지만, 한마디 해야 할 마지막 문제가 남아 있다. "나는 이 글을 가톨릭 신자로서 쓰는가, 프로테스탄트로서 쓰는가?" 하는 문제이다. 신학자가 탐구하는 대상은 간단히 말해 하나님이지, 가톨리시즘이나 프로테스탄티즘이 아니다. '가톨릭catholic'(보편적)이라는 수식어에 합당한 대상은 교회이지 신학이나 신학자가 아니다. 어떤 신학자도 자신의 신학이 교회의 보편적 특성을 반영하는 것 이하이기를 바라서는 안 된다. 따라서 나는 내 신학이 보편교회를 구성하는 프로테스탄트와 로마가톨릭 신자들 모두에게 충실하다는 의미에서 보편적catholic이기를 소망한다.

물론 내가 프로테스탄트로 살아왔다는 사실은 내가 작업하는 방식과 관련이 있다. 나는 복음주의 감리교도라는 특정한 성장 배경을 벗어 버리고 싶은 마음이 전혀 없다. 오히려 다른 기독교 전통들이 그렇듯 감리교도 나름의 한계와 가능성을 가지고 우리 모두가 그리스도의 온 교회의 구성원이 되도록 깨어 있게 도와준다고 확신한다. 따라서 내가 내 전통을 비판하더라도, 그 일은 모든 사람을 다스리시는 한 분 주님께로 프로테스탄트와 가톨릭 신자들 모두를 이끄는 경우에만 정당하다고 생각한다.

1장

파편화되고 폭력적인 세계에서의 기독교 윤리학

윤리학, 그리고 절대적인 것에 대한 요구

모든 윤리적 숙고는 특정한 시간 및 장소와 관련하여 이루어진다. 윤리적 문제들은 시간에 따라 달라질 뿐 아니라, 윤리학의 본질과 구조 자체가 한 공동체의 역사와 확신이라는 특수성에 의해 결정된다. 이런 시각에서 볼 때 '윤리학' 개념은 오해의 소지가 있다. 그 개념은 '윤리학'이 역사 속에서 변함없는 모습을 유지하는, 식별 가능한 하나의 학문이라고 말하는 것처럼 보이기 때문이다. 사실, 윤리학이라는 학문의 사회적·역사적 성격을 나타내려면 윤리학 앞에 언제나 유대교, 기독교, 힌두교, 실존주의, 실용주의, 공리주의, 인본주의, 중세, 근대 같은 형용사나 수식어가 있어야 한다. 이것이 이 책의 중요한 요점이 될 것이다.[1] 이것은 윤리학이 식별 가능한 비교적 한결같은 문제들, 곧 선 또는 권리의 본질, 자유와 인간 행동의 본질, 규칙과 덕의 위치와 지위를 다루지 않는다는 말이 아니라, 그런 문제들에 대한 반응은 그것들이 상당히 다른 의미를 가질 수 있는 역사적 공동체들의 특수한 신념에 따라 달라지기 마련이라는 뜻이다.

윤리학이 특정한 시간, 장소, 공동체와 관련된 활동이라는 사실이 뻔한 얘기처럼 들리겠지만, 이 사실은 쉽게 망각되고 그 중요성이 무시된다. 우리 모두는 우리를 이끄는 윤리가 역사적 상대성 및/또는 자의성으로부터 자유롭다고 주장하고 싶은 욕구를 강하게 느낀다. 어쨌든 도덕은 자타의 희생이 따르는 문제들을 종종 다루고, 우리는 변하지 않는 원리들에 근거해서만 그런 희생을 정당화할 수 있다고 생각한다.

따라서 윤리학의 주된 과제 중 하나는 도덕이 변할 수 없는 원리와 신념들에 근거함을 보이는 것이라는 생각을 자주 볼 수 있다. 게다가 도덕적 원리의 불변성을 보장하는 최선의 방법이 하나님이 그 원리를 재가하셨다고 주장하는 것이라고 여기는 이들이 많다. 우리의 원리들이 하나님의 뜻에 의거한 것임을 보일 수 있다면 우리는 그 원리들을 확신할 수 있을 것이다. 그래서 어떤 이들은 하나님이 존재하지 않으면 모든 것이 도덕적으로 허용되게 된다고 주장했다. 그런 주장이 종교적 확신과 도덕의 관계의 복잡성을 감추기는 하지만, 많은 신자들과 불신자들은 하나님이 우리 도덕체계의 절대성을 모종의 방식으로 보증하지 않으면 우리는 살인, 거짓말, 도둑질 등이 왜 잘못인지 말할 수 없을 거라고 생각하는 것 같다.

기독교 윤리학자로서 나는 종종 이런 질문을 받는다. "절대적인 것은 더 이상 없지 않나요?" 이 질문을 하는 사람들은 절대적인 것이 없다면 윤리학이 존재할 수 없다고 생각하곤 한다. 그들이 말하는 '절대적인' 것이 절대적 가치와 절대적 규칙, 절대적 확신 중 무엇인지 불분명하고 그 절대적인 것이 그리스도인의 믿음 및 실천과 어떤 관련이 있는지도 명확하지 않지만, 그들은 그냥 그렇게 생각한다.

이런 견해를 가진 사람들은 윤리학은 언제나 한정어가 필요하다는 나의 주장이 책임 방기라고 본다. 그들은 우리 시대 윤리학자의 과제가 특정 민족의 역사에 의존하지 않는 절대적 규범의 지속적 생존력을 재주장하는 것이며 그래야 우리 생활방식의 도덕적 특성을 보존할 수 있다고 여긴다. 나는 윤리학에 대한 그런 견해가 근본적으로 잘못되었고 기독교적 맥락에서 이루어지는 윤리학의 경우가 특히 그렇다고 주장하는 바이다. 그러나 왜 그런지 이유를 제시하기에 앞서, 절대적인 것을 향한 우리 시대의 갈망 배후에 어떤 요인들이 있는지 이해하려는 노력이 반드시 필요하다고 본다.

파편들 가운데 살아가기: 윤리학의 불충분함

윤리학이 현재의 사회 역사적 상황의 특수성에 부응한다는 사실을 **부인하면** 할수록 거기에 더욱 종속된다는 것이 현재 상황의 아이러니이다. 우리는 도덕적으로 파산한 시대에 산다는 말을 듣는다. 사람들은 한때는 생각하지도 못했던 것을 생각하고, 한때는 생각하지도 못했던 일을 **저지르기까지** 한다. 우리가 경험하는 세계는 도덕적으로 너무나 혼란스럽기에 이제 우리는 각자가 삶의 기준을 만들지 못할 경우에 남은 대안은 '선택하는' 것뿐이라고 느낀다.

이런 느낌이 널리 퍼져 있기는 하지만, 우리가 도덕적으로 막막함을 느끼는 이유가 정확히 무엇인지는 분명치 않다. 도덕적 모호함이 없었던 시대나 사회는 지금까지 없었다. 왜 우리는 이 시대에 어떤 결정적 변화가 일어났다고 느끼는 것일까? 정말 우리의 가치들이 달라진 것일까, 아니면 가치를 담는 제도적 환경이 달라진 것일까? 이를테면 우리는 여전히 가족을 귀하게 여길 수 있지만 '가족'이 무엇을 의미하는지는 이제 전혀 다르게 이해할 수 있다. 이혼 통계를 그냥 인용하는 것은 우리가 도덕적으로 혼란에 빠졌다거나 가족을 더 이상 귀하게 여기지 않는다는 것을 증명하기에 충분치 않다. 그런 통계는 결혼에 대한 전통적 헌신이 지나친 열정에 불과하다는 것을 사람들이 깨달았다는 의미일 수도 있다. 어쩌면 결혼이 부부에게 발휘하는 도덕적 힘은 설정을 달리해야 보존될 수 있는지도 모른다. 이를테면, 결혼과 여러 사람과의 성관계가 원래 공존 가능하다고 생각해 볼 수도 있다.

세상을 도덕적으로 표류하는 곳으로 경험하는 데는 사람들이 한때 생각하지도 못했던 일이 허용된다는 단순한 관찰보다 더 심오한 원인이 있는 것 같다. 도덕에 대한 불안은 우리 내면에서 생겨나는 것일 가능성이 더 크다. 우리가 낙태, 이혼, 부정직 등에 대해 강한 반감을 느낀다고 해도, 자신이 왜 그렇게 느끼는지 확신하지 못한다. 그리고 믿음의 근거를 확신하지 못할수록, 그 믿음들을 도덕적으로 혼란스러운 세계의 유일한 고정점으로 여기고 더욱 독단적으로 붙들게 된다. 그러나 아이러니하게도 우리의 독단 아래에는 내면의 더 심오한 의심이 숨어 있을 뿐이다. 우리가 어떤 도덕적 신념을 단호하게 붙든다 해도, 그것은 우리가 그렇게 믿도록 조건화되어서가 아닐까 하는 은밀한 의심이 들기 때문이다. 우리는 특정한 믿음들을 절대적인 것처럼 붙들면서도, 모든 믿음은 환경의 결과이기에 자의적인 것일 가능성을 피할 수 없다는 지식에 깊은 인상을 받는다. 그런 가능성을 인정하는 것 자체가 모든 도덕적 혼란을 논증으로 해결할 수 없는 주관적 의견의 문제로 축소하는 듯하다.

우리의 믿음에 확고한 토대가 정말 없을지도 모른다는 이 은밀한 의심은 우리의 생각을 비판적 검토에 노출하기를 더욱더 꺼리게 만든다. 그래서 우리는 자신처럼 생각하는 다른 이들 사이로 대피하여 머릿수가 많다는 사실이 우리의 불확실성을 드러내는 지식으로부터 우리를 보호해 주기를 바란다. 그런데 때로는 자신의 도덕적 신념들에 관해 비판적으로 심도 있게 생각해 보면 자신이 믿는 바를 적절히 정당화할 수 있을 거라고 생각하기도 한다. 두 경우 모두에서 우리는 '윤리학'이 세계가 더 깊은 도덕적 혼란으로 빠져들지 않도록 막아 줄 수단을 제시할 수 있을 거라고 생각한다.

이런 도덕관의 근저에는 현대적 곤경에 처한 우리는 좋고 나쁨에 대한 '생각'을 스스로 정해야 한다는 전제가 깔려 있다. 참으로, 단호하게 그렇게 하는 사람들이 도덕적 본으로 여겨진다. 왜냐하면 그들은 무비판적으로 관습을 수용하기보다 자율적으로 행동하기 때문이다. 그러나 우리가 각자의 도덕을 '선택'하거나 '정한다'라는 개념 자체에 자기 파멸의 씨앗이 들어 있다. 도덕적 진정성이 성립하려면 도덕은 사람이 만들어 내는 어떤 것이 아니라, 사람을 형성하는 무엇이 되어야 하는 듯 보이기 때문이다. 우리는 도덕적 가치, 원리, 덕을 만들어 내지 않는다. 그것들이 구성하는 삶을 전유할 뿐이다. 각자가 귀중한 것을 선택한다는 생각 자체가 귀중한 것의 가치에 대한 우리의 확신을 훼손한다.

지금 '윤리학'이 누리고 있는 인기는 여러 면에서 이상하다. 대부분의 사람은 대부분의 시간 동안 무엇이 옳고 그른지 생각하지 않아도 되는 쪽을 선호할 것이기 때문이다. 그들은 그저 자신의 삶을 계속 영위하기 원할 뿐이다. 사랑에 빠지고 가족을 부양하고 만족스러운 직업을 갖고 훌륭하고 가치 있는 기관을 후원하는 일을 이어 가고 싶은 것이다.

오늘날 우리가 '윤리학'에 관해 많이 생각할 필요가 있다고 느끼는 것에는 올바른 요소가 분명히 있다.[2] 하지만 관건은 우리가 생각할 필요가 있다는 것이 아니다. 모든 사회는 자체의 '윤리학'과 무관하게 최선의 행동법에 관한 모종의 비판적 숙고를 전개한다. 문제는 우리가 **무엇**에 관해서 생각해야 하느냐는 것이다. 현대윤리학은 다음과 같은 도덕적 난문제에 집중한다. 친구를 보호하기 위해 거짓말을 해야 하는가? 진실을 다 말하지 않는 것은 일종의 거짓말인가? 죽어가는 사람에게 그의 상태를 말해야 하나? 기타 등등. 이렇게 되면 '윤리학'이 모호한 상황과 어려운 결정에 주로 관심을 갖는 것처럼 보인다.[3] 그런 '난문제'에 집중하면, 우리가 누구인지 말해 주는 신념에 비추어 생각할 때만 그런 문제들을 이해할 수 있다는 사실이 흐려진다. 우리의 가장 중요한 도덕적 확신들은 우리가 호흡하는 공기와 같다. 우리 생명이 거기에 달려 있기 때문에 알아채지 못하는 것이다. 이를테면 거짓말에 대한 우려는 우리가 진실해야 한다는 확신에서 나온다. 우리가 지금 경험하는 혼란스러운 느낌 배후에는 '우리가 호흡하는 공기'가 의문의 대상이 되고 있다는 사실이 놓여 있다. 우리에게 도덕적 안내자가 없어서가 아니라 오히려 너무 많아서 문제인 것 같다. 알래스데어 매킨타이어가 말한 대로, 우리의 문제는 과거 도덕들의 파편 한복판에서 산다는 것이다. 그 파편들은 각각 나름의 합당한 근거를 가지고 우리의 충성을 얻고자 경쟁한다. 이런 상황이 함의하는 바를 이해하기 위해 그는 우리에게 다음과 같은 사고실험을 해 보라고 요청한다.

> 대재난의 결과로 자연과학이 수난을 당한다고 상상해 보자. 일반 대중은 일련의 환경 재해가 자연과학자들 탓이라고 비난한다. 광범위한 폭동이 일어나고, 실험실들이 불타고, 물리학자들은 보복을 당하고, 책과 기구들이 파괴된다. 마침내 '문맹' 정치운동이 권력을 잡아 학교와 대학에서 과학 수업을 폐지하는 데 성공하고, 남아 있는 과학자들을 투옥하고 처형한다. 시간이 한참 지난 후 이 파괴적 운동에 대한 반발이 일어나고, 계몽된 사람들은 과학이 어떤 것이었는지 대체로 잊어버렸으면서도 과학을 소생하겠다고 나선다. 하지만 그들이 가진 것이라곤 전부 파편뿐이다. 실험에 의미를 부여했던 이론적 맥락에 관한 일체의 지식과 분리된 몇몇 실험 지식, 그들이 보유한 이론의 다른 파편과 무관하고 실험들과도 무관한 여러 이론 조각들, 사용법을 잊어버린 도구들이 남았다. 다 사라지고 한 장章의 절반만 남은 책이나 낱장만 남은 논문들에는 그나마도 찢어지고 까맣게 타버려 읽을 수 없는 부분들이 있다. 그럼에도 이 모든 단편은 물리학, 화학, 생물학이라는 부활한

이름으로 분류되어 일련의 실천 체계로 다시 구현된다. 성인들은 상대성이론, 진화론, 플로지스톤설★에 대한 지극히 단편적 지식을 가지고 각 이론의 장점을 늘어놓으며 서로 논쟁을 벌인다. 아이들은 원소 주기율표에서 남은 부분을 암기하고, 유클리드 기하학의 몇 가지 정리를 주문처럼 낭송한다. 그들이 행하는 것이 진정한 의미에서의 자연과학이 아니라는 점을 누구도, 또는 거의 누구도 깨닫지 못한다. 왜냐하면 그들이 말하고 행하는 모든 일이 어느 정도 일관성과 정합성을 갖추기는 하지만 그들이 하고 있는 일을 이해하는 데 필요한 맥락들이 사라져 버렸을 테고 다시 돌이킬 수 없을 가능성이 크기 때문이다.

이런 문화에서 사람들은 '중성자', '질량', '비중', '원자량' 같은 표현들을 체계적으로 그리고 종종 상호 연관된 방식들로 사용할 것이고, 이 방식들은 자연과학적 지식이 대부분 상실되기 이전 시대 방식들과 어느 정도 유사할 것이다. 그러나 이 표현들의 쓰임이 전제하던 많은 믿음은 이미 상실되었을 테고, 이 표현들은 지금의 우리가 본다면 깜짝 놀랄 만큼 자의적이고 심지어 선별적 방식으로 적용될 것이다. 그리고 추가 논증을 제시할 수 없는 여러 대립 구도의 전제들이 많이 나타날 것이다.[4]

매킨타이어는 도덕적 언어를 놓고 볼 때 우리가 거주하는

★ 가연성 물질은 '플로지스톤'이라고 하는 성분을 함유하고 있으며, 불에 타는 것은 플로지스톤이 물질에서 빠져나가는 현상이라고 설명하는 이론.

실제 세계의 상태가 그의 가상 세계에서 자연과학이 심각하게 망가진 상태와 아주 유사하다고 주장한다. "우리가 보유한 것은 어떤 개념적 체계의 파편들이다. 이 조각들에 의미를 부여했던 맥락은 이제 찾아볼 수 없다. 우리는 실제로 도덕의 모조품을 갖고 있고, 원래의 많은 핵심 표현을 그대로 쓰고 있다. 그러나 도덕에 대한 이론적·실천적 이해력은 전부는 아니라 해도 대부분 사라졌다."[5] 매킨타이어는 우리의 세계와 그의 가상 세계가 갖는 유사점의 한계는 우리의 도덕 세계를 이토록 파편적인 것으로 만든 유사한 재난의 기록이 없다는 것이라고 말한다. 우리에게는 그 결과만 있을 뿐이다.

매킨타이어가 옳다면 우리는 위태로운 상황에 있다. 도덕적으로 파편화된 세계에서의 삶은 언제나 폭력의 언저리에 있게 된다. 도덕적 논증이 우리의 도덕적 갈등을 해결해 줄 것임을 확신할 방법이 없기 때문이다. 이런 세상에서 우리가 절대적인 것을 갈망하는 것은 당연하다. 자신과는 물론이고 서로와의 관계에서도 당연히 평화를 바라기 때문이다. 세상은 언제나 폭력적이었다고 하지만, 우리 문명 안에 평화를 확보할 수단이 없는 것처럼 보일 때 우리는 가망 없이 길을 잃은 듯한 느낌에 휩싸인다.

더욱이 우리 세상의 파편화는 '바깥'에만 있는 것이 아니라 우리 영혼 안에도 있다. 파편들 한복판에서 우리의 도덕적 정체성을 유지하기란 극도로 어려운 일이다. 우리의 다양한 역할과 확신들이 사방에서 이리저리 우리를 끌어당기는 것처럼 느껴지고, 우리 삶에 어떤 정합성이 있는지, 그런 것이 가능하기는 한지 확신할 수 없다. 우리의 자아는 분열되고, 폭력에 의지하고 싶은 유혹을 더욱 쉽게 받게 된다. 스스로를 확신하지 못하는 터라 자신이 성취한 약간의 자존감을 빼앗아 버릴 것 같은 일체의 도전에 쉽사리 위협을 느끼기 때문이다.

명예의 정신을 지탱해 줄 습관도 제도도 없는 상황에서 우리는 냉소적이 된다. 모두를 의심함으로써, 모든 대의명분 이면에는 자기 이익이, 모든 사랑의 행동 배후에는 심리적 보상이 있다고 가정함으로써, 우리는 이용당하거나 손해 보는 일이 없게 하려 한다. 하지만 냉소적 태도는 불가피하게 너무나 많은 것을 부식시킨다. 냉소의 산酸은 결국 자아까지 오염시켜 자기 존중의 토대를 무너뜨린다. 냉소는 모든 활동을 우리가 도덕적으로 헌신할 만한 가치가 없는 일로 만들어 버리기 때문이다.

이런 세상에서 기독교 윤리학이 '기독교'라는 한정어의 의미를 강조하는 것은 많은 이들에게 혼란에 굴복하는 것으로 보인다. 그들은 우리가 이 파편화된 세상에 질서를 부여할 수 있고 자기 자신과 서로에게 평화를 보장해 줄 보편적 도덕을 다시 만들 필요가 있다고 말한다. 하지만 그리스도인들이 자신의 특수한 신념을 진지하게 여기지 않는다면 그런 보편성은 주어지지 않을 것이다. 내가 이 책에서 보여 주고 싶은 대로, 우리 그리스도인들은 평화의 세상에 떼려야 뗄 수 없이 헌신된 존재이고, 우리가 이 세상의 주님을 인정하고 섬기는 법을 배움으로써만 평화가 가능하다고 믿는다. 주님은 아주 분명하고 구체적인 역사를 통해 자신이 알려지기를 원하셨다. 그래서 기독교 윤리학은 기독교라는 한정어의 중요성을 고수한다. 그리스도인들이 구현하고 세상에 제시하는 평화는 나사렛 예수의 생애를 통해 나타나게 된 나라에 근거하기 때문이다.

그러나 이런 특수성에 충실한 모습은 대부분의 사람들에게

도무지 신뢰할 수 없는 것으로 보이고, 그래서 그들은 평화로움을 포기하더라도 확실성을 보장할 수 있는 보편적 윤리의 모색을 이어 간다. 하지만 나는 그런 모색이 우리를 폭력에 취약하게 만들 뿐이라고 주장하고 싶다. 이제 왜 그런지 하나씩 살펴보자.

운명으로서의 자유

우리가 도덕적으로 혼란스럽고 파편화된 세계에 산다는 느낌은 최근 윤리학 이론의 주된 특성 두 가지를 설명해 준다. (1) 도덕적 삶의 본질로서 자유, 자율, 선택을 강조. (2) 역사와 공동체처럼 우연성에 매이지 않는 도덕적 삶의 토대를 확보하려는 시도. 앞으로 보게 되겠지만, 우리가 관계를 맺고 있는 것들로부터 벗어날 방법을 발견해야만 자유를 얻을 수 있다고 생각하는 한 이 두 가지는 긴밀하게 연관되어 있다.

경쟁하는 이해관계 사이에 갇힌 우리는 자신의 도덕을 창조하거나 선택해야 한다는 부담을 점점 더 강하게 느낀다. 이것은 정서주의, 실존주의, 상황주의 같은 도덕 이론들로 다양하게 반영되는데, 이 이론들은 도덕적 지식이 발견되는 것이 아니라 개인적 선택을 통해 '만들어진다'라고 주장한다. 그리고 진정한 도덕의 필수적 토대는 선택의 자유 및 선택에 기꺼이 책임을 지는 자세라고 여긴다.

우리가 환경과 생물학에 의해 대체로 결정된다는 것이 우리 시대의 또 다른 지배적 가정임을 생각하면, 자유를 이렇듯 강하게 내세우는 것이 다소 이상해 보인다. 참으로, 근대성의 특징 중 하나는 우리 자신을 결정된 존재인 동시에 자유로운 존재로 느낀다는 것이다. 피터 버거Peter Berger는 저서《선택의 명령*Heretical Imperative*》에서 이 확연한 양립 불가능성에 대해 설명을 제시한다.[6]

버거에 따르면, 전근대인들은 대부분 주어진 환경에서 살았다. 어디서 거주할지, 어떤 직업을 갖게 될지, 누구와 결혼할지에 대해 선택의 여지가 별로 없었다. 그 결과, 그들은 결정된 존재이자 자유로운 존재라는 우리의 근대적 양가성에 시달리지 않았다. 전근대인들은 삶의 의미에 관해 고심했을지는 몰라도, 지금 우리에게 필수적으로 보이는 질문, 즉 나의 삶이 그 의미를 물어도 될 만큼 충분히 통일성이 있는지를 생각할 필요가 없었다.

버거는 근대인들 앞에 여러 가능한 행동 노선과 세상에 관한 다양한 사고방식이 놓여 있다고 주장한다. 그 결과로 모든 삶이 소비자 지향적인 것이 되었다. 우리는 여러 치약 중 하나를 선택하듯 우리 삶에 정합성과 의미를 부여하는 여러 '설득력' 구조plausibility structure★ 중에서 하나를 선택한다. 세상이 왜 지금과 같은 상태이고 왜 다른 상태가 아닌지에 관한 기본적 믿음들까지 선택해야 하는 것을 보면 그 믿음들이 진실성을 의심받을 만큼 자의적인 것들임을 알 수 있다. 이런 세상에서 우리가 확신할 수 있다고 느끼는 단 하나는 결국 우리 자신의 자율이 절대적으로 필요하다는 것이다. 사실, 우리의 가장 깊은 확신, 가장 확실한 '설득력 구조'는 우리 삶이 의미가 있으려면 우리가 그 의미를 창조해야 한다는 것이다.

★ 설득력 구조는 가설과 사회 습속으로 이루어지고 제도와 그 작용으로 강화되며 어떤 믿음이 설득력이 있는지를 결정한다.

이처럼 우리는 자유, 또는 버거가 선호하는 표현인 "선택의 명령"이라는 운명을 받았다. "전근대인에게 선택heresy★은 하나의 가능성, 대체로 아주 희박한 가능성이다. 그러나 근대인에게 선택은 흔히 필연성이 된다. 다시 말해, 근대성이 만들어 내는 새로운 상황에서는 취사선택이 명령이 된다."[7] 이처럼 우리는 윤리 이론적 경로를 거쳐 자유가 필연성일 뿐 아니라 도덕적 이상이라는 개념에 이르렀다. 자유 자체가 도덕적이 되는 일의 필요충분조건이다.

그런데 이런 상황이 그렇게 특별한 것일까? 거의 모든 도덕 이론이 사람들은 자신이 행할 수 있는 것만 책임질 수 있다고 각기 다른 방식으로 주장하지 않았던가? 자유는 언제나 도덕적 행동에 결정적인 것으로 여겨지지 않았던가? 하지만 아리스토텔레스 같은 철학자들이 볼 때 자유는 **그 자체가 목적**이 아니었고, 인간은 각자의 삶을 이끌어 줄 도덕적 능력을 획득했을 때만 자유로워졌다. 그런 능력이 없다면 미성숙한 자들의 무절제한 욕망과 선택에 종속되어야 했다. 따라서 자유의 본질은 선택하는 데 있지 않고, 특정한 선택지가 열려 있지 않은 사람이 되는 데 있었다. 이를테면 용감한 사람들은 용감한 상태에 적절한 두려움을 알 필요가 있지만, 겁쟁이의 두려움은 알 수 없다. 자유는 어떤 자격이 아니라 하나의 기술인만큼, 덕스러운 사람만이 자유로울 수 있었다.

★ 흔히 '이단'으로 번역되는 이 영어 단어의 어원은 '선택'을 뜻하는 그리스어 '하이레시스*hairesis*'이다. 그래서 앞서 피터 버거의 책도 《선택의 명령》으로 번역했다.

우리는 주어진 상황에서 '선택의 자유'를 말하지만, 덕스러운 사람은 어떤 선택을 내려야 하는 '상황'에 직면하지 않았다. 오히려 그는 상황을 '상황'으로 보지 않고 목적이 분명한 내러티브 속 사건으로 이해하기를 고수함으로써 상황을 규정했다. 상황이 우리를 짓누를 때조차도, 도덕적 행동을 설명하는 이야기 안에서 자신의 행위를 해석하는 능력을 발휘함으로써 성품을 갖춘 인물character이 상황을 규정한다.

그에 반해, 근대적 관념은 자유를 도덕적 삶 자체의 내용으로 만들었다. 우리가 **무엇**을 욕망하느냐가 아니라 욕망한다는 **사실**이 중요해진 것이다. 우리의 과제는 자유로워지는 것이다. 덕의 습득을 통해서가 아니라 우리가 옴짝달싹 못하게 결정되는 상황을 방지함으로써 자유롭게 되어 언제나 '선택지가 열린' 상태를 유지하는 것이다. 그래서 우리는 자신의 역사에 대해 책임을 회피하는 관료가 되어 어떤 결정이든, 심지어 자신이 내린 결정에 대해서도 책임지는 일이 없게 하려고 한다.

하지만 자신의 역사를 회피하려는 이런 시도는 우리 삶을 자신의 것으로 주장할 자기충족성의 결핍을 낳는다. 자신의 삶을 돌아볼 때, 스스로 자유롭게 내린다고 생각했던 많은 결정이 우리가 깨달았던 것보다 더 많이 결정되어 있었음을 알게 되기 때문이다. 우리는 이렇게 말한다. "내가 지금 아는 것을 그때도 알았다면 얼마나 좋을까." 우리는 이것을 과거에 대한 무책임을 내세울 수단으로 사용하고, **다음번에는** 정말로 '자유롭게' 행동할 거라고 생각한다. 그 결과로, 도덕적 삶과 윤리적 숙고에서 중요한 것은 앞으로의 결정들이고 그 '결정들'이 자유로운 것이 되게 하는 데 필요한 조건들을 확보하는 것이라고 생각하게 된다.

우리는 지난 일을 대할 때 **회고적으로 나타나는** 도덕적 자세가 더 중요하다는 사실을 무시한다. 기억함과 받아들임 가운데 우리 삶—돌이켜 볼 때 그리 자유롭지 못했던 결정들도 여기에 포함된다—을 자신의 것으로 주장하는 법을 배우기 때문이다. 아이러니하게도, 알고 보면 나의 자유가 가능한 것은 내가 '자유롭게 선택해서' 한 일이 아니었지만 지금은 없으면 안 되는 일도 나의 것으로 삼을 수 있는 능력 덕분이다. 우리의 모습, 우리의 자기 인식은 우리가 한 일 못지않게 우리가 당한 일에도 달려 있기 때문이다.

자유가 도덕의 필요충분조건이라는 근대적 가정은 쉽게 바뀌지 않는다. 그 가정이 우리가 사회적 관계들을 관리하는 방식 또한 결정하기 때문이다. 우리 사회는 도덕적이 되는 일, 책임 있는 방식으로 행동하는 일은 우리의 욕망을 정당하게—즉, 다른 누구의 자유도 침해하지 않는 방식으로—추구하는 것이라고 일반적으로 생각하는 듯하다. 우리는 다른 사람의 선택을 해치거나 제한하지 않는 한 원하는 대로 행동할 수 있다고 여긴다. 좋은 사회는 최대 다수에게 가장 많은 자유를 제공하는 사회이다. 이런 윤리는 공동선에 대단히 헌신된 것처럼 보이지만, 사실 그 보조 이론은 개인주의적인 것이다. 선은 우리 개별적 욕망의 총합이기 때문이다.

이런 개인주의보다 더 곤란한 것은 자타 모두를 이렇게 바라봄으로써 우리가 지불하는 대가이다. 그 대가는 다름 아닌 체계적 형태의 자기기만이다. 우리가 무엇에 관해서건 마음을 쓰는 이상, 다른 사람들의 '자유'를 필연적으로 침해하게 된다. 그러나 우리는 그렇지 않은 척 행동하여 우리와 다른 사람들이 서로의 삶을 상호 제한하는 방식으로 필연적으로 한데 묶여 있다는 진실을 감춘다. 우리는 자신의 도덕적 확신을 '개인적 욕망'으로 기술하여 그 확신이 다른 사람들에게 크게 영향을 끼치지 않을 수 있다고 암시하도록 스스로 가르쳤다. 하지만 사실 우리의 헌신으로 인해 희생을 감수하도록 다른 사람에게 요구하지 않는 도덕은 없고, 다른 사람들에게 우리가 가치 있다고 믿는 바를 위해 가진 것을 나누고 희생하라고 요구하는 것은 잘못된 일이 아니다. 우리가 보다 관심을 기울여야 하는 부분은 지금 헌신하는 일이 가치 있는 일인가 아닌가이다.

자기기만의 결과로 우리의 관계는 가차 없이 서로를 조종하는 것이 되었다.[8] 우리는 스스로와 다른 사람들을 권력과 사리 추구라는 정교한 게임에 참가한 말 정도로 여긴다. 조종이 없었던 시대나 사회질서가 한 번이라도 있었다는 말을 하려는 게 아니다. 현 상황의 새로운 점은 우리가 갖고 있는 최고의 도덕적 지혜가 대안을 생각해 낼 수 없다는 것이다. 우리는 기껏해야 게임을 보다 공정하게 만들 방법 정도만 제안할 수 있는 것 같다. 우리는 자신에게든 다른 사람들에게든 희생을 감수하도록 요구하여 우리를 자신의 이익이라는 감옥에서 벗어나게 해 줄 도덕 이론을 제공할 수가 없다.

자유와 그 윤리적 표현을 강조하다 보면 사람살이에 중심이 되는 특정 활동들을 설명할 수 없게 된다. 자녀를 갖는 일 같은 단순한 결정을 생각해 보라. 자녀가 생기면 우리의 의지와 욕망을 그 새 생명에게 강요하게 되는데, 자유의 윤리학이 그런 결정을 어떻게 정당화할 수 있겠는가? 아무리 많은 보살핌 및/또는 사랑도 이 상황에서 발생하는 자유의 불균형을 바로잡기에 부족할 것이다. 우리는 자신의 욕망을 채우기 위해 강제로 이 존재가 생겨나게 만든 것이다! 자유의 정신 안에서 부모 자식의 관계는 적개심과 그에 따른 협상 게임을 초래할 수밖에 없다. 우리는 자녀들이 우리에게 시간을 요구하는 것에 분개하고, 자녀들은 우리가 그들을 마지못해 돌본다고 생각하는 데서 오는 부담스러운 죄책감에 분개한다. 우리는 이처럼 조종의 그물망에 걸려 빠져나가지 못하는 것 같다.

허약한 토대들

근대 윤리학 이론에서 자유를 강조하는 것만큼 널리 퍼진 것이 윤리학의 토대를 찾고자 하는 관심이었다. 윤리학의 토대를 제시하려는 시도는 인간 행위자의 전제 조건이 되는 특성이고 자유를 확립하려는 시도와 밀접한 연관이 있다. 매킨타이어가 제시한 대로, 현대 철학자들은 분석철학자와 실존주의 철학자를 막론하고 도덕적 행위주체성의 본질이 어떤 특정한 우연적 사태와도 동일시되기를 피하는 자아의 능력이라고 말하고 있다.

> 이 견해에 따르면, 도덕적 행위자로 존재한다는 것은 자신이 처한 상황에 대해서만이 아니라 자신이 보유할 수 있는 모든 특성과도 거리를 둘 수 있다는 것을 의미하고, 어떤 사회적 특수성과도 철저히 분리되어 순전히 보편적이고 추상적인 관점에서 자신의 상황을 판단할 수 있음을 의미한다. 따라서 누구나 도덕적 행위자일 수 있다. 도덕적 행위주체성은 사회적 역할이나 실천 속에 있지 않고 자아 속에 있기 때문이다.[9]

그래서 행위자에게 이런 자유의 가능성을 보장할 수 있는, 역사적 우연성으로부터 자유로운 토대를 찾는 것이 윤리학 이론의 과제가 되었다.

이런 기획의 원대한 사례는 물론 임마누엘 칸트의 작업이다. 그는 도덕의 근거를 자유의 필연성에서 찾으려고 했다. 다른 믿음을 가진 다른 사회 사람들 사이에서 최소한의 합의를 확보하기 위해 도덕을 자의적이고 우연적인 것에서 벗어나게 하는 것이 칸트의 원대한 기획이었다. 더욱이, 칸트는 도덕의 영역을 그가 자연계의 특성이라고 생각했던 결정론에서 벗어나게 하려고 용감하게 시도했다. 그는 도덕의 근거를 종교적·형이상학적 믿음이나 인간성에 대한 경험적 기록에서 찾지 않고 합리성 자체에서 찾음으로써 도덕의 '자율성'을 보장하고자 했다.

칸트는 합리적 피조물의 독특한 도덕적 특성이 자신이 만들어 낸 법에 따라 사는 능력에 있다고 주장했다. 따라서 칸트에게 이성의 자율성과 도덕의 자율성은 같은 기초 위에 있는 것들이었다. 칸트는 이 자율적 법이 합리성에 내재한다고 생각했고 정언명령定言命令, categorical imperative이라고 불렀다. 이 명령은 우리의 의무를 오로지 의무라는 이유만으로 이행할 것을 요구한다. 정언명령에 대한 그의 첫 번째 정식定式은 다음과 같았다. "행동준칙에 따라서만 행동하되, 이 준칙은 보편적 법칙이 되어야 한다고 주장할 수 있는 것이라야 한다."[10] 이 원리와 칸트의 정언명령의 다른 정식들과의 관계는 다양하게 해석되고 재진술되었지만, '일반화의 원리'로 불리든 '도덕적 관점'이라는 실존주의적 명칭으로 불리든, 이 원리는 도덕적 판단을 정당화하기 위한 기본적 진술로 일반적으로 받아들여진다. 이 원리의 힘은 변함이 없다.

이 원리에 따르면 행위자의 우연적 역사는 도덕적 판단과 평가에서 부적절한 요소이다. 이 원리는 우리 결정에 대한 정당화가 모든 이의 관점에서 이루어지기를 요구한다.

여기서 나의 관심사는 칸트의 기획이나 이후 그의 해석자들을 평가하는 것이 아니라, 도덕의 기초를 찾는 일반적 기획과 특수한 것 및 우연적인 것에 대한 반감이 얼마나 깊은 관련이 있는지 주목하는 것이다. 윤리학에 왜 '기초'가, 그것도 보편성과 필연성을 특징으로 하는 기초가 갑자기 필요하게 되었을까? 그런 요구가 도덕적 판단의 본질 자체를 왜곡하는 것처럼 보이는 때에 말이다. 아리스토텔레스가 상기시키는 것처럼, 본질상 윤리학은 달라질 수 있는 문제들, 즉 특수한 문제들을 다룬다.[11] 그러나 우리 세계의 파편화된 특성에 직면한 철학자들은 안전, 확실성, 평화를 제공할 수 있는 고지를 확보하려 노력했다. 그것은 가치 있는 일이지만 실패할 수밖에 없는 시도이기도 하다. 그런 기반에는 우리의 욕망을 훈련하고 우리의 관심을 이끌어 줄, 그러니까 우리를 도덕적인 사람들로 만들어 줄 능력이 없기 때문이다.

많은 종교 사상가들이 도덕의 기초를 모색하는 일에 열정을 쏟았지만, 아이러니하게도 그런 기초는 종교적 확신을 도덕적으로 부차적인 것으로 만들 수밖에 없다.[12] 여기서 우리는 플라톤의《대화편》만큼이나 오래된 문제, 즉 종교와 도덕의 관계 문제를 마주하게 된다. 어떤 일이 옳은 이유는 하나님이 그 일을 명령하시기 때문일까, 아니면 그것이 옳은 일이기 때문일까? 만약 후자라면, 왜 하나님의 명령이 필요한 걸까? 나는 여기서 이 문제에 제대로 관심을 기울일 수 없지만, 이와 관련된 논의가 흔히 도덕에 대한 너무나 제한적 이해를 바탕으로 이루어진다는 것만은 지적하고 싶다. 나중에 다루겠지만, 이 문제에 대한 한 가지 대응으로 자연법을 강조했던 전통들은 도덕적 삶의 '종교적' 측면들을 '더 높은' 도덕 또는 도덕의 동기부여적 요소로 격하하는 경향이 있었다. 그 결과, 기독교적 신념의 도덕적 힘이 상실되었을 뿐 아니라 도덕적 경험의 본질 자체가 왜곡되었다.

더 중요한 사실은, 기독교적 확신이라는 특수성이 이른바 더 근본적인 '도덕'에 비해 부차적인 것이 되면, 우리가 평화의 사람들이 될 수단이 사라진다는 것이다. 도덕의 기반을 합리성 자체, 또는 뭔가 다른 '내재적' 인간 특성에 둠으로써 평화를 확보하려는 시도는 아이러니하게도 강압을 지지하기 때문이다. 다른 사람들이 나의 '합리성' 이론을 받아들이기를 거부하면, 그들이 자신들의 '참된' 자아에 충실하도록 강제력을 행사해도 무방한 것처럼 보인다.

그리스도인인 우리는 평화가 **우리 힘으로** 성취해야 할 어떤 것이 아니라고 밤낮으로 주장해야 한다. 평화는 우리가 십자가에 못 박히신 구세주를 중심으로 하는 공동체로 존재할 때만 주어지는 하나님의 선물이다. 그 구세주는 참된 주님께 반역하는 이 세상에서 평화롭게 있는 법을 가르치신다. 하나님의 평화의 나라는 공통의 인간 도덕성을 상정함으로써가 아니라, 우리의 차이들을 두려워하지 않는 평화로운 공동체로 신실하게 살아감으로써 이루어진다.

종교의 사유화

우리의 현대적 도덕 이해를 형성한 바로 이 과정들이 우리의 종교적 확신과 관습들을 갉아먹는 데도 상당 부분 똑같이 강력한 영향을 끼쳤다. 사람들이 종교를 더 이상 진리의 문제로 여기지 않는다면, 종교는 그 자체로 가치 있는 어떤 것으로 우리의 관심을 끌 수 없고 끌어서도 안 된다. 그럴 때 종교의 중요성은 기껏해야 기능적인 것으로 축소된다. 기능적인 종교적 믿음은 개인적 위기에서 힘의 원천이 되고/이거나 대인관계에서도 도움이 될 것이다. 이런 과정을 거쳐 교회는 비슷한 경제 계층에 속하고 생각이 비슷한 사람들이 모인 많은 자발적 결사체 중 하나에 불과하게 되었다.

현대의 종교적 신념의 기능적 성격을 가장 잘 드러내는 현상은 종교적 보수주의의 급증일 것이다. '전통적인' 종교적 신념의 부활로 보이기는 하지만, 이런 운동들의 일부는 사실 우리 문화와 우리 자신이 종교적 실체를 상실했다는 증거가 된다. 이런 기독교는 진리이라서가 아니라 '미국적 생활방식'을 강화한다는 이유로 옹호되고, 이 운동을 벌이는 이들은 그리스도인이 되는 것과 '좋은 미국인'이 되는 것 사이에 해결할 수 없는 긴장이 있을 수 있다고 생각하지 못한다.

보다 정교한 수준에서는 많은 이들이 여전히 우리의 종교적 유산을 민주적 정부 및 사회의 발전과 보존을 돕는 수단으로 쓰려고 한다. 그래서 민주주의에는 시민종교—국가권력의 요구에 맞서는 비판적 원리와 보다 정의로운 관습의 발전을 지원할 자원으로 기능할 수 있는 초월적 의식—가 필요하다는 말이 나오는 것이다. 하지만 그런 '시민종교'는 특수한 종교적 믿음들로 이루어질 수 없는데, 그렇게 되면 종교적 관용의 필연성이 훼손될 것이기 때문이다. 이에 따라 우리의 모든 특수한 믿음들은 '사적'인 것으로 사회적으로 정의하고, 거기에는 어떤 사회적 역할도 허용해선 안 된다는 결론이 나오게 된다. 그런데 이 상황에서 특별한 아이러니가 발생한다. '시민종교'는 기존 문화와 정치 질서를 지지하도록 요청을 받지만, 그 문화와 정치 질서는 종교적 신념의 공적 역할을 부인하고 우리의 종교적 의견이 그저 사적 의견일 뿐이라는 가정을 지지할 것을 요구하면서 만들어지는 아이러니이다.[13]

미국 문화에서 종교가 굳이 없어도 되는 것이 되었다는 가장 강력한 지표는 기독교가 스스로를 여러 종교 중 '하나'로 인식한다는 사실이다. 이것은 하나님의 본성, 예수의 중요성, 세계의 종말론적 운명 같은 기독교 신앙의 특수한 신념들보다 소위 '신앙'이 우위에 있다는 생각을 드러낸다.[14] 그 결과, 기독교는 실천 면에서나 정교한 신학적 표현 면에서나, 의미가 있어야 살 수 있는 인간의 필요 또는 기타 도발적인 인류학적 주장에 대한 해석 정도로 축소된다. 나는 모든 신학이 인류학적 주장을 담고 있다는 사실을 부인할 뜻은 없지만, 현대 신학은 거기서 시작하고 끝나는 데 특히 능숙해졌다. 우리는 종교가 인간의 소망이 크게 확대된 형태로 투사된 것에 불과하다는 포이어바흐Feuerbach의 주장을 이전보다 더 강력하게 입증하고 있다.

기독교적 확신의 윤리적 중요성에 관심 있는 이들은 기독교 신학을 이런 식으로 인간화하기가 특히 쉽다. 그들은 기독교에 윤리적 요소밖에 남지 않았다고 생각하고, 기독교를 의미 있는 것으로 만들기 위해 종교적인 것에서 윤리적인 것을 끌어낸다. 그런 전략은 종종 신학적·윤리적으로 급진적인 것으로 보이지만, 그 결과는 흔히 지배적 휴머니즘을 종교의 명목으로 재진술하는 것이다.

이런 형태의 현대적 종교 변증 배후에는 종교가 우리의 욕망을 지지하고 궁극적 행복을 보장하는 기능을 하지 않으면 우리에게 어떤 영향력도 행사할 수 없는 생각이 놓여 있다. 물론 이 생각은 어떤 의미에서는 참되다. 그리스도 안에서 이루어진 하나님 나라가 우리의 가장 깊고 강력한 욕망을 성취해 주리라는 확신이 기독교의 핵심에 자리하고 있기 때문이다. 우리가 하나님의 피조물인 한, 그분의 구원은 우리의 자연적 욕망을 성취해 줄 것이 분명하다. 그러나 불행히도 이런 통찰은 금세 빛을 잃고 만다. 우리가 하나님을 올바로 알고 섬기기 위해서는 우리의 욕망이 변화되어야 한다는 사실을 인식하지 못한 채 욕망의 성취를 추구하는 탓이다. 우리는 변화되어야 한다. 올바른 것을 욕망하도록 훈련을 받아야 한다. 죄로 구부러진 우리는 자신이 마땅히 원해야 하는 것이 무엇인지 잘 모르기 때문이다.

이런 축소주의적 신학의 한 가지 심각한 결과는 기독교적 신념이 진리라는 명확한 주장이 사라졌다는 것이다. 종교적 신념이 참이라는 주장이 이제 어떤 의미를 지니는지 모른다는 것은 현대의 종교 상황을 더할 나위 없이 분명하게 보여 준다. 남아 있는 선택지는 '신앙주의fideism'—종교적 신념은 증거의 도전을 감당할 수 없기 때문에 신앙으로서만 붙들어야 한다는 생각—와 항복, 이 두 가지뿐이다.[15] 이렇게 된 이유를 여기서 일일이 찾아낼 수는 없지만, 한 가지 중심 되는 이유는 분명하다. 우리가 진리의 본질을 결정할 주된 지위를 과학에 부여하고 있다는 사실이다. 과학의 검증 기준을 적용하면 종교는 의견에 불과한 것으로 보이게 된다. 과학은 특정한 가설을 진리로 확립할 수 없지만, 적어도 거짓인지 검사할 방법은 있다. 그러나 우리는 하나님이 한 백성을 세상에 불러내셔서 하나님 나라의 능력을 증언하게 하셨다는 신념을 어떻게 과학적으로 시험할 수 있는지 결코 알 수 없다.

어떤 이들은 이런 차이를 군말 없이 받아들이고 활용하여, 종교는 과학이나 기술과 달라서 우리 세계의 과학적 측면을 이해하는 데 영향을 미치지 않는다고 말한다. 그러나 이들은 과학이 인간의 어떤 가치에 봉사해야 하는지 보여 줄 종교가 과학에는 여전히 필요하다고 설명한다. 이런 전략의 문제점은 종교의 진리가치를 기능적인 것으로만 만든다는 데 있다.

종교적 진리의 문제에 대한 또 다른 도전은 종교 자체의 내부에서 나온다. 우리는 기독교 신앙의 역사적으로 우연적인 출발점을 점점 더 많이 인식하게 되었다. 예수에 관한 온전한 역사적 '진실'을 알지 못할 뿐 아니라, 역사적으로 그 진실에 닿을 방법도 없는 것 같다. 그래서 역사적으로 우연적인 출발점에 우리 인생을 거는 일이 어떻게 가능한지 의심하게 되고, 고트홀트 레싱Gotthold Lessing이 제기했던 질문에 사로잡힌다.[16] 우리는 자신의 인생과 다른 사람들의 인생을 절대적으로 확실한 것에만 걸어야 한다고 느낀다. 역사적 '진리'는 그 위에 우리 인생을 건설하기엔 너무 취약해 보인다.

그렇게 쳇바퀴가 이어진다. 우리의 종교적 신념의 진리성을 확신하지 못할수록, 그만큼 더 그 신념이 공적 검토의 대상이 아니라고 여긴다. 그리고 그 과정에서 우리는 종교적 신념이 진리라면 필수 요소로 보이는 것, 즉 그것을 사람들에게 기꺼이 추천하는 모습을 상실한다. 기독교적 확신에서 증언의 필요성은 우발적인 것이 아니기 때문이다. 그것은 그리스도인의 삶의 핵심이다. 믿음의 확신은 다른 사람들이 증언하고 본을 보여 주는 방식이 아니고는 배울 수가 없다. 기독교적 증언의 본질적 내용은 개인의 경험이 아니고 기독교가 '나'에게 의미하는 바도 아니다. 그것은 이 세상이 이스라엘 백성의 역사와 예수 그리스도의 삶과 죽음, 부활을 통해서만 알 수 있는 선하신 하나님의 창조물이라는 진리이다.

그런 증언이 없으면 우리 삶을 삼키는 거짓에서 나오는 폭력에 세상을 내어줄 수밖에 없다. 그러므로 진실함과 평화로움은 본질적 관계로 연결돼 있다고 볼 수 있다. 왜냐하면 평화가 찾아오는 길은 그 증언만 의지하도록 확신을 주는 진리에 의해 우리가 변화되는 것뿐이기 때문이다. 폭력을 써야만 자기 존재를 확보할 수 있는 '진리'는 진리일 수 없다. 해와 별들을 움직이는 진리는 자기 능력을 온전히 확신하여 무력으로 복종이나 동의를 강요하기를 거부한다. 그 진리는 오히려 느리고 힘들고 보상이 없는 듯한 증언 활동에 의지하고, 파편화되고 폭력적인 세상에서도 증언이 이기리라 확신한다.

기독교적 확신의 진실함

지금까지 개략적으로 살펴본 현대의 도덕적·종교적 상황

은 기독교 윤리학의 과제를 잘해야 위태로운 것으로 만든다. 유혹과 함정은 셀 수 없이 많다. 우리의 종교적 믿음이 참임을 더는 확신할 수 없는 이 시대에, 여러 유혹 중에서 가장 파괴적인 것은 종교가 우리를 위협하는 도덕적 무정부 상태를 저지할 수 있다고 주장함으로써 종교의 중요성을 일부라도 구해 내려는 시도일 것이다. 우리는 종교가 현대 문명의 금이 간 방파제를 받치는 데 필요한 절대적 가치들을 제공하기를 촉구하고, '종교적 윤리학자들'을 훈련하여 기업윤리, 의료윤리와 가치 명료화 수업을 진행하게 한다.

그러나 이런 전략은 가장 필수적인 질문을 회피한다. 우리는 종교적 신념이 기능적인 것인지 여부가 아니라 그것이 참인지를 알고 싶어 해야 한다. 게다가 이런 접근법은 도덕이 사라질 때 기독교 윤리학이 도덕을 만들어 낼 수 있다고 말하는 것 같다. 하지만 윤리학은 좋은 삶을 만드는 데 꼭 필요한 활력 있는 공동체에 의존하기 때문에 이런 주장은 의미 없다. 좋은 삶이 존재하지 않으면 아무리 많은 숙고로도 우리의 윤리학을 풍부하게 만들 수 없다.

우리는 윤리적 숙고가 파편들 사이에서 사는 모호함에서 우리를 건져줄 거라고 상정할 수 없다. 사실, 정직하고 신중한 윤리적 숙고는 파편화된 세상에서 도덕적 행위자가 겪는 더 미묘한 어려움들을 드러낼 가능성이 높다. 기독교 윤리학의 과제는 모호함을 없애는 것이 아니라 이 세상에서 살아간다는 것, 곧 확실성 없는 세상에서 진실하게 살아가는 것의 의미를 올바르게 이해하도록 돕는 것이다.

끝으로, 절대주의 전략은 기독교 윤리학의 의미와 과제를 오해한다. 기독교 윤리학의 과제는 우리의 확신들 자체가 왜 도덕**인지** 알아보도록 돕는 것이다. 우리는 하나님, 예수, 교회에 관한 어떤 내용을 먼저 믿고, 이후에 그 믿음에서 윤리적 함의를 끌어내지 않는다. 그보다는 우리가 확신하는 바들이 우리의 도덕을 구현한다고 볼 수 있다. 우리는 믿는 바대로 행동하게 된다. 그리스도인들은 우리가 믿는 내용의 '행동적 함의'를 모색해서는 안 된다. 우리의 도덕적 삶은 믿는 내용 더하기 결정으로 구성되지 않는다. 도덕적 삶은 우리의 확신들이 우리 성품을 진실하게 형성해 가는 과정이다.

기독교적 확신이 작동하는 방식을 제대로 파악하기 위해서는, 그런 확신이 어떻게 도덕적 삶을 형성하는지 탐구할 개념적 도구들을 먼저 개발해야 한다. 나는 다음 장에서 내러티브, 비전, 성품에 초점을 맞추어 바로 이 작업을 하려 한다. 기독교 윤리학에 어떤 구체적 신념들이 따라오는지 말하려 하기 전에, 먼저 그런 신념들이 모이는 도덕적 경험의 여러 측면을 설명해야 한다. 이것은 기독교적 신념이 도덕적 삶과 별개로 존재한다는 말이 아니라—윤리학에 대한 추상적 설명은 있을 수 없다는 점은 이미 살펴보았다—둘의 관계를 펼치려 시도할 때 기독교적 신념에서 도덕적 삶으로 넘어가야 한다는 것이다. 어쨌건, 기독교적 신념의 실천적 본질을 결코 포기해서는 안 된다. 기독교적 확신이 왜 도덕인지 배우는 것은 그 확신이 참이라는 주장의 의미를 이해하는 데 꼭 필요하다. 종교적 믿음은 검증 가능한 어떤 의미에서도 참이라고 여길 수 없는 원시적이고 신화적인 세계관이나 형이상학으로 제시되는 경우가 너무나 많다. 사람들은 종교적 언어가 세계를 간접적으로, 은유적으로, 시적으로만 묘사한다고 가정한다.

이 책에서 나는 기독교적 신념이 현대적 자아의 불안을 시적으로 달래 주지 않는다고 주장한다. 기독교적 신념은 우주의 한 분 참되신 하나님께 신실하게 살아가는 공동체를 창조함으로써 참된 신앙에 충실하게 자아를 변화시킨다. 자아와 본성이 이렇듯 올바른 관계에 놓일 때, 우리는 우리 존재에 관한 진리를 인식하게 된다. 그러나 진리는 그에 대응하는 자아의 변화 없이는 얻을 수 없기에, 그 변화에 대한 연구로서의 '윤리학'은 기독교 신앙이 먼저 체계적으로 제시된 이후에 따라오는 것이 아니라 기독교 신학적 숙고의 **출발점**에 위치한다.

2장

한정된 윤리: 기독교 윤리학의 내러티브적 특성

한정 없는 윤리의 추상성

1장에서 나는 보편적 '윤리학' 같은 것은 없고 모든 윤리에는 한정어가 필요하다고 말했다. 이것은 현대 윤리이론의 주된 방향과 크게 어긋난다. 현대의 윤리 이론은 우연적인 공동체에 의존하여 도덕적 판단을 내리는 데서 역사적으로 벗어나게 해줄 도덕의 기초를 추구한다. 나는 이런 기획의 여러 문제점을 이미 제시했다. 이번 장에서는 그 문제들을 좀 더 깊이 살펴보면서 이런 기획이 내러티브와 덕 같은 도덕적 경험의 본질적 측면들을 무시했다는 점에 주로 초점을 맞출 것이다. 더욱 중요하게는, 왜 기독교 윤리학이 '기독교'라는 한정어의 중요성을 내세워야 하는지 보이는 작업을 시작할 것이다. 보편화 추구 경향과 반대로 나는 기독교 윤리학이 특정한 민족의 역사를 반영한다고 주장할 것인데, 그 역사를 전유하려면 우리가 죄인임을 인식해야 한다.

현대의 윤리 이론은 버나드 윌리엄스가 '허공에 뜬' 입장으로 규정한 것에 아주 다양한 방식으로 동의했다.[1] 윤리학자들은 어떤 자의적 규범도 권하는 일이 없도록 하기 위해 대안 이론에 의해 밀려날 수 없는 '메타윤리학'—도덕적 개념들의 본질과 토대에 대한 형식적 이론—을 만들어 내려고 했다. 이 틀은 실제 도덕들의 자의적이지 않은 측면을 뒷받침하기 위한 것이었다. 메타윤리적 숙고는 공허하다는 비판을 가끔 받지만, 도덕적 객관성을 보장하고 특수한 판단에서 '물러나' 모든 사람의 관점에서 그 판단을 바라볼 수 있는 능력을 지속적으로 보증하는 고지가 존재함을 보여 줌으로써 모든 그릇된 주관주의나 상대주의를 물리치고자 했다.

하지만 이렇게 상정된 객관성은 사실 주관주의에 대한 왜곡된 이미지이다. 이것은 부도덕한 것으로 알려진 모든 행동에 대해 "내가 뭐라고 그것이 잘못이라고 말하겠는가?"라고 반응하도록 가르치고 어쩌면 늘 그래야 한다고 생각하게 만든다. 버나드 윌리엄스가 지적한 대로, 메타윤리학이 주관주의 도덕이든 비주관주의 도덕이든 그것이 도덕 사상인 한 잘못된 행동을 잘못이라고 말하지 않는 반응을 제대로 정당화할 수 없다. 허공에서 "그것은 모든 도덕적 입장(사상가의 입장을 포함하여) 바깥에 있으려 하면서도 여전히 도덕적 사상이고자 한다. 그러나 허공의 자리는 주관주의만 놓고 봐도 누구든 도덕적 생각을 할 수 있는 자리가 아니다." 그것은 모든 도덕의 생명선에 해당하는 헌신과 배려에서 벗어나 있도록 강요하기 때문이다.[2]

객관성에 대한 메타윤리학적 설명은 도덕적 행위자를 그의 활동에서 소외시키는 독특한 결과를 낳는다. 그것은 자신의 활동을 늘 모든 사람의 일처럼 바라보도록 요구한다. 그러나 우리는 자신의 활동에서 끊임없이 '뒤로 물러나' 객관적 관점에서 그것을 평가함으로써 도덕적 삶의 존립 근거가 되는 특성—우리가 해야 마땅한 일과 구체적인 도덕적 행위자로서 우리가 되고 싶은 모습을 긴밀히 결부시킴—을 제거한다. 그러나 우리는 자기 자신 및 다른 사람들을 상대로 영원한 비평가처럼 살지 않으며 그렇게 살아서도 안 된다. 자신의 욕망, 원함, 관심에 의거하여 삶을 형성해야 하고 그래야 마땅하다.

윌리엄스는 '허공에 뜬' 자세를 취하고 싶어 하는 이들이 "내가 왜 도덕적이어야 하는가?"라는 질문을 제대로 논할 수 없다고 생각한다. 윤리학은 그 질문에 답하려는 시도에서 시작하지 않는다(그럴 필요가 없다). 일련의 분석 기술을 갖춘 학문인 윤리학은 우리가 도덕적 모험에 **이미** 나섰다고 인정함으로써 시작된다. 우리는 있는 자리에서 그대로 윤리적 논의를 이어갈 수 있는데, 공통의 합리성을 공유해서가 아니라 우리가 어떤 것을 배려하는 사람들임을 발견하기 때문이다.[3] 우리가 배려한다는 사실은 자신이 도덕적 참여에서 물러날 수 있다고 생각하는 모든 사람과 이해 가능한 대화를 보장하기에 충분하다.

이런 시각에서 볼 때 일관성 있는 무도덕주의자amoralist의 오류는 이성적 오류가 아니라 인간적 오류이다. 하지만 윌리엄스가 지적한 대로, 무도덕주의자가 일관성을 갖기란 아주 어렵다.

> 그[무도덕주의자]가 자신이 다른 사람들을 대하듯 그들에게 대우받는 것을 반대할 경우(물론 그는 반대할 것이다), 그 반대가

그런 대우를 좋아하지 않고 저항하는 정도에서 그치는 한 일관성 면에서는 아무런 문제가 없을 것이다. 그러나 그런 대우에 **분개하거나** 그것이 마땅하지 않다고 여기는 일은 일관성을 유지하며 할 수 없다. 그런 반응은 도덕체계 안에 있을 때 가능한 것이기 때문이다.…

그의 많은 활동이 그렇듯, 이것 역시 그가 도덕체계에 기생하고 있다는 것과 다른 사람들이 그와 다르게 행동하지 않았으면 그와 그의 만족은 존재할 수 없었을 것이라는 분명한 사실을 잘 보여 준다. 왜냐하면 도덕규칙이 없는 사회는 일반적으로 있을 수 없고 그에게는 사회가 필요하기 때문이다. 더욱이 그는 약속 같은 도덕적 관습과 주위 사람들의 도덕적 성향을 많이 이용하기 때문이다.[4]

윌리엄스의 주장은 강력하지만 '도덕체계'를 언급하면서부터는 약해진다. 세상에는 하나의 '도덕체계'가 아니라 많은 도덕체계가 존재한다. 뿐만 아니라 그런 체계들이 주로 '도덕 규칙들'로 이루어지는지는 분명하지 않다. 그런데 윌리엄스는 규칙을 언급함으로써 도덕적 숙고가 원칙, 규칙 및/또는 약속에 주로 초점을 맞춰야 한다는 가정에 무게를 둔다. 그리고 원리와 규칙에 대한 강조는 규칙이 도덕의 객관적이고 합리적 기초를 제공하기를 바라는 한 메타윤리적 기획의 일부이다.

규칙과 의무

물론 도덕에서 규칙의 중심성을 강조하는 것은 전혀 이상하지 않다는 점을 지적할 수 있다. 대부분의 도덕은 규칙의 내용이나 우선순위에 관해서는 의견이 다를지 몰라도 규칙의 중요성은 공통적으로 강조한다. 예를 들면, 어린이들에게 여러 규칙을 먼저 가르친 다음에 그 내용을 세분화하고 단서를 붙이게 하는 도덕교육 과정을 생각해 보라.

규칙의 중요성을 부인하는 것은 분명히 내 의도가 아니다. 하지만 나는 사회에 규칙이 일반적으로 존재하는 것과 현대의 도덕과 이론이 규칙을 두드러지게 강조하는 것을 구분하고 싶다. 모든 사회가 다 우리 사회처럼 규칙을 강조하는 것은 아니다. 아리스토텔레스는 규칙을 거의 언급하지 않는다. 성경에서는 법과 유사한 내용의 선포가 중요한 위치를 차지하지만, 선포 그 자체가 목적이 되거나 독립적으로 정당화될 수 있는 것으로 취급된 적은 없다. 우리 행동에 대한 규칙의 중요성을 제대로 이해하려면, 먼저 규칙의 여러 종류와 기능을 간략하게 분석해야 한다.

우리가 비교적 최근 들어 규칙에 매력을 느끼는 이유는 규칙이 우리의 도덕적 행동을 개인적인 것이 개입되지 않은 상태로 정당화해 줄 것처럼 보이기 때문이다. 규칙은 우리의 개별적 결정과 판단에 결여된 객관성을 보장해 줄 것 같은 인상을 준다. 그래서 도덕적 추론은 모든 이성적 피조물이 지켜야 할 보다 보편적 규칙이나 원리에 호소하여 특정한 판단을 정당화하려 시도한다. 이렇게 해서 도덕은 공평이라는 특성(이런 특성을 법적 절차에서 기대하는 것은 오산일 것이다)을 획득하고, 도덕적 합의에 필요한 객관성을 확보해 주는 것으로 여겨진다.

도덕적 삶에 대한 이런 그림은 우리의 실제 도덕에 작용하는 규칙들 및 그 기능의 다양성을 충분히 평가하지 못한다. 다양한 활동에 규칙이 존재하지만, 한 영역에 있는 규칙의 특성이 다른 영역에는 없을 수도 있다. 이처럼 규칙은 게임과 과학 연구에서 각기 다른 역할을 하고, 예의, 법률, 종교에서도 역할이 달라진다. 더욱이, 어떤 규칙들의 힘은 다른 규칙들과 다르다. 제한하는 규칙이 있는가 하면 규제하는 규칙이 있고, 허가해 주는 규칙도 있다. 우리는 입법기관이 제정한 규칙과 (달라지는) 관습에 따른 규칙을 다르게 생각하고, 일상의 관행에 완전히 녹아들어 규칙이라는 느낌이 없는 규칙도 있다. 더 나아가, 각 규칙의 적용 범위도 다르다. 우리가 믿기로는, 어떤 규칙은 모두에게 적용되는 반면(이런 규칙들이 꼭 가장 일반적인 것은 아니다), 다른 규칙은 특정 기능을 수행하는 이들에게만 적용된다.[5]

플라톤과 아리스토텔레스는 규칙이 덕에 비해 부차적이라고 여겼고, 덕이 우리를 그 참된 목적인 인간의 선으로 이끌어준다고 보았다. 하지만 우리 시대에는 인간의 궁극적 목적('텔로스'), 또는 '선한 삶'의 특징에 관한 문제들은 합리적 논증이 되지 않는다는 이유로 묵살되었다.[6] 그래서 우리 사회의 규칙들은 인간의 선에 대한 모종의 근본적 관념에서 도출되지 않는다. 규칙은 사회의 평화와 생존을 보장하는 데 필요한 것이 무엇인지에 관한 합의에 해당하는 범위에서만 도덕의 기초가 된다.

특정한 규칙들을 이해할 수 있게 만들 텔로스가 사라진 결과, 우리는 도덕 규칙에 대한 두 가지 상당히 다른 설명 중 하나를 선택할 수밖에 없는 상황에 놓인 듯했다. 칸트의 설명과 공리주의자들의 설명이 그것이다. 칸트에게 규칙은 모든 이성적 피조물이 자신의 목적과 무관하게 준수해야 하는 필수 행동이다. 그에 반해, 존 스튜어트 밀과 공리주의자들은 도덕적 규칙이 최대 다수의 최대 행복을 증진하는 데 가장 보탬이 되는 우리의 경험을 일반화한 것에 불과하다고 주장한다. 이 두 입장은 중요한 차이가 있긴 하지만, 윤리학이 다른 무엇보다도 적절한 도덕적 의무이론을 구현해야 한다는 공통의 가정을 공유한다. 의무이론은 규칙과 원리에서 도출되는 것일 수도 있고 근본적 방식으로 규칙과 원리들을 아우르는 것일 수도 있다.[7] 두 입장의 유일한 차이점은 어떤 단일 원리가 규칙으로 정해진 우리의 의무들을 가장 잘 뒷받침하고 조정하는가 하는 것뿐이다.

따라서 많은 철학자는 우리 시대의 혼란을 고려할 때 윤리학의 근본 과제는 우리의 주된 도덕적 의무를 설명하기에 충분한 이론을 개발하는 것이라고 보았다. 관습만으로는 여러 도덕적 원리와 규칙 중 어떤 것이 자의적이지 않고 객관적인지 결정하는 데 충분하지 않다고 보기 때문에, 이론이 필요하다고 생각하는 것 같다. 그래서 윤리학에서의 주된 논쟁은 '목적론적' 이론과 '의무론적' 이론 중 어느 것이 우리의 도덕 경험을 더 잘 설명하느냐의 문제가 되었다. 각 이론에는 많은 변이형이 있지만, 일반적으로 목적론적 이론은 무엇이 도덕적으로 옳고 그른가의 기준이 결과로 정해진다고 주장한다. 즉, 무엇이 선이 악을 누르는 최고의 균형을 만들어 내는지 보면 된다는 것이다. 반면, 의무론적 이론은 어떤 행동의 옳음이나 그름은 행동 그 자체로 결정된다고 주장한다. 즉, 행동은 우리의 의무에 어느 정도나 근거하느냐에 따라 좋은 것 또는 나쁜 것이 된다. 목적론자들은 흔히 우리가 약속을 지킴으로써 악보다 선을 더 많이 얻기 때문에 약속을 지켜야 한다고 생각한다. 의무론자들은 약속이 본질상 지켜야 하는 것이므로 약속을 지켜야 한다고 주장한다. 그래서 목적론적 이론들은 의무론적 이론들보다 규칙에 부여하는 지위가 부차적인 경향이 있다.

이 두 입장은 종종 반대되는 것처럼 묘사되지만, 실제로는 몇 가지 근본 가정을 공유한다. 두 입장 모두 이를테면 규칙들 사이에 충돌이 있을 때, 일부 도덕적 난문제를 인정함으로써 도덕철학이 주된 근거를 갖추게 된다고 가정한다. 그러므로 어떤 '상황'이 애초에 어떻게 왜 '도덕적' 문제로 묘사되게 되었는지에는 거의 관심을 기울이지 않는다. 윤리학은 "나는 낙태를 해야 하는가, 말아야 하는가?" 같은 질문들로 시작하는 것처럼 보인다. 그러나 그때도 어떤 일련의 상황을 왜 어떻게 낙태, 간음, 살인 등으로 묘사하게 되었는지에 대해서는 아무 설명도 하지 않는다.

'의무'와 '규칙'에 대한 집중도 우리의 행위를 행위주체성과 분리함으로써 도덕심리학을 왜곡하는 결과를 낳는다. '의무'는 관찰자의 관점에서 결정되어야 하므로, 행위는 행위자 및 그의 의도와 별개로 특징지을 수 있다고 가정된다. 따라서 행위자의 의도는 그 행위에 대한 도덕적 서술과 평가에서 중요하지 않은 것처럼 보인다. 이런 입장에 반대한다고 해서 우리의 행동과 다른 이들의 행동을 어떻게 이해해야 하는지 가르쳐 주는 일반적 상황서술에 공동체가 합의할 수 있고 합의하게 된다는 사실을 부인하는 것은 아니다. 때때로 특정한 행위자들이 그런 서술은 자기들의 복잡한 상황을 설명하기에 불충분하다고 주장할 수 있다. 그런 상황은 모든 행위서술에서 행위자의 의도가 얼마나 중요한지 상기시켜 줄 뿐이다. 공동체는 우리가 사람들 사이에서 사는 데 적합한 사람이 되려면 어떤 의도가 적절한지 가르쳐 준다. 이처럼, 우리가 어떤 존재여야 하는지는 우리가 무엇을 해야 하는지에 답하는 데 필요한 배경이다. 의무와 규칙을 도덕적으로 일차적이라고 여기고 거기 집중하는 것은 행위서술이 이해가능한 토대가 그 행위서술이 공동체의 역사 안에서 감당하고 공동체 내의 개인들에게 감당하는 역할에 있다는 사실을 무시하는 처사이다. '행위'가 그 역사에서 분리되면, 도덕적 자아는 연속성과 통일성 없이 따로 움직이는 일련의 행위들로 보일 수밖에 없다.

어쩌면 우리는 통일성의 필요성을 너무 깊이 감지해서 의무론적 이론과 목적론적 이론이 공유하는 다른 가정 하나를 당연하게 여기는 것인지도 모른다. 그 가정에 따르면, 관습으로서의 도덕에 대해서, 그리하여 개인에 대해서도 질서와 정합성을 획득할 유일한 방법은 다양한 규칙과 의무를 도출하고 평가할 수 있는 기준으로 하나의 근본적 원리를 확립하는 것이다. '최대 다수의 최대 행복'이라는 단순한 공식을 가진 공리주의가 이것의 가장 분명한 사례가 되겠지만, 의무론적 체계들도 비슷한 최우선적 원리를 종종 추구한다. 이런 원리가 설령 대단히 형식적이라 해도 필요해 보이는 이유는, 두 이론 다 모든 도덕적 갈등이 궁극적으로는 모종의 더 일반 원리에 비추어 해결되어야 한다고 보기 때문이다. 그 결과 어느 이론도 도덕적 비극 개념, 즉 해결될 수 없는 도덕적 갈등의 가능성에 동의할 수 없다.

하지만 우리는 그런 갈등이 존재하는 세상에서 살고 있고, 이런 세상을 헤쳐 나가기 위해서는 우리를 든든히 붙들어 줄 덕으로 훈련을 받아야 한다. 그러나 한정 없는 윤리를 개발하려 시도하고 그와 함께 규칙과 의무를 강조하다 보니 오히려 그런 세상에서 살아가는 데 필요한 바로 그런 덕을 강조하지 못하는 결과를 낳게 되었다. 한정 없는 윤리의 관점에서는 "우리는 무엇을 해야 마땅한가?"라는 질문에 대답할 수 있을 때만 "우리는 어떤 존재가 되어야 하는가?"라는 질문에 답할 수 있다고 본다. 나는 '덕 윤리'가 '의무 윤리'보다 우선해야 한다고 주장하고 싶은 마음은 없지만,[8] 의무윤리학에 집중하다가 폭력적인 세계의 도덕적 위험에 맞설 자원이 거의 바닥났다는 것은 사실이다. 특히, 우리는 특정한 공동체의 선에 대한 설명에 의존해야만 우리에게 필요한 덕을 이해할 수 있다는 것과, 그 설명은 필연적으로 내러티브 형태를 띤다는 것을 보지 못했다.

뿐만 아니라, 다양한 믿음과 역사를 가진 사람들 사이에서 평화를 확보하기를 바라며 한정 없는 윤리를 개발하는 데 마음을 쏟다 보니, 기독교적 신념이 도덕적 삶에 기여할 수 있는 가장 중요한 점을 간과했다. 한정 없는 윤리의 설명에 따르면, 이스라엘을 부르심 및 예수의 생애를 통해 드러난 하나님의 본성과 그분이 우리를 돌보신다는 것에 관한 기독교의 본질적 신념들은 도덕과 무관하기 때문이다. 그런 문제들에 대한 우리의 '믿음들'은 우리 삶의 일부 '종교적 측면들'로 격하되고, 그런 위치에서는 믿음이 도덕적 생활을 거의 변화시키지 못한다.

한정 없는 윤리로서 기독교 윤리학의 고생

4장에서 보게 되겠지만, 일부 기독교 윤리학자들은 최근의 철학적 윤리학과 아주 비슷한 보편성을 내세우는 특징적인 주장을 펼쳤다. 그들은 우리가 한정 없는 윤리를 철학적으로 적절히 변호하는 일에 신학적 운명이 달려 있다고 가정하곤 한다. 하지만 너무나 이상하게도, 이런 가정하에서는 적극적인 신학적 신념들이 윤리적으로 부차적인 것이 된다. 종교적 믿음과 별도의 근거를 통해 우리가 해야 마땅한 일을 알게 된다면, 그런 신학적 신념들을 도덕적으로 어떻게 이해해야 하는지 의문이 생기기 때문이다. 보통 이 윤리학자들은 이런 확신을 '더 높은 도덕' 또는 도덕적 삶의 '동기부여적' 측면으로 분류한다. 두 대안 모두 행위자와 그의 행위를 인위적으로 분리하는 도덕심리학을 요구한다. 이렇게 되면 우리가 "마땅히 해야 할" 일이 우리가 누구인지를 묻는 질문과 분리된다.

목적론적 의무이론과 의무론적 의무이론 중 하나를 선택해야 한다는 가정도 이것 못지않게 기독교 윤리학을 왜곡한다.[9] 물론, 기독교 전통에는 둘 중 어느 한 이론에 들어맞는 것처럼 보이는 측면들이 있다. 의무론적 선택지에 끌리는 이들은 하나님의 압도적 위엄이나 언약적 신실성의 필요를 강조한다.[10] 목적론적 대안에 더 끌리는 이들은 기독교 윤리학의 최우선적 측면으로 흔히 사랑을 강조한다.[11] 성경 기록과 기독교 전통이 의무론적 성향과 목적론적 성향을 보인다는 사실을 부인할 이유는 없는 반면, 기독교 윤리학이 둘 중 어느 하나나 둘의 조합의 선택을 요구한다고 보는 것은 오산이다. 그렇게 하면 신학적 신념을 기존의 윤리적 논증 패턴의 틀에 종속시킴으로써 기독교 '윤리'를 그 근거와 불가피하게 분리하게 되기 때문이다.

예를 들어, 윤리학이 주로 규칙의 문제라고 확신하는 많은 이들은 기독교 윤리의 주된 출처가 십계명이나 산상수훈이 되어야 한다고 생각한다. 두 가지 모두 기독교 윤리 사상에 지극히 중요하지만, 그 자체로 정당화될 수 있는 일련의 규칙으로 취급하면 둘 다 이해할 수 없게 된다. 십계명은 하나님이 이스라엘과 맺은 언약의 일부이다. 그 언약에서 따로 떼어낸 십계명은 더 이상 의미가 통하지 않는다. 하나님은 참으로 순종을 명하시지만, 그분은 "너를 애굽 땅, 종 되었던 집에서 인도하여 낸"(신 5:6) 하나님이시다. 이런 행위가 있기 때문에 "나 외에는 다른 신들을 네게 두지 말지니라"라는 명령이 가능한 것이다. 살인하지 말라, 간음하지 말라, 도둑질하지 말라는 명령들도 하나님이 이스라엘을 다루시는 이야기의 특수성 안에서 해석해야만 의미가 통한다.[12] 이런 이유로 우리는 하나님의 명령을 받을 때마다 다음 사실을 상기하게 된다.

> 우리가 옛적에 애굽에서 바로의 종이 되었더니 여호와께서 권능의 손으로 우리를 애굽에서 인도하여 내셨나니 곧 여호와께서 우리의 목전에서 크고 두려운 이적과 기사를 애굽과 바로와 그의 온 집에 베푸시고 우리 조상들에게 맹세하신 땅을 우리에게 주어 들어가게 하시려고 우리를 거기서 인도하여 내시고 여호와께서 우리에게 이 모든 규례를 지키라 명령하셨으니 이는 우리가 우리 하나님 여호와를 경외하여 항상 복을 누리게 하기 위하심이며 또 여호와께서 우리를 오늘과 같이 살게 하려 하심이라. 우리가 그 명령하신 대로 이 모든 명령을 우리 하나님 여호와 앞에서 삼가 지키면 그것이 곧 우리의 의로움이니라(신 6:21-25).

몰역사적 윤리를 전개하기 위해 의무윤리를 강조하는 이들이 성경 도덕의 이런 측면을 무시하는 것은 놀랍지 않다. 성경은 근본적으로 한 민족이 그들의 하나님과 함께 한 여행 이야기이기 때문이다. '성경적 윤리'는 필연적으로 삶을 성장과 발전으로 묘사하는 윤리가 될 것이다. 그러나 규칙이 정하는 의무를 이 이야기와 분리해서 강조하면 우리의 존재는 "망할 일이 꼬리를 무는 것"으로만 보이게 된다.

그렇다면 그리스도인들이 붙드는 그런 신념들이 덕의 분석으로 더 잘 드러나는 상황에 놀라서는 안 된다. 매킨타이어가 제안한 대로,

> 덕에 대해 어떤 입장을 취한다는 것은 일반적으로 삶의 내러티브적 성격에 대한 하나의 태도를 채택한다는 의미일 것이다. 왜 그런지는 쉽게 이해할 수 있다. 인간의 삶을 도덕적 물리적 재난과 위험을 헤치고 나가는 과정으로 보고, 그 재난과 위험을 더 나은 방식으로나 못한 방식으로, 더 성공적 또는 덜 성공적으로 마주하고 극복하는 일로 이해한다면, 덕은 그것을 소유하고 실천함으로써 그런 시도에 성공하게 하는 성질들로 분류되고, 악덕은 그런 시도에서 실패하게 하는 성질들로 분류될 것이다.[13]

유대인과 그리스도인은 자신을 이런 모험에 참여한 자로 이해한다. 이 모험은 하나님이 주신 도덕적 자원을 가지고 이어 갈 수 있는 여행이다. 여행에 나선 사람들의 이야기와 덕의 위치는 본질적으로 한데 엮여 있다. 이제 그 이유와 방식을 보다 분명히 살펴보자.

기독교적 확신의 내러티브적 성격

기독교 윤리학의 본질을 결정하는 것은 기독교적 확신이 이야기의 형태, 좀 더 자세히 표현하면 하나의 전통을 구성하는 일련의 이야기의 형태를 띤다는 사실이다. 이 전통은 다시 하나의 공동체를 창조하고 형성한다. 기독교 윤리학의 출발점은 규칙과 의무를 강조하는 것이 아니라, 하나님이 창조세계를 어떻게 대하시는지 말해 주는 내러티브에 주목하게 하는 것이다. 그것은 분명 많은 다양한 하위 플롯과 여담으로 이어지는 복잡한 이야기이지만, 이 책의 이 지점에서는 그것이 내러티브인 사실이 우연이 아니라는 점을 알아보는 것이 중요하다.

우리는 기독교적 확신의 내러티브적 성격이 그 확신 자체보다 부수적이라고 생각하는 경우가 매우 많다. 신자와 불신자 모두 내러티브는 비교적 덜 중요한 도덕적 범주라는 인상을 받고 있다. 구체적으로 말하면, 우리는 '이야기'를 모종의 더 깊은 진리의 사례로 보고, 그 진리를 내러티브가 아닌 방식으로 표현하는 법을 배울 수 있고 배워야 한다고 생각하는 경향이 있다. 따라서 어린아이일 때는 이야기로 만족할 수 있지만 장성하면 문자 그대로의 진리, 즉 이야기와 별도로 입증될 수 있는 진리를 원한다. 오귀스트 콩트Auguste Comte는 이런 변화가 인류 역사에 부합한다고 말했고, 우리는 과학 시대에 도달했으며 과학 시대에는 더 이상 이야기(신화)가 필요하지 않다고 지적하기까지 했다. 그러나 아이러니하게도 콩트는 인류가 더는 이야기가 필요 없는 시대에 도달했음을 보이기 위해 자신이 이야기를 들려주었음을 알아채지 못했다!

게다가, 우리는 이야기와 내러티브라고 하면 자연스럽게 허구를 떠올린다. 이야기가 창조하는 환상의 세계는 현실 세계를 상대해야 하는 부담에서 벗어나게 해 준다는 것이다. 우리는 성경에 나오는 하나님의 이야기들이 직접적으로 말할 수야 있지만 서술 대상의 본질상 '시적' 형태를 취해야만 의미가 전달될 수 있기 때문에 '신화적으로' 또는 '상징적으로' 말하려는 시도라고 여긴다. 이런 하나님의 이야기들은 대부분의 이야기가 그렇듯 우리를 위로하는 데는 중요할지 몰라도, 그것이 사실이냐고 묻는 것은 적절치 않다.

나는 이것이 기독교적 확신의 내러티브적 성격을 심각하게 오독한 것이라고 생각한다. 내가 말하려는 것은 기독교 신앙의 내러티브적 형식은 우연적인 것도 우발적인 것도 아니라는 것이다. 하나님에 대해 말하는 방식에서 이야기보다 더 근본적인 방식은 없다.[14] 이스라엘 이야기와 예수의 생애를 진술하면서 하나님을 알게 된다는 사실은 우리가 어떤 하나님을 예배하고 어떤 세상에서 존재하는지 참되게 이해하는 데 결정적이다. 직접적으로 표현하면, 하나님, 자아, 세상에 대한 우리 지식의 내러티브적 성격은 세상과 그 안에 있는 우리가 하나님의 피조물이라는 실재를 드러낸다. 우리의 삶과 우주의 존재는 참으로 의존적 실재에 불과하다.

어떤 이들은 기독교 신앙의 일차적 문법으로 내러티브를 강조하는 것이 신학적 오류라고 생각할 수 있다. 이야기를 통해서가 아니라 더 근본적인 방식으로, 즉 교리를 통해서 하나님에 관해 이야기할 수 있지 않은가. 우리는 교리를 통해 하나님이 우리의 창조주 및/또는 구속자이시라고, 하나님의 가장 중요한 본질은 삼위일체 관계를 이루시는 것이라고 단언한다. 그러나 그런 강조는 '교리들' 자체가 이야기임을, 더 적합한 표현으로는 이야기의 개요라는 사실을 무시한다.[15] "하나님은 창조주이시다" 같은 주장들은 우리가 작가이신 하나님이 집필하시는 아주 정교한 이야기의 참여자들이라고 믿는다는 사실을 속기의 방식으로 상기시킨다. 그러므로 교리는 이야기의 요점이 아니고, 이야기의 의미나 핵심이 아니다. 그보다는 우리가 이야기를 더 잘하도록 돕는 도구(때로는 오해를 일으킬 수 있는 도구)에 가깝다. 기독교 이야기는 재연된 것이기 때문에 하나님의 이야기를 듣고 말하고 그에 따라 살아가도록 돕는 데는 교리나 신조보다 예전禮典이 훨씬 더 중요한 자원일 것이다.

하나님에 관한 지식을 얻는 일에 내러티브는 부차적이지 않다. 이야기와 분리될 수 있는 '요점'은 없고, 하나님에 대해 알 수 있는 통로인 내러티브가 바로 요점이다. 이야기는 언젠가는 보다 직접적인 설명으로 대체되길 바랄 수 있는, 설명의 대용품이 아니다. 정반대로, 내러티브는 우리의 존재에서 추가적 설명을 허용하지 않는 여러 측면, 즉 하나님, 세상, 자아를 이해하는 데 꼭 필요하다.

실제로 하나님, 세상, 자아에 대한 지식이 비슷한 인식론적 지위를 갖는 듯 보이는 것은 사소한 일이 아니다. 분석해 보면 세 가지 모두 이상한 '대상'으로 보인다. 하나에 대한 지식이 다른 둘에 의존하는 듯하기 때문이다. 하나님을 '알기' 위해서는 우리가 자아와 세상에 대해 무엇을 알고 어떻게 아는지 재고해야 한다. 자신의 자아를 알려면 자아가 존재할 수 있는 세상이 어떤 곳인지에 관해 특정한 주장을 할 수밖에 없다. 하나님도 세상도 자아도 구별된 실체로서는 제대로 알 수 없고 구체적으로 드러나야 할 관계를 이루고 있다. 그 드러남은 내러티브의 형태를 띠고, 그 내러티브 안에서 우리는 하나님, 세상, 자아를 '아는' 유일한 방법이 각각의 역사를 통해서임을 깨닫게 된다.

내러티브는 흔히 상상하는 것보다 우리 삶에서 더 큰 역할을 한다. 이를테면 우리는 자주 내러티브를 통해 자신을 소개한다. '우리 것'으로 인식하는 모든 이야기는 분명히 우리가 살아온 역사로 끊임없이 시험될 수 있고 시험되어야 한다. 그러나 내러티브를 들려주는 것 자체가 역사에 대한 재해석이다. 우리는 자아가 역사를 통해 형성되기 때문에 자아에 대해 말하고자 하면 내러티브가 있어야 한다는 것을 안다. 사람이 스스로를 어떤 자아의 예시 또는 개별적 사례로 생각해서는 안 되지만, 자신의 자기성이 어디에 있는지 이해하려면 그 특정한 이야기를 하는 법을 배워야 한다.

내러티브가 자아에 대한 지식의 중요한 범주인 것처럼, 하나님을 아는 지식에도 중요한 범주이다. '하나님God'은 보통명사이고, 우리가 하나의 역사를 통해 하나님에 대해 배워 갈 때만 그 이름에 속성들을 부여할 수 있음을 기억해야 한다. 물론 이것은 하나님에 대한 지식과 자아에 대한 지식이 상호 의존적이라는 기본적인 신학적 주장에 따른 것이다. 그러나 일단 이 주장의 형상적 본질이 내러티브의 방식으로 구체화되면, 우리는 이 주장이 그리스도인의 삶에 함의하는 바를 알아보게 된다. 자아에 대한 지식은 하나님에 대한 지식과 이어져 있을 뿐 아니라, 하나님과 관계하여 자신을 알 때만 스스로를 진실로 알 수 있다. 우리는 하나님의 이야기 안에 자신을 둘 수 있을 때만, 곧 그 이야기 안에서 우리 이야기를 찾을 수 있을 때만 우리가 누구인지 알게 된다.

이것이 우리가 하나님의 생명에 도덕적으로 참여한다는 기독교의 비범한 주장의 기초이다. 하나님은 우리를 그분의 생명 안에 포함하기 원하시는 분이기 때문이다. 이것이 '하나님은 은혜의 하나님이다'라고 속기速記적 표현으로 말할 때 의미하는 바이다. 이 표현을 오인하여 우리와 하나님은 직접적으로 연결돼 있어서 자아와 하나님이 함께하는 여정이 불필요하다는 주장으로 받아들인다면 위험하다. 은혜는 역사를 불필요한 것으로 만드는, 역사를 넘어선 영원한 순간이 아니다. 그것은 주인이 되시려는 하나님의 선택이다. 우리는 하나님 나라를 발전시키는 구체적 순종을 통해 하나님의 피조물이라는 본성에 걸맞은 개인사를 획득하게 된다.

하나님의 피조물이 되는 법을 배운다는 것은 우리와 우주의 존재 자체가 선물임을 인식하는 법을 배워야 한다는 뜻이다. 우리 삶이 창조의 종말론적 목적에 기여하기를 하나님이 원하신다는 것은 선물이다. 피조물인 우리는 하나님께 대단한 선물을 돌려드리기를 바랄 수 없다. 그러나 기꺼이 받겠다는 의향으로 반응할 수는 있다. 하나님의 피조물이 되고 그분의 선물을 받아들이는 법을 배우는 것은 곧 하나님의 세계에서 편안하게 있는 법을 익히는 것이다. 우리 집을 찾은 손님이 '편안함'을 느끼도록 우리가 노력하듯이, 하나님은 그분의 선물을 주어지는 조건 그대로, 즉 무상으로 전유할 기회를 주심으로써 우리가 '편안함'을 느끼게 하려 하신다.[16]

하나님의 선물이 호혜성을 갖는 것은 불가능하다고 하지만,

우리의 공통 경험에는 그와 유사한 상황이 있다. 부모의 사랑을 갚을 방법은 그 사랑을 받은 우리가 다른 이들을 비슷하게 사랑하는 것밖에 없다. 우리 모두는 삶에 흩뿌려진 혜택의 수혜자들이다. 어떤 혜택은 익명으로 주어졌고, 어떤 것은 혜택임을 알아채지도 못한다. 케네스 슈미츠Kenneth Schmitz가 말한 대로, "내가 사용하는 가장 단순한 기술도 이름 모를 기술자들이 발견하여 탁월하게 구현하지 않았다면 쓸 수 없었을 것이다. 이처럼 나는 내게 혜택을 베푼 대부분의 사람을 알지 못한다. 몇 대에 걸친 조상의 이름은 거명할 수 있는 경우가 있지만, 우리가 생명을 얻는 데 도움을 준 이들의 연결고리는 오래지 않아 망각 속으로 사라진다."[17] 참으로, 하나의 전통을 감사함으로 물려받을 방법은 우리가 하나님의 피조물임을 알고 그에 합당하게 살 방법과 이야기를 보존해 준 사람들, 사슬처럼 죽 이어진 그 은인들을 인정하고 존중하는 것밖에 없다.

같은 전통에 속한 그리스도인들과 유대인들은 창조주 하나님을 드러내는 특정한 역사에 참여하도록 초대를 받았다고 믿는다. 그러므로 우리의 창조주를 알기 위해서는 하나님이 이스라엘 및 예수와 맺으신 특수한 관계와 유대인들에게 지속적으로 베푸신 신실하심과 한 백성을 교회로 모으신 일을 통해 배워야 한다. 그렇게 하나님의 선한 창조의 선물을 전유하고 기꺼이 받아들이는 일이 끊임없이 이어져야 한다. 그리스도인들은 그런 전유가 예수의 삶과 죽음과 부활을 믿음과 그에 신실한 삶을 통해 그리고 그 안에서 성취된다고 주장한다. 우리는 예수의 제자가 되는 법을 배움으로써 하나님의 이야기 안에서 우리의 삶 곧 우리의 이야기를 발견하는 법을 배울 것이라고 믿는다. 그 과정에서 다른 삶들과의 관계를 통해 우리 삶을 발견하게 된다. 그리스도인들은 이스라엘 민족에게 과거에는 물론이고 그들이 존재를 이어 가는 지금도 신세를 지고 있음을 인정해야만 한다. 그래야 그리스도인으로서의 우리 삶을 이해할 수 있다.

요약하자면, 그리스도인의 존재를 설명하는 데 내러티브가 신학적 중심이 된다고 강조하는 것은 적어도 세 가지 핵심 주장을 떠올리게 한다.[18] 첫째, 내러티브는 우리의 존재와 세상의 존재를 피조물로—**의존적** 존재로—정식으로 드러낸다. 내러티브가 필요한 이유는 세상과 세상 속 사건들의 존재가 필연적이지 않기 때문이다. 세상과 우리 자신을 내러티브가 아닌 방식으로 묘사하려는 모든 시도는 우리의 의존적 본질을 부인하는 한 실패로 끝날 수밖에 없다. 이와 관련하여, 내러티브는 하나님과 우리 자신에 대한 지식을 얻는 일에서 인식론적 근본성을 가진다. 우리는 하나님의 생명 안에서만 우리 자신을 알게 되기 때문이다.

둘째, 내러티브는 **역사적** 존재로서의 자기 인식이 모습을 드러내는 특징적 형태이다. 역사적 존재는 시간의 제약을 받는 개별적 실재 사이의 목적이 있는 관계를 설명해야 한다. 참으로, 그런 설명을 제시하고 살아 있는 전통 안에서 지속적으로 성장하는 능력이야말로 하나의 집단이 공동체인지 아닌지 식별하는 핵심 기준이다. 공동체는 우리와 다른 사람들을 한데 묶어 전통이 더욱 성장하게 하는데, 전통의 다채로운 줄거리는 개인들이 선으로 가는 길을 찾아내고 헤쳐 갈 수 있도록 돕기 위한 것이다. 자아가 공동체에 종속되는 것이지 그 반대가 아니다. 우리는 공동체가 내러티브로 전해 주는 전통을 통해 자아를 발견하기 때문이다.

이것을 통해 우리는 내러티브에 대한 강조가 모든 윤리에 한정사가 붙어야 한다는 주장과 관련이 있는 이유를 이해할 수 있다. 어떤 윤리도 그 내러티브, 즉 공동체적 맥락에서 자유로울 수 없다. 실천이성이 그 내재적인 역사적 성격을 회피하려고 한다면, 우리의 참된 목적에 따라 삶을 정돈할 수 있게 하는 모든 힘을 포기하게 된다. 그렇게 되면 우리는 자신으로부터 소외되고, 우리가 어떤 역사의 일부로 참여하는지 찾아내는 능력도 상실한다.

셋째, 하나님은 이스라엘의 역사와 예수의 생애 안에서 내러티브 형식으로 자신을 계시하셨다. 성경에는 내러티브 문학 형식이 아닌 부분도 많은데, 복음서가 내러티브로 구성된 것은 우연이 아닐 것이다.[19] 어쨌거나 성경 전체는 이스라엘과의 언약 이야기, 예수의 삶과 죽음과 부활, 그리고 예수 생명의 재현인 교회의 계속되는 역사를 들려준다. 이 경험적 관찰 소견은 흥미로운 의견에 그치지 않는다. **하나님의 구원 형식이라는 내러티브**의 핵심적 본질이 우리 구원에 필요한 진리가 성경에 있다고 정당하게 생각하는 이유이다.[20]

물론, 훈련 없이는 이해에 이를 수 없다. 우리는 내러티브가 우리를 죄악된 피조물로 서술하는 부분만큼은 받아들이지 않으려 하기 때문이다. 우리는 하나님 나라의 일원이 되어 삶의 변화를 겪음으로써만 하나님을 알 수 있다. 그 변화는 이 세상을 우리가 원하는 모습으로가 아니라 있는 그대로, 즉 죄인인 우리만큼이나 죄악된 곳으로 보도록 요구한다. 이처럼 이 이야기는 우리에게 변화를 요구하며 우리가 의롭다는 추정에 도전장을 던지고 이 새로운 공동체가 제공하는 세례를 통해 거듭날 필요성이 우리에게 그토록 절실한 이유를 가르친다.

현실을 보게 해 주는 주장으로서의 내러티브

내가 보이려 한 것처럼, 내러티브에 대한 강조는 기독교적 신념을 인간 존재에 대한 도발적 설명으로 바꾸어 기독교적 신념의 진실성 문제를 회피하려는 시도가 아니다. 반대로, 하나님의 활동과 우리 삶의 내러티브적 성격에 주목하는 일은 현실의 본질을 드러낸다. 우리 존재는 역사적으로 결정되기 때문에 우리의 도덕이 역사적인 것임을 발견하게 되더라도 놀라서는 안 된다. 우리의 도덕에는 한정어가 필요하다. 우리는 역사 바깥, 말하자면 허공에 서 있을 수 없다. 우리는 하나님의 역사 안에서만 스스로를 발견할 수 있는 운명이다. 하나님이 우리의 시작이자 끝이기 때문이다.

그러므로 기독교 윤리학의 최우선적 관심사는 "할지니라" 또는 "하지 말지니라"라는 계명이 아니라 우리가 세상을 올바르게 그리도록 돕는 것이다. 기독교 윤리학을 형성하는 것은 한정적 내용이 담긴 아주 분명한 이야기이다. 이 세상이 그 이야기가 말하는 바와 다르다는 것을 우리가 어떤 식으로든 알게 된다면, 그것은 예수의 생애, 십자가, 부활에서 계시된 하나님을 믿지 않을 근거, 보다 정확히 말하면 섬기지 않을 합당한 근거가 되는 것이다. 다시 말해, 기독교 윤리학의 기획은 주로 우리가 보는 것을 돕는 데 있다. 우리는 마음속에 그릴 수 있는 세상 안에서만 행동할 수 있고, 보는 훈련을 받아야만 세상을 올바르게 그릴 수 있다. 그저 바라본다고 해서 보게 되는 것이 아니고, 하나님의 이야기에 충실하게 살려고 시도하는 공동체의 일원이 되어 훈련된 기술을 익혀야 한다. 게다가, 변화를 받지 않으면 세상을 올바르게 볼 수 없는데, 죄인인 우리는 진실하게 보기를 원하지 않기 때문이다. 그러므로 기독교 윤리학은 신실한 제자가 되는 법을 배움으로써 우리가 세상을 있는 그대로, 즉 하나님의 창조세계로 더 볼 수 있게 된다고 주장해야 한다.

그러나 그리스도인들이 반드시 배워야 할 것은 하나님이 이 세상을 선하게 창조하셨다는 것과 세상이 근본적으로 반역했다는 것이다. 인류도 그 반역에 동참했지만 그 영향은 인간에게만 머물지 않는다. 반란은 우리가 존재하는 세상의 모든 측면을 뒤흔들고, 인류의 죄 때문에 창조세계 전체가 뒤죽박죽이 되었다. 세상이 죄악된 곳이라는 말은 우리의 경범죄에 관한 '도덕주의적' 주장으로 제한될 수 없다. 기독교의 이야기는 우리를 훈련시켜 우리가 삶의 대부분에 걸쳐 이곳이 하나님의 세상이 아닌 것처럼 행동한다는 것과 그것이 우리의 근본적인 죄임을 보게 해준다. 게다가, 우리의 그런 행동에 광범위한 결과가 따라온다는 것을 깨닫게 한다. 그런 행동으로 사실상 우리는 자신의 본성과 세상의 본질을 왜곡시키기 때문이다. 그러므로 죄라는 말은 인간 행동에 관한 주장뿐 아니라 세상이 어떤 곳인지에 대한 주장도 내포한다.

우리가 죄인으로 존재한다는 사실은 세상을 참되게 보려면 우리가 변화되어야 한다는 주장을 새롭게 바라보게 한다. 그런 변화를 통해 우리에게 주어지는 새로운 시각에는 진실한 언어의 전유도 포함되어 있다. 볼 수 있다면, 말할 수 있다. 이 말은 우리가 본 것이면 전부 다 어떻게 서술할지 안다는 뜻이 아니다. 우리가 그런 것들을 보는 법을 **배우는 것**과 본 것을 해석하고 다른 이들과 공유하는 능력도 우리가 본 것을 적절히 표현할 언어가 있어야만 발휘될 수 있다는 뜻이다.

기독교적 신념들이 구성하는 하나의 내러티브, 하나의 언어는 우리가 진실하게 존재하고 진실하게 보려면 자아의 변화가 있어야 한다고 주장한다. 복음은 우리가 하나님 나라 국민으로서의 지위를 인식하고 그 나라에 참여하기 위한 필요조건을 제대로 이해하려면 엄격하고 지속적인 제자도에 순복해야 한다고 강력히 말한다. 뿐만 아니라, 그리스도인이 된다는 것은 특정한 계명이나 규칙에 따른다는 것보다는 하나님 나라의 원형인 예수 이야기에 걸맞게 성장하는 법을 배우는 것을 의미한다. 우리는 이것을 제자가 되는 법을 배워야 한다는 말로 표현한다. 우리는 제자로서만 창조의 중심에 왜 십자가와 부활이 있는지 이해할 수 있다.

죄인으로 사는 법을 배움에 관하여

이 내러티브가 우리 자신을 십자가에 못 박힌 분의 친구로서만이 아니라 그분을 십자가에 못 박은 자로 이해하길 요구할 때 우리는 더없이 괴로운 교훈을 배우게 된다. 우리는 스스로를 죄인으로 보는 법을 훈련해야 한다. 그것이 자명하게 다가오지 않기 때문이다. 참으로, 우리 죄는 너무나 근본적이어서 그것을 알아보려면 따로 배워야만 한다. 죄가 여전히 우리를 형성하고 있는 한, 죄의 근원적 본질을 인식할 수 없다. 죄는 비인간성과 부도덕을 포함할 수 있지만, 비인간적이 되거나 부도덕해지는 인간의 보편적 성향을 말하는 것은 아니다. 우리는 모종의 일반적인 인간 조건 때문에 죄인인 것이 아니라, 실재의 본질에 관해 스스로를 기만하고 우리를 하나님 나라로 부르시는 그분을 십자가에 못 박으려 하기 때문에 죄인이다.

우리는 예수 그리스도의 삶, 죽음, 부활을 통해 우리에게 계시된 하나님의 생명 안에서 자아를 찾고 그로 인해 참된 정체성을 발견할 때 우리 죄가 무엇인지 비로소 배우게 된다. 우리가 스스로를 이런 죄인으로 인식할 때만 구속救贖을 받을 수 있다. 그 구속은 우리가 예수의 십자가 안에서 하나님의 영광을 보았기 때문에 죄인으로서의 자기인식이 우리를 멸망시키지 않으리라는 확신과 함께 찾아온다.

그리스도인들이 하나님에 대해 말하는 이야기는 내가 죄인이라는 달갑지 않은 사실을 폭로한다. 그런 내러티브 없이는 내 죄의 실상과 그 본질이 자기기만 속에 감춰져 있을 수밖에 없기 때문이다. 나 자신을 은혜로우신 하나님의 피조물로 보게 하는 내러티브만이 내 죄의 근본을 부정과 반역으로 보도록 도울 수 있다. 피조물인 나는 충성하도록—진리에 충성하고, 해와 별들을 움직이면서도 십자가에서 발견되는 사랑에 충성하도록—창조되었지만, 스스로 자신의 주인이 되길 바라며 참된 한 분을 제외한 온갖 권력을 섬기고 있다. 그 결과 아이러니하게도 나는 지배하려다 지배당하는 신세가 된다.

기독교 전통은 다양한 시간과 장소에서 이 근본적인 죄를 아주 다양한 방식으로 규정했다. 우리의 기본적 죄는 교만, 자기애, 부정, 음욕, 나태라고 알려졌는데, 이 모두는 모든 죄의 아버지라는 의심스러운 명예를 주장할 만하다. 하지만 우리 죄의 복잡한 본질을 담아내는 데 충분한 단일 용어가 있는 것 같지는 않다. 그래서 우리는 성경에서 찾을 수 있는 이야기들, 교회가 우리 죄를 인식하도록 드러낸 일련의 이야기들의 필요성을 깨닫게 된다. 내러티브로 규정되는 피조물인 우리는 하나님의 생명 안에서 우리 생명을 찾는 법을 배워야만 한다. 그래야만 참된 창조주에 대한 우리의 불충과 반역을 직시하고 뭔가 조치를 취할 수단을 갖출 수 있다.

하나님의 길에 충실하고 하나님의 생명의 일부로 살기를 거부하는 정도만큼 내 삶은 반역의 특성을 띠게 된다. 우리 죄는 우리의 역량을 과대평가하는 오류에 그치지 않는다. 우리 죄는 우리 능력의 한계를 넘어서려는 적극적이고 완강한 시도이다. 그것은 독자적으로*sui generis* 살려는 시도, 우리가 우리 이야기의 저자인 것처럼, 저자일 수 있는 것처럼 살려는 시도이다. 따라서 우리 죄는 하나님의 저자권에 대한 도전이자 우리가 하나님 나라 드라마에 출연하는 등장인물임을 부인하는 행위이다.

이런 반역을 누구보다 잘 규정해 낸 인물이 라인홀드 니버이다. 니버는 죄의 원인이 우리가 피조물로, 의존하는 존재로 살 능력이 없는 것이라고 보았다. 우리는 의존성을 직시하기를 꺼려서 생겨난 불안을 권력의지로 극복하려 한다.

> 권력의지는 인간이 피조물로서 갖는 한계를 뛰어넘는다. 인간은 무지하고 유한한 지성의 한계에 갇혀 있지만, 자신이 제한을 받지 않는 척 가장한다. 그는 자신이 서서히 유한한 제약을 넘어서서 마침내 자신의 지성이 우주적 지성과 같아질 수

> 있다고 생각한다. 그래서 그의 모든 지적·문화적 추구는 교만의 죄로 오염된다. 인간의 교만과 권력의지는 창조세계의 조화를 교란한다. 성경은 죄를 종교적 용어와 도덕적 용어 모두로 정의한다. 죄의 종교적 차원은 하나님께 맞선 인간의 반역, 하나님의 자리를 찬탈하려는 시도이다. 죄의 도덕적·사회적 차원은 불의이다. 교만과 권력의지를 가지고 거짓으로 자신을 존재의 중심으로 만드는 자아는 다른 생명을 자기의 의지에 종속시킬 수밖에 없고 그럼으로써 다른 생명에게 불의를 저지른다.
>
> 때로 인간은 유한성과 자유의 모순 문제를 해결하려고 시도할 때 자신의 유한성을 감추고 세상을 자기 안에 욱여넣으려는 방법 대신에 자신의 자유를 감추고 세상의 생명력의 한 측면에 빠져드는 방법을 택한다. 그럴 경우 그의 죄는 교만보다는 음란으로 정의할 수 있다. 음란은 절대 인간 안의 자연적 충동의 표현에 그치는 법이 없다. 그것은 언제나 유한성과 자유의 문제를 해결하려던 실패한 시도의 한 측면을 드러낸다. 인간의 열정은 항상 무한하고 악마적인 힘을 특징으로 하는데, 이것은 동물의 생태에서는 볼 수 없는 모습이다.[21]

이 짧은 인용문이 교만과 음란의 관계에 대한 니버의 비범한 분석의 복잡함을 제대로 드러낼 수는 없지만, 둘 다 우리 존재를 왜곡한다는 것을 전하기에는 충분할 것이다. 게다가, 자신과 다른 사람들에 대해 잘못되고 기만적인 이야기를 할 때 우리는 거짓된 삶을 사는 것이다. 참으로, 우리는 사람들의 일치된 동의를 끌어낼 수 있도록 거짓말을 구성함으로써 우리의 거짓을 더 강력하게 만들려는 기만적 음모를 꾸민다. 이 음모의 열매인 다수가 보장하는 '객관성'은 우리의 기만을 더욱더 파괴적으로 만든다. 그 '객관성'으로 인해 우리의 다수의견에 도전하는 사람들은 틀린 것이 아니라 부도덕하다고 생각하게 되기 때문이다. 그리고 이런 생각에서 조금만 더 나가면 우리가 진리라고 여기는 것을 옹호하기 위해 무력을 사용하는 데까지 이르기에, 우리 죄는 폭력의 뿌리이자 가지가 된다.

이것이 죄에 대한 포괄적 설명은 아니라고 해도, 세상을 죄악된 곳으로 보는 시각에는 이미 실재에 대한 도덕적 주장, 즉 자아가 세상에서 어떻게 자리를 찾아야 자기 존재의 본질을 제대로 이해할 수 있는지에 대한 주장이 들어 있음을 지적하기에는 충분하다. 우리가 살펴본 대로, 윤리학의 주된 관심사는 규칙과 원칙이 아니라, 자아가 어떻게 변화되어야 세상을 참되게 볼 수 있느냐에 있다. 그리스도인들은 죄라는 단어를 다른 사람들뿐 아니라 자신에게도 적용하여 사용하도록 가르치는 내러티브 안에서 배우면서 세상을 보는 안목을 키우게 된다.

물론, 그리스도인들은 스스로를 죄인으로 보라는 요청만 받는 게 아니다. 우리는 우리 죄에 대해서 뭔가 조치를 취해야 한다. 우리는 제자가 되고 심지어 우리 자신을 의인 중 하나로 여기라는 부름을 받는다. 그 부름은 착하게 살라는 일반적 조언 정도가 아니라, 하나님이 십자가에서 우리를 위해 행하신 구속의 역사를 통해 가능해진 삶의 방식을 채택하라는 명확한 요구이다. 내가 앞에서 제시한 것처럼, 구속받는다는 것은 다름 아니라 하나님의 역사 안에서 우리 자리를 찾는 법, 하나님 백성의 일원이 되는 법을 배우는 것이다. 하나님의 역사와 백성 안에서 우리 자리를 찾는다는 것은 우리가 개인 구원을 모종의 특별한 방식으로 체험해야 한다는 의미가 아니다. 구속은 하나님 나라의 일원이 되라는 초청을 받아들이는 변화이고, 하나님 나라를 통해 우리는 하나님의 부름을 들은 사람에게 걸맞은 성품을 갖추게 된다. 많은 이들이 강렬한 개인적 체험을 중요하게 여기겠지만, 그런 체험 자체는 하나님이 창조세계와 함께 이어 가시는 여정 가운데서만 우리 삶의 중요성을 찾는 것을 배우는 일을 대체할 수 없다.

그리스도인들은 한 민족의 역사와 관련하여 우리 삶의 위치를 파악한다. 복음은 개인의 삶에 어떤 의미를 주기를 바라고 전유할 수 있는 '진리' 또는 철학 이론이 아니다. 반대로, 우리는 자신이 아주 특수한 시민권을 가진 공동체의 일원임을 발견한다. 이런 시민으로서의 자기 이해는 달라질 수 있지만, 그런 변화는 우리가 역사를 통해 평화의 사람들의 공동체를 유지하는 데 필요한 덕을 습득할 때만 일어난다. 이와 마찬가지로, 기독교 윤리학은 기독교 공동체를 섬겨야 하고 기독교 공동체에 의해 형성되어야 한다. 기독교 공동체의 관심사는 성품 형성에 있고 이 공동체의 유구한 역사는 우리가 그 성품에 맞게 행동하는 데 필요한 연속성을 제공한다.

성품의 본질과 중요성에 관해서는 나중에 좀 더 말할 생각이다. 이 맥락에서는 기독교 윤리학의 관심사가 우리가 무엇을 하는지보다 우리가 누구인지에 있음을 밝혀 두는 정도로 충분할 것이다. 이 말은 우리의 행위, 결정, 선택이 중요하지 않다는 의미가 아니라, 행함이 성품을 드러낼 수밖에 없도록 우리의 존재와 행동을 결합하는 일이 교회에 아주 중요하다는 의미이다. 교회의 역사가 지속되려면 예수 그리스도의 삶과 죽음 가운데 나타난 하나님의 행하심에 합당하게 살아갈 수 있는 사람들—캐릭터들이라고 말할 수도 있겠다—이 필요하다.

이전의 논점으로 되돌아가 보면, 이제 우리는 기독교 윤리학에 한정어를 고집하는 것이 형식적인 면에서 유용할 뿐 아니라 기독교적 확신의 내용도 그것을 요구함을 알 수 있다. 기독교적 확신이 내러티브의 형태를 띠고 특정한 성품 및/또는 특정한 덕에 의해 윤리적으로 드러난다는 사실은 그리스도인들이 모든 사람을 위한 윤리학을 하는 척 가장할 수 없다는 뜻이다. 하지만 이것은 기독교적 확신이 교회에만 의미가 있다는 뜻은 아니다. 왜냐하면 그리스도인들은 하나님의 이야기 안에서 각자의 삶을 발견하는 법을 배움으로써 세상을 참되게 보는 법을 익히기 때문이다. 그리스도인들은 어떻게 해야 삶을 잘 살아 낼 수 있는지 다른 이들에게 비춰 주는, 등불처럼 빛나는 윤리를 가진 사람들이 되려고 노력해야 한다.

3장

역사적이라는 것에 관하여: 행위주체성, 성품, 죄

우리 성품에 책임을 지는 것에 관하여

나는 도덕적 삶의 본질에 관한 숙고를 시작할 수 있는 중립적 출발점은 존재하지 않는다고 거듭 강조했다. 기독교 윤리학은 스스로가 참이고, 따라서 일종의 보편성이 있다고 주장하지만 처음부터 끝까지 '기독교'라는 한정어를 진지하게 받아들여야만 한다. 기독교 윤리학은 이 시공간에 존재하는 하나의 구체적 공동체가 하나님에 관해 내세우는 주장들을 가지고 시작할 수밖에 없다. 그리스도인들은 그런 주장들이 참되고 객관적이며, 우리가 세상을 볼 때 원하는 모습이 아니라 있는 그대로의 모습, 즉 하나님의 선하지만 타락한 창조세계로 올바르게 보고 그 안에서 올바르게 행동할 수 있는 기술을 제공한다고 내세운다.

그러나 세상을 우리가 원하는 모습이 아닌 있는 그대로 인식한다는 말의 부분적 의미는 모든 존재, 특히 인간 자아가 내러티브로 형성된다는 사실을 알아본다는 것이다. 달리 표현하면, 역사적 존재가 되는 것이 우리의 본성이라는 말이다. 우리 존재의 역사적 성격, 그리고 그에 따른 내러티브적 성격을 숙고하는 것은 그리스도인들이 하나님에 대해 전하는 이야기가 참이라는 주장의 의미를 이해하는 데 반드시 필요한 활동이다. 우리는 우리의 존재와 본성이 그 이야기에 부합한다는 것, 즉 우리는 내러티브가 있어야 삶이 드러나는 존재임을 보여 줘야 하기 때문이다.

고전 전통에서 인간으로 존재한다는 것은 본성과 정신 사이, 유한한 한계와 무한한 가능성 사이에 서 있는 것을 뜻한다. 정신이 될 수 있는 능력, 즉 우리의 신체적·생물학적 본성 이상의 존재가 될 수 있는 능력은 우리가 역사적인 존재가 되는 데 필요한 바로 그것이다. 그러나 신체적·생물학적 본성 없이는 역사적인 존재가 될 수 없는 것도 사실이다. 우리가 역사를 형성할 수 있는 행위자가 되는 것은 자연이 우리를 구체적인 현실에 확고히 뿌리내리게 하기 때문이다.[1]

그러면, 역사를 형성할 수 있다는 것은 무엇을 의미할까? 거창한 의미의 '역사'를 만들 수 있어야 한다는, 즉 후손이 무시할 수 없는 흔적을 역사에 남긴다는 뜻은 아닌 것이 분명하다(죄를 논의하는 대목에서 살펴보겠지만, 우리는 그런 흔적을 남기는 일에 우리 존재가 **참으로** 달려 있다고 종종 생각한다). 역사적이 된다는 것은 내 과거를 내 것으로 삼을 수 있어야 한다는 뜻이다. 나는 "그 일을 내가 했다"라고 말하는 법을 배워야 한다. 역사적이 된다는 것은 연속적인 '사건들'을 하나의 내러티브로 만들 수 있어야 한다는 뜻이다. 그것도 그냥 아무 내러티브가 아니라 자아감을 충분히 안겨 줄 수 있는 내러티브, 내 과거를 돌아볼 뿐 아니라 미래를 가리킴으로써 내 삶에 텔로스와 방향을 제시하는 내러티브로 말이다.

우리 존재의 역사적 성격에 대한 이런 강조는 많은 이들이 자유로운 존재가 되기 위해 꼭 필요하다고 생각하는 조건을 결정적인 방식으로 제시하는 듯하다. 그들에 따르면 역사적인 존재가 되는 능력이 자유의 확보에 달려 있다. 여기서의 자유는 언제나 적어도 원리적으로는 우리가 관여한 일에서 한 걸음 물러날 수 있는 능력을 보장하기에 우리의 역사보다 우선한다. 우리의 역사적 본질이 우리의 자유보다 앞선다고 나처럼 주장하면 우리 역사를 우리 자신의 것으로 주장하는 데 필요한 자유가 설 자리가 없어지는 것 같다.

이런 측면에서 볼 때 우리가 역사적이라는 말의 두 가지 다른 의미를 서로 연관 짓고 종종 혼동한다는 사실은 의미심장하다. 우리가 '역사적인' 존재라는 말은 우리가 역사의 '산물'이라는 의미일 때도 있다. 즉, 우리의 생물학, 지리적 상황, 우연한 출생, 자라난 시간과 장소, 과거가 우리를 결정한다는 것이다. 우리는 지금과 같은 모습으로 만들어졌다. 그런데 우리가 역사적이라는 말의 의미가 우리가 역사를 해석하고 형성할 능력이 있다는 의미일 때도 있다. 우리는 우리 삶에 '주어진 것들'을 스스로의 결정대로 취하고 그것들이 우리가 바라고 욕망하는 특성을 띠도록 빚어낼 수 있다는 것이다.

역사적이라는 말에는 이 두 의미가 다 들어 있지만 어떻게 두 가지가 다 참일 수 있는지 알아보기는 쉽지 않다. 우리가 역사의 **산물**인 정도만큼 우리는 역사를 **만들려는** 시도에서 좌절을 겪거나 적어도 심각한 제약을 받는 것처럼 보인다. 가령, 지난 삶을 돌아볼 때, 당시에는 우리가 **하고** 있다고 생각했던 많은 일이 지금은 우리에게 **행해진** 일로 보인다. 과거에 내렸던 자신의 '결정들'이 우리 의지의 발현이라기보다는 상당히 정해진 일들이었던 것으로 보인다.

당시에는 분명히 나의 결정이라고 생각했던 중요한 일, 이를테면 결혼 결정까지도 나중에는 내게 일어난 하나의 사건처럼 보이는 것이다. 결혼할 당시에는 내가 온갖 결정—누구와 언제 결혼할지, 그 결정이 다른 계획들에 어떤 영향을 미칠지까지—을 내리는 것 같았지만, 돌이켜 보면 그 '결정들' 중 온전히 '내 것'이었다고 주장할 수 있는 것은 전혀 기억나지 않는다. 참으로 나는 이것이 어떤 직업을 택하고 어디 정착하는가 같은 대부분의 '중요한' 결정에도 해당하는 것 같다. 우리는 그때 우리가 좀 더 알았더라면 더 나은 결정을 내렸을 테고 덜 완강했을 것이라는 느낌을 늘 받는다. 그리고 이런 느낌은 내가 가장 기본적인 현대의 기만이라 여기는 생각으로 종종 이어진다. 그것은 자유롭다는 것이 내가 과거에 내린 '결정' 중에서 온전한 내 것이 아닌 결정들에는 매이지 않는다는 것을 뜻한다는 인식이다.

이런 자유관 배후에 놓인 한 가지 가정은 우리가 더 많이 인식할수록 우리의 자유가 더 커진다는 생각이다. 내가 상황을 더 잘 이해할수록, 내 결정의 장기적 결과를 더 많이 알게 되고 미래에 '내 것'으로 기쁘게 주장할 수 있는 외부적으로 정해지지 않은 자유로운 결정을 내릴 가능성이 더 높아진다는 것이다. 그러나 인식이 과연 자유를 가져다주는지는 절대 분명하지 않다. 이 개념에 대한 결정적 반론은 아니지만, 가장 많이 '인식하는' 사람들이 행동 능력은 가장 부족한 경우가 많다. 이 사실 앞에서 우리는 이 개념의 타당성을 재고 정도는 해 봐야 할 것이다. 예를 들어, 조지프 콘래드Joseph Conrad의 소설에는 너무 많은 것을 보는 탓에 행동할 수 없게 된 사람들, 그리고 마침내 행동할 때는 종종 최악의 일을 저지르는 인물들이 가득하다.[2]

이어지는 내용에서 나는 자유에 대한 대안적 설명을 제시해 볼 것이다. 이 대안적 설명에서는 우리가 하는 일을 어느 정도 인식하느냐에 우리의 자유가 달려 있다는 가정을 찾아볼 수 없을 것이다. 나는 자유가 잘 형성된 성품에서 나오는 특성이라고 본다. 전통적 용어로 표현하면, 참으로 선한 사람만이 참으로 자유로운 사람일 수 있다. 이 견해에서 자유는 용기에서 나오고, 참된 이야기에 반응하는 능력에서 나온다.

성품과 자유

내 주장의 이해를 돕기 위해 내가 말하는 성품이 무엇이고 그것이 왜 우리 자유의 원천인지 보다 자세히 설명하고자 한다. 우리는 흔히 자유를 성품이 아니라 행위와 연결한다. 우리가 특정 행위에 책임이 있는지 아닌지를 좌우하는 것은 우리가 하고 싶었던 일이나 해야 한다고 느꼈던 일을 못하게 막는 외적·내적 장애가 있었는지 여부라고 가정한다. 우리가 장애에 관심을 갖는 이유는 우리 행동을 우리가 결정한 경우에만 그 행위에 책임을 질 수 있다고 느끼기 때문이다. 간단히 말해, 우리는 선택권이 있는 경우에만 자유롭다고 생각한다.

그러나 프리초프 버그먼Frithjof Bergmann의 견해는 이와 다르다. 그의 설명에 따르면, 누군가에게 선택권이 있다는 말은 어떤 상황에서 작동하는 얽히고설킨 제약들 전체와 그 사람의 통제를 벗어난 모든 요인을 거의 설명하지 않는다.[3] 극단적인 사례를 들자면, 나는 굶어죽거나 고문으로 죽는 것을 자유롭게 선택할 수 있지만, 그것을 자유롭다고 말하긴 어렵다. 물론 대부분의 경우는 좀 더 복잡하다. 내 친구는 대학에서 철학과 종신교수 자리를 얻는 데 실패한 후 법률대학원에 진학하기로 했다. 그는 지금 보기 드물게 유능한 변호사이고 법률대학원에 가기로 '결정했던' 것을 아주 기쁘게 생각한다. 하지만 다른 의미에서 보면 그가 결정을 내렸다고 하기 어렵다. 그는 교수 자리가 막혔기 때문에 떠밀리다시피 법률대학원에 갔기 때문이다. 그가 지금 변호사로 행복하다는 사실은 부득이한 상황에서 잘해 내는 법을 배웠음을 의미한다.

버그먼은 만약 자유가 그저 부득이한 상황에서 잘해 내는 것을 뜻한다면, 자유의 본질이 선택권을 갖는 데 있다는 우리의 가정을 재고해야 한다고 말한다. 그는 자유의 본질이 내 선택과 나를 동일시하는 능력 못지않게 내 삶을 내 것으로 내세우는 능력에 있다고 주장한다. 그러나 만약 자유가 선택보다는 정체성의 문제라면 현재의 내 모습을 구성하는 듯 보이는 이 '나'는 무엇일까? 성품의 언어로 말해 보면, 자유가 성품에 의존한다면 내가 성품을 습득할 자유를 애초에 어떻게 획득한 걸까? 성품을 내 것으로 함양할 자유가 분명히 먼저 있어야 하니, 내 자유가 성품에 따라오는 것이라는 가정은 크게 잘못된 것으로 보인다.

아리스토텔레스는 이 문제를 우려했지만 그가 과연 만족

할 만한 해결책을 제시했는지는 분명하지 않다. 그는 이렇게 말한다.

> 만일 개인이 어떤 식으로든 자기 품성에 책임이 있다면, 그는 자기 안의 (선해 보이는) 인상에 대해서도 책임이 있을 것이다. 만약 그에게 그런 책임이 없다면 자신의 악행에도 책임이 없을 것이다. 그는 자신이 추구해야 할 합당한 목적에 무지하여 악행을 저지른 것뿐이다. 그의 행동은 자신의 행동이 자신에게 최고의 선을 가져다줄 거라는 믿음에서 이루어진 것이기 때문이다. 하지만 우리가 합당한 목적을 추구하게 만드는 것은 개인의 선택이 아니라, 올바른 판단을 내리고 참으로 선한 것을 선택할 수 있게 해 주는 타고난 안목이다. 훌륭한 본성을 타고났다는 것은 이런 자질이 있다는 의미이다.[4]

그러나 우리에게 그런 자질이 없다면 어떻게 되는 것일까? 그런 자질이 없다는 데 대해 우리가 책임을 질 수 있을까?

성품과 행위주체성

이 순환을 깨뜨리기 위한 한 가지 방법은 자아를 기본적으로 행위자로 이해하는 것이다. 자아로 존재한다는 것의 정확한 의미는 세상에서 행위한다는 것이다. 우리가 행위자라고 주장하는 것은 우리의 일인칭 자백—"내가 그것을 했다"—이 삼인칭 서술로 환원될 수 없다는 뜻이다. 더구나 행위주체성을 강조함에 있어서 모든 면에서 완전히 자유로운 자아를 상정할 필요는 없는 듯 보인다. 행위주체성은 우리의 현재 모습이 우리 책임이라는 느낌을 요약한 표현이고, 그러므로 자아에 덧붙여진 개념이 아니다.

뿐만 아니라, 행위주체성은 성품 개념과 완전히 양립 가능한 것 같다. 그래서 나는 다른 지면에서 성품 개념이 "우리의 자기-행위주체성의 자격 또는 확인"이고 "특정한 의도(와 믿음)를 가짐으로 형성된다"라고 설명했다.[5] 우리의 성품은 선택의 결과만이 아니고, 우리의 행위주체성이 믿음과 의도를 통해 성품으로 빚어진 것이다. 이렇게 이해하면, 행위주체성 개념은 우리 성품이 '자아'라고 불리는 모종의 더 깊은 실재가 표면에 드러난 것이 아님을 알아보는 데 도움이 된다. 우리는 곧 우리의 성품이다. 그러나 많은 이들은 그것으로 충분하지 않다고 느낀다. 우리가 진정으로 자유로우려면 자신의 성품에 완전히 갇히는 일이 없도록 보장해 줄 초월적 '나'가 있어야 할 듯한 생각이 드는 것이다. 하지만 그런 '나'는 비개인적이어야 하고 나의 역사에서 벗어나 있어야 하는데 우리를 현재의 모습으로 만들어 주는 것은 바로 우리의 역사이다. 이것이 이와 같은 생각의 곤란한 점이다.

'행위주체성'은 내가 생각하는 성품 개념의 토대로 삼을 만한 최고의 개념은 아닐 수도 있다. 그것이 몰역사적 자아관, 즉 나의 성품 '배후에' 어떤 식으로든 늘 초월적 자아가 존재한다는 생각에 계속 의존할 수 있기 때문인데, 나는 한정 없는 윤리학을 비판하면서 이런 자아 개념에 반대한 바 있다. 추상적 능력으로서의 '행위주체성'에는 자아가 역사 위 '허공'에 존재한다는 가정이 여전히 담겨 있을 수 있다. 예를 들면, 진 아웃카Gene Outka는 자유와 결정론 사이에 내재적 모순이 전혀 없다 해도 행위주체성을 우리의 자기결정의 원천으로 내세우는 것은 일부 사람들의 삶이 실제로 보여 주는 특정한 결정론을 제대로 다루지 못한 것이라고 말했다. 그의 말을 들어보자. "어린 시절에 다른 이들의 대체로 부정적인 판단을 받으며 자란 이들은 [그로 인해] 장성하여 다른 사람에 대한 의존성을 피하기 어려울 수 있다. 그런 부정적 판단은 그 영향을 우리가 내키는 대로 허락 또는 거부하거나, 받아들이고 해석할 수 있는 '수동적' 요소로 볼 수 없다. 그러기에는 그 영향이 너무나 광범위하다. 우리 각 사람은 사실 다른 사람들이 보내는 메시지로 철저히 빚어지기에 우리가 받은 것과 우리가 하는 일을 자신 있게 분리해 낼 수가 없다."[6] 이런 상황에서 우리가 행위자라고, 즉 우리에게 일어나는 일과 우리가 하는 일 사이에 근본적 차이가 존재한다고 주장하기는 어렵다.

그럼에도 행위주체성에 대한 고려는 없어서는 안 된다. 내가 언제나 '행위할' 수 있음을 보증할 필요는 없지만, 내 삶을 나의 것으로 만들 자원이 내게 있음을 보여 주는 것은 필요하다. 알래스데어 매킨타이어가 말한 대로,

> 실제로 펼쳐지는 내러티브 속 캐릭터인 인간에게 결정적으로 중요한 것은, 심리적 연속성을 유지할 자원밖에 없는 상태이면서도 다른 이들이 엄격한 정체성을 요구할 때 거기 반응할 수 있어야 한다는 점이다. 다른 사람들에게 나는 내가 늘 보여주던 그 모습으로 영원히 존재한다. 그리고 내가 지금 얼마나 변했든지 상관없이, 예전의 그 모습에 책임을 지라는 요청을 언제든지 받을 수 있다. 나의 정체성의 근거, 또는 그 결여의

> 근거를 자아의 심리적 연속성이나 비연속성에서 찾을 방법은 없다. 자아는 하나의 캐릭터 안에서 살고, 캐릭터의 통일성은 통일성 있는 성품으로 주어진다.[7]

내 생각에 행위주체성은 자신의 캐릭터 안에서 사는 능력을 말할 뿐이다.

행위주체성에 대한 이런 이해는 우리 '자유'의 기반을 초월적 자유에서 찾으려는 이들과 극명한 대조를 이룬다. 이를테면 티모시 오코넬Timothy O'Connell은 소위 '양파 껍질 같은 자아관'을 옹호한다. 그는 인격이 양파와 비슷하게 여러 층으로 이루어져 있다고 생각해 보라고 청한다. 어떤 층위도 독립적으로 존재할 수는 없지만, 각 층이 나름의 정체성을 갖고 있다.

> 말하자면 제일 바깥층에는 그들의 환경, 세계, 소유한 물건들이 있다. 안으로 들어가면 그들의 행위, 행동, 하는 일들이 있다. 그 안쪽에는 한 사람의 '부속물'이자 그 사람 자체인 몸이 있다. 더 깊이 들어가면 정동, 감정, 느낌이 보인다. 그보다 더 깊은 곳에는 그들이 스스로를 규정하는 확신들이 있다. 그리고 가장 깊은 가운데에는 이 모든 것의 회전축인 무차원의 점이 있다. 그것은 사람 자체, 곧 '나'이다.[8]

오코넬은 무차원의 점인 이 '나'는 하나의 대상일 수 없다고 지적한다. 그것이 대상이라면, 그것을 대상으로 인식하는 또 다른 주체가 필요할 것이기 때문이다. 오코넬은 이 신비한 실체가 우리가 고려하는 모든 것의 "가능성의 조건"임이 틀림없다고 말한다.[9] 따라서 그는 행위자와 행하는 자로서의 우리는 가변적이지만, "존재자"와 주체로서의 우리는 같은 모습을 유지해야만 한다는 결론을 내린다.[10] 만약 이것이 보편적 상황이라면, 우리가 생물 작용과 환경, 특히 지리적 조건의 매우 복잡한 산물에 지나지 않는다는 보증은 존재하지 않는다.

오코넬에 따르면, 우리의 자유는 "우리가 행위자로서만 아니라 인격으로서도 자유로운 인간으로서 스스로를 경험한다"라는 사실에만 근거할 수 있다.

> 나 자신의 핵심, 내 인격성인 '나'는 모든 범주를 초월하는 실재와 직면한다. 그것은 내 몸, 감정, 태도와 선입견을 매개 삼아 나의 세계, 나의 상황이라는 실재와 조우한다. 사실, '나'는 그 실재가 가능하게 하는 조건인 하나님과도 직면한다. 그리고 나의 핵심, 나 자신인 주관성 앞에 이 우주를 포괄하는 객관성이 결정을 요구하며 모습을 드러낸다. 그것은 긍정과 부정 중 하나를 고르는 단순한 결정이다. 그렇다면 인간 인격의 자유는 결코 범주적 자유categorical freedom★가 아니다. 그것은 모든 범주를 뛰어넘는 자유, '초월적 자유'이다.[11]

하지만 오코넬은 이 '초월적 자유'와 '범주적 자유'의 관계를 분명히 밝히지 않는다. 나는 이 구분이 본체적 세계와 현상적 세계를 나누는 칸트의 구분이 갖는 여러 장점과 문제점을 그대

★ 구체적 선택의 자유. 이것과 대칭되는 초월적 자유는 하나님 앞에서 인간 주체가 궁극적으로 자기결정을 내릴 수 있는 자유.

로 안고 있는 것이 아닌지 의심스럽다. 오코넬은 "초월적 자유의 우주적 행사는 범주적 자유를 통해 그 안에서만 일어난다"[12]라고 말하지만, 그 말이 무엇을 의미하는지는 분명하지 않다. 우리가 하는 일(또는 하지 않는 일)이 바로 우리일 수는 없는 것 같다. 우리가 하는 일이 우리라면, 우리는 자유롭지 않기 때문이다. 우리가 자유로운 존재이려면 우리가 하는 일 배후에 있는 '나', 우리가 하는 일로 정해지거나 영향을 받지 않는 '나'가 어떤 식으로든 있어야 한다.

많은 사람이 동의한다고 말할 수 있는 오코넬의 시각에서 볼 때 우리의 진정한 정체성은 우리의 역사가 아니라 '근본적 자세' 또는 '선택'에 있다. 즉 우리는 그 근본적 자세에 의해 초월적 종류의 자유를 행사하여 스스로를 인격체로 규정한다.[13] 이것은 근본적 선택이 그 근본적 자세를 취하거나 단호히 되찾는 **순간**을 가리키는 표현이라고 말하는 듯하다. 그리고 우리가 삶에서 내리는 일부 결정이 그런 더 깊은 의미와 중요성을 갖고 있는 듯 보인다. 그러나 아이러니하게도, 그런 '순간'은 '역사 속에' 있을 수 없다. 그 순간의 힘은 역사를 초월하는 능력에 있기 때문이다.

오코넬이 '근본적 선택'이라는 용어를 사용하여 제시하는 그런 문제는 누구나 공감할 수밖에 없지만, 그 견해는 개념적으로 혼란스럽고 왜곡된 자아 이론으로 이어진다. 예를 들면, 오코넬은 '근본적 선택'이 우리가 실제로 '하는' 어떤 일이 아니라 우리 삶의 풍부한 활동 속에서 '실제로 일어나는' 일을 서술하기 위해 쓰는 용어라고 말한다.[14] 그렇다면 왜 그것을 **선택**이라고 부르는 것일까?

우리는 우리에게 일어난 일이나 우리가 한 일의 단순한 합이 아니라는 느낌을 믿기가 어렵고, 그러다 보니, 행위주체성이라는 표현이 상당히 도움이 된다. 우리가 행위자라고 말하는 것은 내가 저 사람이 아니라 바로 나, 한마디로 특정한 성품을 갖춘 사람이 될 능력을 갖고 있다고 제대로 주장하고 초월적인 것에 호소하는 일을 피하려는 시도이기 때문이다. 하지만 오코넬이 근본적 선택을 보증하려 드는 방식으로 행위주체성을 형이상학적으로 보증할 방법은 없다. 일인칭 자백의 대체 불능성에 호소하는 것은 우리가 행위자임이 분명하다는 것을 '증명할' 수 없다. 그런 식의 논증은 행위주체성을 부인하려는 시도에는 표현을 변칙적으로 바꿔 쓰라는 조언들이 따라온다는 것을 보여 줄 수 있을 뿐이다.

나는 우리가 하는 일과 우리에게 일어나는 일의 구분이 행위주체성의 가능성을 확립하는 데 결정적이라고 생각하지 않는다. 아웃카의 주장처럼 우리의 행함에는 우리에게 벌어진 일이 종종 포함된다—어쩌면 거기에 의존하기까지 한다—는 것을 인정해야 한다면 특히 더 그렇다. 하지만 내가 하는 일과 내게 일어나는 일의 구분은 행동을 의도성을 가진 일로 서술하는 것의 불가피성에 관심을 갖게 하는 한 여전히 중요하다. 행위주체성이라는 말은 우리 행동이 무생물적 행동의 관점에서 만족스럽게 분석될 수 없음을 상기시켜 준다. 즉, 인간 행동을 임의적 인과관계로—우리 행동을 임의적 사건으로 보고 서로 인과적으로 연결하려는 방식으로—완벽히 서술하려는 모든 시도는 실패할 수밖에 없다. 그런 서술의 오류를 원리적으로 입증할 수는 없지만, 서술의 내용을 이해할 수 있는 범위 안에서 우리는 그런 서술이 목적적이고 의도적인 범주들을 암묵적으로 사용한다는 것을 정

확히 알아볼 수 있다.[15]

지금까지 내가 전개한 설명에서는 행위자가 된다는 것을 진행 중인 역사 안에서와 언어 사용자 공동체 안에서 내가 내 행위를 자리매김할 수 있다는 의미로 해석한다. 나에게 일어난 일이나 나의 의존 습관도, 그것을 내 이야기의 일부로 삼을 수 있다면 내 것이 된다. 내가 행위자인 이유는 어떤 일들의 발생을 '초래할' 수 있기 때문이 아니라, 벌어지는 특정한 일들은 그것이 내 결정의 결과로 생겼든 아니든 내가 주목하고 관심을 가짐으로써 내 것으로 만들 수 있기 때문이다. 행위자와 그의 행위에 적절한 '인과관계'는 원인과 결과로 만들어지는 것이 아니라 행위자의 서술 능력으로 만들어진다. 나의 행위는 나의 외부에 존재하다가 내가 발동시키는 어떤 것이 아니다. 그것이 내 행위인 이유는 내가 그것을 나의 진행 중인 이야기에 '들어맞게' 할 수 있기 때문이다. 그러므로 행위자로서 나의 능력은 나의 서술력에 비례한다. 하지만 그 서술력은 근본적으로 사회적 기술이다. 우리는 각자 속한 공동체의 내러티브를 전유함으로써 서술하는 법을 배우기 때문이다.

하지만 우리는 내러티브가 제공하는 서술의 힘을 지적 기술로만 이해해서는 안 된다는 점에 주목해야 한다. '서술'은 종종 말로 이루어지지만 그만큼의 무게를 가진 습관의 문제이기도 하기 때문이다. 참으로 대부분의 언어기술은 지적 기술인 동시에 습관이다. 그렇기 때문에 우리의 자유를 말 그대로 가져오는 것은 자기보존의 습관들로 우리를 지탱해 주는 공동체이다. 그 습관들 중 가장 중요한 것은 다른 사람들을 의지하고 신뢰하는 법을 배우는 일이다. 이처럼 우리의 자유는 각자의 자기인식과 관련이 없고, 우리가 어떤 습관들을 습득했는지에 달려 있다. 그리고 그런 습관들은 가끔씩만 인식하게 된다. 이를테면 어떤 사람들은 갈등 해결을 위한 폭력 행사를 거부하거나 끊임없이 이어지는 폭력 상황을 피하려는 시도가 몸에 완전히 익은 나머지 그것을 아예 생각하지 않는다. 그것은 '그들의 사람됨' 자체가 되었다. 그런데 그런 습관이 형성되면 자유를 행사하고 보존할 자원이 오히려 더 늘어난다.

행위주체성을 자아의 특성으로 호소한다고 해서 우리의 '자유'가 모든 면에서 원리적으로 보장되지는 않는다. 우리가 한 일을 알고 우리 행동을 자신의 것으로 주장하는 능력은 우리가 배우는 서술에 의존하기 때문이다. 행위주체성을 주장하는 것과 우리의 사회성을 주장하는 것 사이에는 어떤 모순도 존재하지 않는다. 모든 행위주체성의 범위와 힘은 우리가 공동체에서 배우는 서술의 적합성에 정확히 의존하기 때문이다. 그러므로 우리의 '자유'는 진실한 내러티브 안에 편입된 상태에서만 누릴 수 있다. 우리는 진실한 내러티브라는 자원을 통해 '성품을 갖출' 힘을 얻게 된다. 간단히 말해, '성품을 갖출' 능력을 얻으려면 초월적 자유를 상정하는 것이 아니라 우리 존재의 내러티브적 성격을 인정해야 한다. 그러므로 행위주체성을 보장하는 근본적 범주는 자유가 아니라 내러티브이다.

어떤 사람들은 다른 이들보다 더 '심리적으로 결정된' 상태일 수 있다는 아웃카의 지적은 아마도 옳을 것이다. 나는 심리적으로 결정된 정도를 평가할 만족스러운 방법을 알지 못한다. '심리적으로 결정된'이라는 표현이 소위 의존증이라는 말보다 그 상태를 더 규정하는 것은 아닌가 하는 생각도 가끔 든다. 하지만 중요한 점은 행위주체성의 주장이 절대적 자유나 독립성을 보증하자는 취지가 아니라는 것이다. 자유 또는 행위주체성은 우리 삶을 절대적으로 통제하는 실질적 상태나 이상적 상태를 가리키는 이름이 아니다. '행위주체성'은 우리가 진실한 내러티브 안에서 성장하는 법을 배움으로써 우리 삶을 자기 것으로 주장할 역량을 가진 존재라는 사실을 떠올리기 위해 쓰는 단어일 뿐이다. 그런 역량은 우리의 성품보다 '더 참된' 자아를 가지는 방식으로는 보장되지 않는다. 성품이야말로 우리에게 자유를 선사하는 바로 그것이다. 우리는 성품을 구성하는 여러 서술 기술에 기대어 우리가 한 일과 우리에게 일어난 일 모두를 진행 중인 한 내러티브의 일부로 만들 수 있기 때문이다.

그런 서술 기술들은 '지적'일 뿐 아니라 도덕적이기도 하다. 삶을 진실하게 대면하기 위해서는 신뢰와 용기가 필요하다. 자유로워지려면 우리가 한 일을 환상과 기만 없이 보는 법을 배워야 하기 때문이다. 그래서 용기를 기르는 것이 선택의 힘보다 훨씬 중요하다. 우리는 죽음이라는 운명을 부인하지 않고 희망을 품고 그것을 직면하는 법을 훈련해야 하기 때문이다. 그런 용기가 없으면 초월적 자유나 근본적 선택권이 아무리 많아도 우리 삶을 우리 것으로 만들 능력을 갖추는 데 필요한 토대를 제공할 수 없다.

타자의 존재로서의 자유

그러나 어떤 이들의 경우, 행위주체성의 역량과 진실한 이야기에 응답할 수 있는 능력이 그들에게 일어난 여러 사건으로 심각하게 묻혀 버리고, 과거로 인해 너무나 손상되고, 그들에게 자기멸시를 가르친 이야기가 강력한 영향력을 행사한 나머지 그들의 성품을 형성하는 일에 참여할 능력을 잃어버린(또는 처음부터 찾지 못한) 것이 아니냐는 반론이 있을 수 있다. 더욱 그럴듯한 상황은, 그들의 삶이 너무나 복잡하고, 수많은 다른 이야기가 그들의 반응 방식을 만든 탓에 그들의 삶에 있는 다양한 충성 대상 사이에서 우선순위를 정하는 데 필요할 것 같은 통일성 있는 성품을 얻는 일이 불가능해 보이는 것이다.[16]

어느 한 사람이 이렇게 '결정되지' 않도록 확실히 막아 줄 보증 같은 것은 없다. 하지만 하나님의 이야기에 반응하여 자신의 삶을 자기 것으로 만들 방법을 찾을 수단이 전혀 없을 만큼 완전히 결정돼 버리는 사람은 없다는 것이 기독교의 주장이다. 이 주장은 우리의 선함이나 타고난 능력에 관한 낙관적 가정에 근거하지 않는다. 그보다는 우리 각 사람이 하나님 나라에서 섬기게 하시려는 하나님의 확고부동한 마음을 전해 준다. 우리는 그런 섬김으로의 부름을 다른 사람의 존재를 통해서만 발견하게 된다. 다른 사람의 필요는 자주 우리 자유가 발휘되는 계기가 된다. 나의 자유를 가로막는 가장 큰 장애물인 자기몰두가 다른 사람의 필요를 통해 극복까지는 아니어도 부적절한 것으로 변하기 때문이다. 다름 아닌 타자를 통해 나는 마침내 자신과 평화를 누릴 수 있고 그로 인해 내 삶을 내 것으로 만들 힘을 갖게 된다.

그리스도인들은 하나님의 이야기 안에서 우리의 역할을 발견하는 법을 배울 때 평화가 가장 완벽하게 실현된다고 믿는다. 즉, 집에 있는 듯 편안한 느낌의 평화를 말하는 평화 이야기의 결정판은 하나님의 피조물이라는 우리 본성에 충실하게 사는 법을 배울 때만 찾아온다. 뿐만 아니라 하나님은 우리가 그분의 대리인이 되어 우리 공동의 삶에서 평화의 이야기를 드러내고 다른 이들을 그 이야기로 이끄는 특수한 책임을 맡게 하셨다. 그래서 그리스도인들은 하나님의 이야기를 증언하고 이방인에게 환대를 베풀어 모든 사람이 하나님의 평화를 소유하게 하는 일에 절박함을 느끼는 것이다.

하나님의 이야기를 모르는 이들에게 그 이야기를 들려주는 것은 그리스도인들의 책임이자 특권이다. 그러나 '하나님의 이야기를 들려주는 것'은 문제를 너무 단순화한 표현이다. 우리는 하나님의 이야기를 전할 뿐 아니라 살아 내야 하기 때문이다. 우리는 이야기 그 자체에 반응하는 것이 아니라 다른 사람의 모습 때문에 그 이야기에 관심을 갖게 된다. 그 내러티브가 제공하는 '자유'는 이처럼 우리 바깥의 누군가의 형태로만 찾아오고, 다른 사람과 더불어 찾아와야 한다. 나는 타인에 의해 나 자신으로부터 깨어날 수 있는 만큼만 행위자일 수 있다.

우리는 다른 이들의 기대를 통해 성품을 습득한다. 다른 이의 성품이 가지는 '타자성'은 우리를 결코 완전할 수 없는 모방으로 초대할 뿐 아니라 자기 집착으로 우리의 시야가 어떻게 제약을 받는지 인식하도록 도전장을 던진다. 따라서 어떤 공동체에서 누구를 만나는지에 따라 우리의 행위주체성 역량이 **완전히** 달라진다. 이런 시각에서 볼 때 우리는 자기 성품의 창조자가 아니다. 우리의 성품은 다른 이들의 선물이고, 우리는 성품을 선물로 인식함으로써 우리 것으로 주장하게 된다. 우리의 자유는 말 그대로 다른 이들의 손에 있다. 나는 다른 사람들이 나를 주시하고 나의 '업적'에 의문을 제기한다고 신뢰할 수 있는 만큼만 자유롭다. 나는 바로 그들을 통해 내 삶에 목적과 방향을 제공하는 이야기를 배운다.

성품을 갖출 수 있는 능력과 우리 존재를 선물로 인식하는 역량은 서로 밀접하게 연결되어 있다. 우리에게 성품을 제공하는 내러티브는 다른 모든 목적을 희생하고 추구해야 할 한 가지 명확한 목적을 묘사하는 이야기라기보다는 다른 이들의 존재를 통해 끊임없이 배워야 하는 이야기이다. 다른 이들의 모습과 그들이 추구하는 바를 통해 배울 때 우리의 목표를 더 잘 이해할 수 있다. 이 내러티브의 텔로스에 대한 약간의 감이라도 있어야 우리의 여정을 시작하게 되는 것은 분명하다. 그러나 매킨타이어가 상기시키듯, 이 모색은 "광부가 금을 찾거나 지질학자가 석유를 찾는 일처럼 이미 특징이 잘 파악된 것에 대한 탐구가 아니다. 모든 탐구의 일화와 사건이 되는 특정한 피해, 위험, 유혹, 고민거리를 만나고 그것에 대처하는 과정을 통해서만 이 탐구의 목표를 마침내 이해할 수 있다. 탐구는 언제나 모색하는 대상의 성격에 대한 배움과 자기인식으로 이끄는 교육의 장이다."[17]

우리가 한 이야기 속으로 들어가는 일과 그 이야기 안에서 계속 살아갈 힘은 앞서간 다른 이들 및 우리와 동행하는 이들에게 달려 있다. "그러므로 지금 내 모습의 중요한 부분은 내가 물려받은 것이요, 나의 현재에도 어느 정도 존재하는 특정한 과거이다. 나는 나 자신을 역사의 일부로 인식한다. 그것은 일반적으로 말해서 내가 좋든 싫든, 그것을 인식하든 못하든 전통의 담지자 중 하나라는 뜻이다."[18] 이것을 감안하면, 그 전통에 어느 정도 진실이 담겨 있는지 아닌지가 핵심 문제가 된다. 진실한 전통의 최소한의 조건은 그 전통이 최종적이지 않다는 인식과 계속 성장하고 변화해야만 신실한 방식으로 우리 미래를 제대로 형성할 수 있다는 인식이 그 안에 있는 것이다. 여기서 다시 한번 매킨타이어의 말을 인용할 수 있다.

> 살아 있는 전통은 역사적으로 확장되고 사회적으로 구현된 논증이면서, 부분적으로는 그 전통을 구성하는 여러 선에 관한 논증이다. 한 전통 안에서 선들의 추구는 대대로 이어지고, 경우에 따라서는 수많은 세대를 거쳐 이어진다. 그렇기 때문에 자신의 선을 개인적으로 추구하는 일은 그런 전통들이 규정하는 맥락 안에서 대체로 전형적인 방식으로 이루어지고, 개인의 삶은 그 전통의 일부가 된다.[19]

기독교 전통에 따르면 우리가 책임져야 할 대상은 추상적 이야기가 아니라, 예수의 생명으로 형성된 사람들의 무리이다. 우리는 예수의 생명을 우리의 생명으로 만드는 법을 배움으로써, 다른 사람들을 신뢰하고 그들의 신뢰를 받는 사람이 되는 법을 배우는 만큼만 우리가 자유로워진다는 것을 알게 된다. 그런 신뢰가 가능한 이유는 무엇일까? 예수의 생애 이야기는 우리가 다른 사람을 통해 그 이야기를 배우면서 우리의 존재가 선물로 받은 것임을, 즉 나는 나 자신을 창조하지 않았고 지금 내 모습은 다른 사람들에 의해 가능해졌음을 인식하고 받아들이도록 요구하기 때문이다. 물론 다른 이들에 대한 우리의 의존성은 선을 낳을 잠재력 못지않게 악의 잠재력도 갖고 있다. 여기에 복음의 놀라움이 있다. 복음은 하나님의 섭리가 우리의 신뢰와 불신 모두

에 작용하고 있다는 우리의 지식과 경험에 의거하여 우리의 불신을 신뢰로 바꾸기를 요구하기 때문이다.[20]

그러므로 하나님은 초월적 '나'를 보장하실 필요가 없고, 그분이 그런 '나'와 연관성이 있는 존재에 불과한 것도 아니다. 오히려 하나님은 우리가 자유의 토대로 확신 있게 신뢰할 수 있는 궁극적 기정사실이시다. 우리는 예수 이야기를 전달하는 백성의 일원이 됨으로써 하나의 모험 속으로 들어가고, 그 모험을 통해 우리 삶을 자신의 것으로 만드는 데 필요한 규율과 덕을 배운다. 그 이야기 곧 그리스도의 삶을 이어 가는 것이 우리 자유의 근원이기 때문이다. 하나님의 부르심에 걸맞은 자아가 되기 전까지 우리는 끝내 어떤 자아도, 행위자도 아니다.

우리의 죄악된 성품

우리 삶이 선물이라는 사실에 걸맞게 살도록 돕는 이야기가 우리를 만들어 갈 때 우리가 가장 자유로워진다고 인정하는 것은, 죄인의 의미를 올바르게 이해할 수 있는 지점이기도 하다. 앞에서 나는 죄는 자연적 범주가 아니고, 우리는 자신이 죄인이라는 사실을 배워야 한다고 말했다. 그뿐 아니라, 죄는 실수 또는 어떤 금지 행위를 저지르는 것만을 뜻하지 않는다. 죄는 우리가 피조물로서 갖는 능력의 범위를 넘어서려는 적극적인 시도이다. 죄는 우리의 교만과 음란을 통해 드러나지만 그 근본 형태는 자기기만이다.

이제 우리는 이런 죄 이해를 더욱 발전시킬 수 있는 위치에

셨다. 이제는 자유를 소유로, 우리의 성취로 주장하는 것 자체가 우리 죄를 보여 주는 징후임을 알아볼 수 있기 때문이다. 우리가 우리 삶—성품—을 우리의 특별한 성취로 주장할 내적 역량을 갖고 있다고 생각하는 정도만큼 죄에 뿌리내리고 있다고 보면 된다. 다시 말해, 우리의 죄, 곧 근본적인 죄는 우리가 역사의 창조자이고 역사를 통해 스스로 성품을 획득하고 보유한다고 가정하는 데 있다. 죄는 우리가 삶을 통제할 힘을 잃으면 '아무것도 아닌 존재'가 될 거라는 두려움의 결과로 만들어지는 성품이다.

게다가 우리의 통제 욕구는 삶에서 일어나는 폭력의 기반이 된다. 우리의 '통제'와 '힘'은 불충분한 기초 위에 세워질 수밖에 없기에 우리가 통제하고 있다는 환상을 유지하려면 무력을 써야만 한다. 우리는 자신이 성취한 자아의 통일성을 잃어버릴까 봐 크게 두려워한다. 그 통일성을 위협하는 일체의 개념이나 사람을 조작 내지 제거의 대상으로 여긴다. 우리는 타인을 두려워한다. 그들은 언제나 우리의 기만에 암묵적으로 도전하는 것처럼 느껴지기 때문이다. 따라서 적을 갖거나 만들어 내는 것이 모든 사람에게 내재한 숙명처럼 보인다.

이것은 복음이 제공하는 훈련에 우리가 왜 그토록 저항하는지 이해하는 데 도움이 된다. 타인에 대한 두려움 없이 자아가 형성될 수 있다고 도무지 믿을 수가 없기 때문이다. 물론 그런 자아 형성은 참으로 비범한 일이다. 그것은 하나님으로부터 우리의 참된 자아를 실제로 받을 때만 가능한 일이다. 자아의 통일성과 하나님에 대한 지식이 서로 연결돼 있다는 전통적 이해는 늘 일리가 있었다. 그런 통일성은 자동으로 주어지지 않는다. 그것은 우리가 하나님의 이야기 안에 자리매김하고자 매일매일 힘쓰는 과정에서 천천히 이루어지는 성취이다. 우리는 그런 자리매김에 본질적으로 저항한다. 우리의 죄성을 사랑하게 되었고 그것을 잃어버리는 것이 두렵기 때문이다.

이런 측면에서 볼 때, 최근의 신학이 특정한 악행과 관련된 죄보다 자아의 근본적 지향으로서의 죄를 강조하는 것은 본질적으로 옳다. 가령, 오코넬은 '근본적 선택' 개념을 활용하여 죄를 이렇게 해석한다.

> 행위로서의 대죄는 다름 아닌 근본적 선택의 동의어이다. 대죄는…우리가 하나님을 크게 거부하고, 하나님과 분리되어 멀리 떨어지는 입장을 취하는 행위를 말한다. 대죄는 창조세계를 통해 그 세계 안에서 우리를 부르시는 하나님을 부인하고 그로 인해 역설적이게도 우리의 가장 깊은 자아를 부인하는 순간을 말한다. 이 죄악된 행위로 우리는 죄의 상태를 짊어지게 된다.
>
> 그러나 대죄가 바로 부정적인 근본적 선택이라면, 대죄는 또한 초월적 행위라는 결론이 따라온다. 즉, 대죄는 어떤 특정한 범주의 행위를 하는 것이 아니라, 구체적이고 특정한 범주의 행위를 **통해** 그 **안에서** 자기 추구 성향이 드러나는 것을 말한다.[21]

여기서 우리는 오코넬이 무슨 말을 하려는 것인지 알 수 있다. 그는 죄가 자아의 근본적 지향까지 도달하고 그 지향을 결정한다는 것, 즉 우리와 하나님의 관계를 결정한다는 것을 제대로 강조하고 싶어 한다. 하지만 그는 죄가 기정사실이라는 생각을 피하려 한다. 그에게 죄는 선택의 문제도 아니다. 그러면 죄는 무엇인가? 그에게는 자아에 대한 이론이 필요한 것 같다. 우리를 현재 모습으로 만드는 것에서 우리 행위가 자라나게 하는 이론, 그리하여 죄가 행위를 한정하는 것이 아니라 자아를 한정하는 것이 되게 하는 이론이 필요한 것이다. 그러나 '근본적 선택'이라는 용어는 이런 자아 이론 수립에 보탬이 되지 않는다. 자아의 자유가 보호받으려면 '근본적 선택'이 우리의 행위나 역사에 의해 결정되지 않아야 하는 까닭이다. 그는 죄를 '초월적 자유' 안에 자리매김함으로써 진퇴양난에 빠진 것 같다. 죄가 어떻게 우리 존재의 심연에 도달할 수 있고 그러면서도 여전히 우리의 행위가 될 수 있는지 분명하지 않기 때문이다.

그러나 만약 우리의 성품보다 더 근본적인 자아가 별도로 존재하지 않는다면, 이러한 문제들은 생겨나지 않는다. 그보다 우리의 죄는 "우리가 모든 것을 다해야 한다"(교만)거나 "아무것도 해서는 안 된다"(나태)는 이야기가 우리를 형성하도록 허용하는 것에 있다.[22] 교만과 나태에는 너무나 다양한 형태가 존재하기 때문에 우리는 자신을 구성하는 복잡한 이야기들에서 그 둘 모두를 조금씩 이용할 수 있다. 참으로, 우리 삶을 뒤돌아보면 죄는 우리가 저지른 어떤 일이라기보다는 우리가 발견하는 어떤 것에 가까워 보인다.

우리의 죄는 정확히 우리의 불신—우리가 은혜로운 창조주의 피조물이고, 그분 나라의 일부가 되라는 초대를 수락하는 만큼만 그분을 알 수 있음을 믿지 못함—안에 자리 잡고 있기 때문이다. 우리는 그 이야기 곧 하나님의 이야기를 우리 것으로 만드는 법을 배움으로써만 우리 삶을 자신의 것으로 만드는 데 필요한 자유를 얻게 된다. 그때 가서야 비로소 나는 내게 일어난 일(여기에는 내가 한 일도 포함된다)을 분한 마음 없이 받아들일 수 있다. 그때야 비로소 내 몸, 나의 조건화된 심리, 타인과 자신에 대한 절대적 불신을 나의 것, 내 이야기의 일부로 수용할 수 있다. 그리고 자신을 죄인으로 받아들이는 것이 가능해진다. 그것은 하나님이 우리를 받아주심을 인정하는 일이기 때문이다. 이렇게 나는 자신을 죄인으로 보면서도 여전히 앞으로 나아갈 수 있다.

그렇다고 해서 우리 삶에서 비극이 사라지지는 않는다. 오히려 비극을 인식하고 받아들이면서도 폭력에 호소하지 않을 방법을 얻게 된다. 결국 자유는 이 폭력적인 세상에서 우리 자신 및 타인들과 평화롭게 존재하는 법을 배우는 데 있으니까. 세상의 폭력은 우리 삶의 폭력을 비추는 거울일 뿐이다. 우리는 평화를 원한다고 말하지만, 그것은 진심이 아니다. 평화가 암시하는 듯한 지루함을 두려워하고, 평화에 헌신할 때 따라올 것 같은 통제력 상실을 더욱 두려워한다. 그 결과, 우리가 상황을 '자신의 통제하에' 두려고 노력할수록, 가진 것을 보호하기 위해 더 폭력적이 될 수밖에 없다. 그리고 폭력적이 되는 자신을 허용하면 할수록 도전에 더욱 취약해진다.

'자신과의 평화'란 과연 무엇을 의미할까? 실제로 우리가 아무 어려움 없이 살 거라는 의미는 분명히 아니다. 누구도 의로운 사람을 해칠 수 없다는 것은 아마 사실이겠지만, 이것과 어려움 없이 사는 일은 같은 의미가 아니다. '자신과의 평화'는 자기와의 갈등이 없다는 뜻도 아니다. 우리는 여전히 고뇌하는 죄인으로 남기 때문이다. 참으로, 고뇌하는 죄인이라는 말은 구원받은 자들에 대한 최고의 서술일 것이다. '자신과 평화를 누린다'

는 것은 우리 자신과 다른 사람들을 믿을 수 있다는 확신이 있다는 뜻이고, 그 확신은 하나님 나라라는 모험에 참여함으로써 얻게 된다. 그리고 우리가 자신을 쇠약하게 만드는 자기몰두에서 벗어나면서 그 확신은 우리 성품과 자유의 원천이 된다. 뿐만 아니라, 자신과 평화를 누리는 법을 배움으로써 우리는 서로서로 평화롭게 살 수 있다는 것을 깨닫게 된다. 결국 이 자유가 우리가 소유할 가치가 있는 유일한 자유이다.

4장

도중에 시작함에 관하여: 본성과 이성, 신학적 윤리학의 과제

기독교 윤리학의 과제

이 시점에서 기독교 윤리학의 과제가 무엇인지 묻는 것은 좀 이상해 보인다. 이 질문을 제일 먼저 다루었어야 할 것 같다. 그런데 사실 나는 기독교 윤리학에서 도덕적 삶의 구성 요소인 내러티브, 안목, 덕, 성품이 특히 중요하다고 주장하면서 기독교 윤리학을 이미 어느 정도 개진한 셈이다. 우리가 본 대로, 한 윤리의 내용, 구체적 신념들을 드러내지 않고서 그 윤리의 중심 개념들을 소개하기란 불가능하기 때문이다. 그래서 어떤 의미에서는 기독교 윤리학을 시작한 후에라야 그 과제에 대해서 물을 수 있다.

그러나 상황은 이보다 더 복잡하다. 예를 들어, 기독교 윤리학의 주된 과제는 그리스도인의 삶의 토대와 본질을 이해하는 것이라는 말은 충분히 명료해 보인다. 하지만 "그리스도인의 삶의 토대와 본질을 이해한다"라는 표현에는 모호함이 가득하다. '이해한다'라는 말은 그 과제가 주로 기술적記述的인 것이라는 뜻인가? 기독교 윤리학의 주된 관심사는 그리스도인의 믿음과 행동의 관계를 그려 내는 것인가? 아니면, '이해한다'라는 말에는 규범적 과제가 들어 있는가? 기독교 윤리학의 과제는 우리가 해야 마땅한 일을 권하는 것인가?

나는 기독교 윤리학이 기술적인 동시에 규범적이라는 것을 보이길 바라지만, 이 두 과제의 상호 관계는 간단히 진술할 수 없는 복잡한 것이다. 그런데 앞의 질문들을 탐구하기에 앞서, 기독교 윤리학은 명확히 구분되는 학문이 아니라 시대마다 교회 전통마다 다르다는 사실을 상기할 필요가 있다. 앞으로 살펴보겠지만, 그리스도인들은 언제나 구체적 전통 안에서 맥락에 따라 기독교 윤리학을 이해했다.

수 세기에 걸친 로마가톨릭교회 내 도덕신학의 발전은 고해제도와 연결되었다. 도덕신학자들은 사제의 기능을 뒷받침하고 이끌어 주는 데 필요한 결의론적 세부 내용을 발전시키면서 고해 의식을 지원했다. 그래서 도덕신학 연구는 주로 사제들이 수행하는 과제였고, 설교와 고해 의식을 통해 그들은 공동체가 최소한의 행동 기준을 결정하는 일을 도왔다. 그런 접근 방식이 최소주의적 원리에 따른 것은 아니었지만 고해의 주된 관심사가 악을 피하는 데 있었기 때문에 결과는 정확히 그렇게 나타났다.[1]

도덕신학자들은 교회의 한 가지 기능에 봉사했지만, 그들의 활동은 주로 '자연법'에 근거한다고 여겨졌다. 이것은 자연법 규범들의 소위 투명성이 자연법 자체의 보편성보다는 교회 내의 합의를 드러냄을 의미할 것이다. 내가 볼 때 '자연법'은 그리스도인과 비그리스도인 사이의 합의를 나타낸다기보다는 널리 흩어진 다원적 기독교 공동체 안에서의 합의를 가리키는 역할을 한 것 같다. 이것은 체계적 개념으로서의 자연법의 힘이 처음에는 로마제국 안에서 로마제국을 위해, 이후에는 '기독교 세계'를 위해 증대되었다는 사실로 입증된다. 따라서 아이러니하게도, '자연법'은 특정한 도덕전통을 집대성하는 수단이 되었다.

이 형태의 기독교 윤리학은 원래 다루도록 요청받은 문제들 때문에 행위 지향적인 경향이 있었다. 자연법 윤리학은 종종 덕의 언어로 체계화되기도 했지만, 덕을 실제로 기르는 데는 거의 관심이 없었고 그것을 분석하지도 않았다. 대신에 정해진 의무를 다하는 데 집중했다. 그래서 도덕신학자들은 신학자보다는 변호사에 더 가까워 보이게 되었다. 그들은 고뇌에 빠진 양심을 다루는 사례들을 판결하는 데 능숙한 사람들이었다(평범하거나 하찮은 기술은 아니었다).

더욱이, 이 도덕가들은 '신학자'로 불리긴 했지만 자신들의 주장을 직접적인 신학적 논증으로 뒷받침할 필요가 없었다. 신학적 주장들—이를테면 하나님은 합리적 우주의 창조주이시다, 따라서 도덕법은 계시의 도움 없이도 알 수 있다—은 그들의 활동을 이해할 수 있게 만드는 배경이 되었다. 그 이상의 수준에서는 그리스도인의 도덕적 삶의 본질을 설명하는 데 신학적 숙고가 거의 필요하지 않았다. 따라서 '도덕신학'이라는 문구에서 '신학'은 활기를 안겨 주는 실천이라기보다는 의심 없이 받아들여지는 교회의 가정을 가리켰다.

공평하게 말하자면, 가톨릭 사상에는 도덕적 삶에 관한 다른 사고방식들, 이를테면 영성신학과 수덕신학이 포함된다고 말해야 할 것이다. 하지만 이런 신학을 다룬 문헌은 '윤리학'으로 여겨지지 않았다. 그것들은 옳고 그름이라는 구체적 판단을 다루지 않았기 때문이다. 더욱이, 수덕신학 문헌의 상당수는 성격상 경건을 위한 것이었지 체계적 이슈들을 탐구할 목적으로 만든 것이 아니었다.

이에 반해, 개신교의 윤리적 숙고에는 언제나 신학적 이슈들이 전면에 있었다. 사실 개신교도들은 최근까지 '기독교 윤리학'이라 불릴 만한 특별한 학문을 전개하지 않았다. 물론 그들에겐 가톨릭과 달리 고해 제도가 없었지만, 그것이 기독교 윤리학이라는 명시적 학문이 없었던 결정적 이유는 아니었다. 그보다, 하나님의 거저 주시는 은혜를 강조하는 개신교 입장에서는 '윤리학'이 본질적으로 의심스러운 기획이었다. 그들의 시각에서는, '윤리학'이 하나님의 뜻을 주제넘게 결정하려는 시도나 믿음을 행위로 대체하려는 시도로 보였기 때문이다. 심지어 어떤 이들은 하나님의 뜻을 넘겨짚으려는 시도인 윤리학이 죄라고 말하기까지 했다.[2]

하지만 개신교 전통에서 윤리학에 관심이 전혀 없었던 것은 아니다. 윤리학은 신학자가 수행하는 과제의 일부로 포함되었다. 따라서 '윤리학'에는 율법과 복음, 창조와 구속, 믿음과 행위의 관계, 창조 질서들의 지위, 죄인이자 구속받은 자로서 인간의 본질에 대한 논의가 수반되었다. 이런 문제들이 윤리적 과제의 중심이 되다 보니, 이와 관련된 신학적 논의는 사람들이 실제로 살아가는 방식을 구성하는 도덕적 관심사와 이슈들을 잘 다루지 못했다. 개별 신학자들이 인간 존재에 대한 설득력 있는 설명을 종종 제시하긴 했지만, 그들이 더 관심을 가졌을 만한 주제는 신학적 개념들 사이의 체계적 관계였지 그 개념들 안에 삶을 지도하는 실제적 힘이 있느냐가 아니었다. 매우 흥미롭게도, 개신교도들 사이에서 행동 지도를 위한 보다 구체적인 분석 작업은 주로 목회적 차원에서 이루어졌고, 그러다 보니 대부분 명시적인 신학적 신념에 따라 진행되지 않았다.

따라서 개신교의 윤리적 숙고가 가톨릭의 그것보다 신학적으로 더 풍성해 보였음에도 자연법 전통만큼이나 당대 문화에 동화되는 경향이 있었다. 윤리적 숙고에 대한 학문적 형식이 없다 보니, 개신교도들은 '기독교 윤리학'이 자신들이 속한 문화의 합의와 크게 다르지 않다는 생각에서 더 이상 나아가지 못했다. 이것을 가장 충격적으로 보여 주는 사실이 바로 개신교가 국가교회 이상이 되지 못했다는 것이다.

공정하게 평가하자면 기독교 윤리학은 성화를 강조하는 칼뱅주의, 재침례파, 성공회 전통에서 보다 분명한 모습으로 드러난다. 이 전통들 각각은 우리를 위한 하나님의 활동에는 어느 정도 자세한 설명이 가능한, 구체적 삶의 방식이 따라온다고 가정한다. 하지만 그런 가정이 종종 그리스도인의 양심을 형성할 목적으로 도덕적 삶에 대한 숙고를 내놓긴 했어도, 가톨릭 도덕신학에 비길 만한 방식으로 '기독교 윤리학'이라는 학문적 연구를 내놓은 경우는 거의 없었다.

사실 기독교 윤리학이라는 개념 자체가 비교적 새로운 현상이다. 미국에서 기독교 윤리학은 주로 사회복음 운동의 결과물로 보인다. 사회복음 운동을 계기로 개신교 신학교들이 '기독교 사회학'을 다루는 여러 과목을 개설했고, 사회복음의 일부 열정에 대한 내부적 비판이 곧 나오면서 그 과목들은 보다 사색적이고 비판적인 관점을 띠게 되었다. 따라서 H. R. 니버의 연구는 기독교 윤리학이라는 학문의 과제를 기독교 신학의 확신들의 도덕적 함의를 명료하게 만드는 것으로 규정하려는 시도에 해당한다.[3] 그런 연구는 주로 분석적이고 기술記述적인 형태로 나타나지만, 분명한 규범적 처방을 내놓지는 못하는 것 같다.

지금까지 짧고 부족하게나마 가톨릭 전통과 개신교 전통 안에 있는 기독교 윤리학의 특징을 짚어 보려 한 취지는 '기독교 윤리학'이 절대 단일하거나 분명한 활동이 아님을 독자가 인식하게 하기 위해서이다. 가령, 초대교회에는 '기독교 윤리학'이 없었다. 이것은 아주 흥미로운 사실이다. 성경 어디에서도 종교적 믿음과 행동을 구분하지 않는다. 산상설교는 예수의 '윤리'라기보다는 다가올 하나님 나라에 대해 그분이 선포한 내용의 핵심이다. 바울 '윤리학'의 진정한 관심사는 율법의 지위가 아니다. 여기서는 성경 자체가 문제가 된다. 성경은 믿음과 행동을 통합하고 있기 때문에 '성경적 윤리'를 서술하기 어려울 뿐 아니라 성경이 현재 우리의 윤리적 숙고와 어떤 식으로 여전히 관련이 있는지 발견하기도 어려운 까닭이다.[4]

교부 중 누군가가 윤리학이 별도 과제로 필요하다고 생각했다는 증거는 거의 없다. 그들의 명시적인 윤리적 숙고는 주로 목회적 관심의 산물이었다. 따라서 그들은 그리스도인의 삶을 체계적으로 제시하는 일이 별로 없었고 일종의 임기응변적 사색을 했다. 그들의 주된 관심사는 특정 공동체의 필요에 부응하는 것이었기 때문이다. 윤리학을 목회적 학문으로 규정하는 것은 지금도 여전히 어느 정도 유효하다.

체계화에 힘을 쏟았던 중세에도 별도의 논문으로 다룬 '윤리학'은 찾을 수 없다. 아퀴나스는 진행하던 논의를 멈추고 "이제 윤리학을 좀 다뤄 보겠습니다"라고 말한 적이 없다. 그가《신학대전*Summa Theologica*》제2부의 1부와 2부에서 펼치는 '윤리학'은 하나님이 그분께 가는 길을 인간에게 열어 주시고자 스스로를 인간에 이르도록 확장하심에 대한 신학적 묘사의 연장선상에 있다.[5] 그는 '윤리학'을 독립적 학문으로 수행한 것이 아니라 하나님과 함께하는 인간의 여정을 묘사하는 데 필요한 작업으로 수행했다.

그러면 지금 기독교 윤리학이라는 학문이 있고, 해당 분야의 박사학위로 무장한 기독교 윤리학자들이 자신의 기술을 적용할 준비가 되어 있다는 사실을 어떻게 이해해야 할까? 지금의 상황은 어떻게 만들어졌을까? 모든 전통이 '윤리학'이라는 별도의 학문을 발전시킬 필요를 느끼는 것은 아니다. 기독교 윤리학에 대한 관심이 생겨난 데는 이 책 1장에서 서술한 문화적 상황이 어느 정도 작용했을 것이다. 사람들이 한때 가정했던 종교적 믿음과 행동 사이의 '자연적' 연관성이 많이 깨졌기 때문에, 우리는 그 연관성에 대해 골똘히 생각함으로써 그 본질적 관계를 재확립할 수 있기를 바라게 되었다. 그러나 불행히도 그런 과제는 실패할 수밖에 없다. 결국 그 관계들은 개념적이지 않고 실제적이기 때문이다. 종교적 믿음과 행동의 관계를 결속할 수 있는 것은 공동체뿐이다. 비판적이고 반성적 학문인 기독교 윤리학은 그 관계를 회복할 수 없다. 기독교 윤리학이 이해 가능한 학문이 되려면 어떤 행동을 금지하고 어떤 행동을 명령해야 특정한 부류의 사람들을 길러 낼 수 있는지 알려 주는 공동체의 지혜에 의존해야 한다.

하지만 사정이 이렇다는 것은 기독교 윤리학의 과제를 잘 이해하는 데 도움이 된다. 기독교 윤리학이 '사상'에 주로 관심이 있는 추상적인 학문이 아님이 여기서 분명히 드러나기 때문이다. 기독교 윤리학은 공동체에 봉사하는 숙고의 한 형태이고, 해당 공동체의 확신이 갖는 성질에 따라 기독교 윤리학의 특성이 달라진다. 신학적 주장들은 근본적으로 실천적이고, 기독교 윤리학은 본래의 실천적 성질을 설명하려 하는 신학적 숙고의 한 형태인 것이다.

기독교 윤리학은 신학이다

앞의 내용으로 분명해졌겠지만, 나는 기독교 윤리학을 더 넓은 학문인 신학과 논리적으로 연결된 하위 학문으로 주장하는 데 별 관심이 없다. 오히려, 여러 면에서 나는 윤리학을 신학에서 분리해 낸 것이 여러 불행한 결과를 초래했다고 생각한다. 윤리학은 신학적 과제의 한 측면이고, 특정 가능한 학문으로서의 위상을 갖는지 여부는 별로 중요하지 않다.

그렇다고 기독교 윤리학의 지위를 과소평가해서도 안 된다. 기독교 윤리학을 나중에 조직신학에 덧붙인 내용 정도로 이해하지 않는 것이 중요하기 때문이다. 신학적 확신들의 목적이 세상을 해석하려는 것이라면—즉, 그 확신들이 실천적 담론의 성격을 갖는다면—윤리학은 신학의 끝부분에 가서가 아니라 처음부터 신학에 관여한다. 신학적 담론이 일종의 원시적 형이상학으로 그려질 때—이것은 가톨릭 신자뿐 아니라 개신교도들 사이에서도 매우 흔한 견해이다—왜곡이 시작된다. 여기에 해당하는 가톨릭 신자들은 우리가 근본적 신학에서 출발해야 한다고 추정하는데, 근본적 신학은 신학을 가능하게 만드는 진실함의 조건들, 형이상학적 전제들(자연신학)을 탐구한다. 그다음 순서는 조직신학이다. 조직신학은 계시적 주장들, 이를테면 삼위일체, 창조, 구속, 기독론, 교회 등을 다룬다. 끝으로, 그 작업이 끝나면 윤리학으로 넘어간다. 이런 진행 순서에는 기본적 믿음이 분명하고 근거가 확실해야 그 도덕적 함의를 고려할 수 있다는 가정이 깔려 있다. 아이러니하게도, 이런 진행 순서는 흔히 윤리학의 기반을 자연법적 방법론에 두는 것을 신학적으로 정당화하게 되고, 여기에는 예수에 대한 신학적 확신들이 구체적인 윤리적 분석과 직접적으로 관련이 없다는 결과가 따라온다.

개신교도들은 자연신학이나 자연법 윤리에 대한 확신이 이보다 덜했지만, 그들 역시 신학의 주된 출발점이 신학서론 prolegonema★이라고 가정한다. 그리고 특히 19세기 이후 그들은 인류학으로 신학의 길을 예비하는 방식으로 신학적 주장들의 이해 가능성을 보이려 했다. 그런 측면에서 이루어진 성과는 윤리학에 인간 존재에 대한 설명이 포함된다는 인식을 만들어 냈다는 점에서 종종 '윤리적'이었지만, 이것은 신학이 칼 바르트의 기억에 남는 문구인 "인간에 관해 큰 소리로 말하는 것" 정도에 그치게 되는 결과로 많이 이어졌다.

이 두 접근법과 달리, 나는 기독교 윤리학이 다른 모든 것을 분명히 파악한 후 또는 신학의 출발점이나 토대를 확립한 이후에 진행하는 작업이 아니라는 것을 보여 주고 싶다. 기독교 윤리

★ 신학의 방법과 원리.

학은 신학적 과제의 핵심에 자리 잡고 있다. 신학은 기독교적 확신들이 자아와 세계를 어떻게 이해하는지 보여 주고자 하는 실천적 활동이기 때문이다.[6] 그러므로 창조와 구속의 관계에 관한 신학적 주장들은 이미 윤리적 주장들이라고 볼 수 있다. 그 주장들은 사람이 어떻게 행해야 하는지 방법론을 제시하기 때문이다. 보다 강하게 말하면, 윤리학이 신학의 핵심적 과제에서 인위적으로 분리된 이유는 바로 사람들이 창조와 구속, 자연과 은총의 관계를 추상적 방식으로 이해한 데 있다.

자연과 은총: 그리스도인이 되는 것과 인간이 되는 것이 같지 않은 이유

'자연'과 '은총'이라는 추상적 개념은 가톨릭 전통에서 윤리학의 진행 방식을 특히 왜곡했다. 도덕신학은 보다 분명하게 신학적이어야 한다는 생각이 가톨릭교회 안에 있음에도 불구하고 사정이 그랬다. 예를 들면, 제2차 바티칸공의회의 〈사제 양성 교령〉은 다음과 같이 분명하게 요구했다. "그[윤리신학의] 학술적 해설에 성경의 가르침을 보다 풍부히 가미함으로써, 그리스도 안에서 신자들이 받은 소명의 고상함을 일깨우고, 세상에 살면서 사랑의 열매를 맺어야 할 신자들의 의무를 밝혀 주어야 하겠다."[7] 하지만 로마가톨릭 윤리학 구조의 토대가 되는 신학적 전제는 실행 불가능한 것을 가정한다. 현대 가톨릭 윤리학의 상당 부분은 모종의 신학적 수사修辭로 시작될 때가 많지만 안타깝게도 인류학적 토대 위에 여전히 머물고 있다. 예를 들어, 티머시 오코넬은 이렇게 말한다.

…그리스도인에게 부과되는 윤리적 명령의 본질은 정확히 진정한 자신이 되라는 것이다. "인간이 되라." 더도 말고 덜도 말고, 바로 이것이 하나님이 우리에게 원하시는 것이다. 그리스도를 본받고 그리스도처럼 자신의 인간적 소명에 충실함으로써 인간이 되라. 이웃을 네 자신처럼 사랑하라. 다른 사람들에게 대접받고 싶은 대로 그들을 대접하라. 기독교 윤리학은 더도 말고 덜도 말고 인간의 윤리이다.…그리스도인들은 무조건적인 휴머니스트이다. 그것이 우리의 긍지이고 특권으로 받은 소명이다.…따라서 어떤 의미에서 도덕신학은 절대로 신학이 아니다. 그것은 믿는 사람들이 추구하는 도덕철학이다. 도덕신학은 우리 세계에 있는 모든 지혜의 원천에서 유익을 얻고자 하는 학문이다.[8]

이런 입장은 '자연적인' 것의 위상을 보증하기 위해 그리스도를 이용하기 마련이다. 그리스도를 인간의 소명이 완성된 전형으로 보기 때문이다. 오코넬은 또 이렇게 말한다. "그것은 우리가 '진정한 자신이 되어야' 한다는 예수 말씀의 의미를 충실하게 표현하고 있다."[9] 이것이 아주 안 좋은 조언으로 보인다는 사실—마크 트웨인도 누군가에게 줄 수 있는 최악의 조언이 자기답게 행동하라는 것이라고 하지 않았던가—은 논외로 하더라도, 이런 접근법을 따르면 신학적 확신의 윤리적 적절성을 높이려는 시도가 위태로워진다.

공정을 기하려면 오코넬이 책의 한 장을 할애하여 성경적 도덕의 '요소들'을 다루었다는 점을 지적해야 할 것이다. 그는 언약, 하나님 나라, 회개, 제자도, 율법, 사랑을 각각 간략히 다루고 검토했다. 그러나 이 '요소들'은 오코넬의 윤리학 연구 방식에서 방법론적으로 결정적이지 않다.[10] 그런데 이런 상황은 우연이 아니라, 오코넬이 기독교의 핵심을 이해하는 방식을 구조적으로 반영한 것이다. 기독교 윤리학이 인간의 윤리학이 된 것은 예수의 특수성, 하나님의 결정적인 종말론적 행위자인 그의 역사성이 사라졌기 때문이다. 그래서 오코넬은 이렇게 말한다.

> 성육신이 원죄와 별도로 일어날 수 **있었을** 거라는 데는 논쟁의 여지가 없다. 이 세상이 하나님 말씀의 신성을 담을 그릇으로 창조된 만큼, 성육신은 창조의 첫 순간부터 가능했다. 그러므로 성육신의 **기능**이 (부분적으로나마) 인류의 악한 상황을 바로잡는 것이긴 했지만, 그것이 성육신의 **정수**는 아니었다. 성육신의 정수는 하나님이 그분의 백성에게 자기를 내어주신 것이었고, 그분의 말씀을 통해, 그분의 창조의 손에서 나온 좋은 세상과 연합하신 것이었다.[11]

'성육신의 **정수**' 운운하는 말이 미심쩍다는 것은 논외로 하더라도, 이런 기독론은 예수 생애의 사건과 행위들을 우연적인 것으로 보이게 만드는 결과를 낳는다는 문제가 있다. 성육신이라는 용어는 예수의 생애라는 이야기를 제대로 요약하지 못한다. '성육신'은 새로운 나라를 시작하는 자로 하나님의 임명을 받은 한 사람의 이야기를 우리가 잘 전하도록 돕기 위해 교회가 개발한 여러 상기용 개념 중 하나일 뿐이다.

이런 식의 신학적 추상화 경향은 가톨릭 윤리학과 개신교 윤리학 모두에서 나타난다. 신학적 개념들은 실체화되고 기독교적 확신의 '골자', 요점으로 여겨진다. 그러나 추상개념인 '자연'과 '은총'은 더욱 한정적인 내러티브로 표현될 필요가 있다.[12] 창조를 말하려면 이스라엘과의 언약이 있어야 하고, 구속이 의미가 있으려면 예수의 십자가가 있어야 한다.[13] 창조도 언약도 인간의 경험 자체를 직접적으로 서술하거나 거기에서 의미를 얻는 일반개념이 아니다. 창조와 구속은 구속받은 공동체의 일원으로 우리를 부르신 은혜로운 하나님의 피조물이 되도록 우리를 훈련시키는 과정을 돕는 개념들이다.

자연-은총, 창조-구속을 신학적 숙고의 일차자료로 받아들일 때, 그것들을 내러티브와 분리하고 자체적 생명을 부여하면 그에 상응하는 왜곡이 도덕심리학에서 일어나는 것 같다. 이때 도덕의 내용—어떤 행동의 옳음이나 그름—은 신학이 아니라 자연에서 도출되고, 기독교적 확신은 기껏해야 '도덕'의 동기를 제공하는 데 그치게 된다. 조지프 푸크스Joseph Fuchs는 이렇게 말한다.

> 기독교적 도덕의 구체적이고 **결정적으로 기독교적인** 측면을 다양한 인간 활동 개개의 범주적 가치, 덕, 기준에서 우선적으로 찾아서는 안 된다. 그것은 그리스도 안에서 하나님의 사랑을 받아들이고 그에 반응하기로 하는 신자의 근본적이고 기독교적인 결정에 자리 잡고 있다. 그것은 신자가 믿고 사랑하는 자로서, 그리스도를 본받아 이 세상에서의 삶에 책임을 지는 사람으로서, 즉 믿음과 성례 가운데 그리스도와 함께 죽고 부활하여 새로운 피조물이 된 사람으로서 내리는 결정이다.[14]

푸크스는 이런 "기독교적 지향성志向性"을 "도덕의 가장 깊고 도전적인 요소"로 꼽으며 "그것은 개별 행위만이 아니라 전 인격에 영향을 끼친다"라고 말한다.[15] 이 지향성은 특정 범주의 행동에 "스며" 있지만 그 내용을 결정하지는 않는다. "이것은 그들이 실질적으로 말하는 진실성, 올곧음, 충실함이 특별히 기독교적인 가치가 아니라 일반적인 인간의 가치라는 의미이다. 그리고 우리가 거짓말과 간음을 삼가는 이유는 그리스도인이라서가 아니라 인간이기 때문이라는 뜻이다."[16] 따라서 우리의 구체적인 삶에 대한 "기독교적Christianum" 의미는 그 "동기부여 능력"에서 찾아야 한다.[17]

그러나 기독교적인 것을 동기부여 수준으로 축소하는 일은 우리의 도덕심리를 왜곡한다. 진실함 같은 덕이 행위자가 진실함을 어떻게 배워야 하는가 하는 질문과 별도로 '객관적으로' 규정될 수 있음을 전제하기 때문이다. 그렇게 되면 자아의 온전성, 도덕적 행위주체성에 필요한 성품이 상실된다. 앞장에서 본 대로, 도덕적 행위자가 될 수 있는 능력은 우리의 행위와 존재를 연결하는 성품을 갖추는 일에 의존하기 때문이다.

이와 마찬가지로, 기독교적 확신이 우리 삶의 '동기부여' 부분으로 밀려나면, 자아의 역사적 차원이 돌이킬 수 없이 상실된다. 우리는 우리 역사를 자신의 것으로 주장할 수 있는 만큼만 성품을 갖출 수 있는데, 우리 행위가 우리 역사와 분리되고 우리가 특정 행위들의 '원인'으로만 존재하게 되면 역사적 존재가 되는데 필요한 요소를 잃게 된다. 내러티브적 맥락과 분리된 신학적 추상개념들에 이끌리는 기독교 윤리학자들의 성향과 역사적 공동체들에서 벗어난 '자연법' 윤리를 전개하는 그들의 경향 사이에는 상관관계가 있을지도 모른다.

그러나 자연법을 '인간성'의 관점에서 재해석하려는 이런 시도를 내가 너무 가혹하게 대하는 것이라는 반론이 있을 수 있다. 그것이 올바른 방향으로 한 걸음 나간 일임은 분명하지 않은가? 그리스도인이 되는 것은 곧 온전한 인간이 되는 것이라는 주장이 무슨 문제가 될 수 있단 말인가? 하나님의 창조 역사와 구속 역사 사이, 자연과 은총 사이에 본질적 불연속성이 있다고 주장하는 이는 없다. 그리스도인이 된다는 것은 인간이 된다는 것의 의미를 부정하지 않고 오히려 강화해 주지 않는가.

물론 그 말은 옳다. 그러나 문제는 그것이 윤리적 숙고에 대해 갖는 방법론적 중요성이다. 그리스도인이 된다는 것은 가장 심오한 인간 욕망을 성취하는 일이 분명하다. 그러나 그 욕망만 가지고는 욕망의 성취가 무엇을 의미하는지 알 수 없다. 그리스도 안의 생명이 우리가 마땅히 되어야 할 모습에 훨씬 가까워지도록 만들어 줄 것임은 분명하지만, 그리스도의 제자가 되는 일의 의미를 결정하기 위해 인간의 삶에서 출발해야 한다는 것은 아니다. 그리스도께서 가르치시는 삶의 길은 모든 사람을 위한 윤리가 되어야 하지만, 그렇다고 우리가 인간의 삶을 보고 그 윤리에 무엇이 '객관적으로' 포함되는지 알 수 있다는 결론이 따라오는 것은 아니다.

게다가, 그런 견해는 우리가 그런 보편적 또는 객관적 윤리가 어떤 것인지 도덕적으로 안다고 낙관적으로 가정한다. 앞에서 봤다시피, 푸크스는 우리가 진실함, 올곧음, 충실함 같은 공통의 도덕적 직관과 가치를 실제로 보유한 존재라는 비범한 확신을 갖고 있다. 그러나 그는 '진실함'에 대한 이해가 사회마다 다른 이유를 그런 '가치'에 대한 구체적 분석으로 충분히 제시하지 않는다. 나는 인간 본성이 근본적으로 진실을 지향할 가능성을 부인할 이유가 없지만, 그 진실함을 다양한 내러티브적 맥락에서 분리해 내어 '보편적이고' '객관적인' 윤리의 토대로 삼는 것은 가능하다고 보지 않는다.

교회와 세상: 비판적 공동체의 윤리학

기독교 윤리학이 인간적 윤리학이라는 주장은 또 다른 미심쩍은 가정을 담고 있는데, 바로 교회와 세상의 관계에 대한 가정이다. 오코넬과 푸크스처럼 가톨릭 윤리학자인 리처드 맥코믹 Richard McCormick은 이렇게 말한다.

> 완전한 인간이신 예수 그리스도에 대한 사랑과 충성은 우리가 인간의 의미에 민감해지게 한다. 기독교 전통의 기반은 하나님이 인간과 맺으신 언약의 의미와 결정적 중요성에 대한 믿음이다. 이 언약은 특히 예수 그리스도의 구원하시는 성육신과 이제 막 펼쳐지려 하고 마침내 임하게 될 그분의 종말론적 나라에서 드러난다. 이 사건들에 대한 믿음, 이 중심인물에 대한 사랑과 충성은 세상을 바라보고 그 안에서 뜻을 세우고 세상의 의미를 해석하고 세상 속 여러 가치들에 위계를 부여할 결정적 방법을 깨닫게 한다. 이런 의미에서 기독교 전통은 인간의 가치를 조명하고, 인간을 지지하고, 인간이 역사 속 주어진 지점을 읽어 내도록 맥락을 제공한다.[18]

그러나 맥코믹은 그런 조명이 (설령 있다 해도) 윤리적인 것에 무엇을 더하는지 설명하지 않는다. 사실상 그는 기독교적 확신의 주된 과제가 인간의 가치를 '지지하는' 것이라고 가정한다. 그런데 이 가정은 그리스도인들이 세상에 급진적으로 반대할 일은 결코 없을 거라고, 즉 자신이 속한 문화의 주류 가치에 맞설 일은 없을 거라고 간주한다. 사실 기독교 윤리학의 '인간적' 성격을 강조하는 배후에는 그리스도인들과 그들이 속한 문화 사이에 근본적 불연속성이 있을지 모른다는 깊은 두려움이 놓여 있다. 그 결과, 자연법의 가정이 자신의 사회—특히 서구 민주주의 사회—가 하나님의 뜻에 본질적으로 부합한다고 보는 일부 그리스도인들의 전제를 뒷받침하는 이데올로기의 기능을 하는 것이 아닌지 우려스럽다.[19]

맥코믹은 이렇게 말한다. "만약 기독교 신앙이 도덕에 새로운 실질적인(구체적이고, 행동과 관련된) 내용을 추가한다면, 공공 정책은 겉보기보다 훨씬 더 복잡해진다. 가령, 그리스도인들이 낙태에 대해 다른 사람들이 그리스도인의 믿음을 갖지 않으면 알 수 없는 뭔가를 안다고 해 보자. 그렇게 되면 다원주의 사회에서는 공론의 장에서 논의하고 결정하는 데 문제가 생길 것이다."[20] 그러나 그는 왜 공론의 장이 '인간의' 가치로 형성된다고 가정하는 것일까? 그는 왜 그리스도인들이 '공론의 장'에 맞추어 거기에 기여할 수 있어야 한다고 가정하는 것일까? 만약 그리스도인들이 맥코믹과 같은 생각을 전제하고 로마 사회에 진입했다면 어떤 결과가 나왔을까? 그리스도인들이 기독교 공동체 특유의 정신 때문에 특정 사회의 정신과 심각한 불연속성을 갖게 될 가능성은 없을까?

그러므로 기독교 윤리학의 독특성 문제—내 방식으로 표현하자면, 한정어의 중요성을 고집하는 문제—에는 교회와 세상의 관계에 대한 문제들도 포함된다. 참으로, 기독교 윤리학의 과제를 어떻게 생각해야 하는지는 자연과 은총, 창조와 구속과 관계된 문제 못지않게 교회와 관련된 문제이다. 사실, 이 두 문제는 서로 긴밀히 이어져 있다. 세상과의 관계에서 교회를 어떻게 이해하느냐는 흔히 자연과 은총의 관계를 따지는 데서 따라 나오기 때문이다.

하지만 두 문제 중에서는 교회와 세상의 관계 문제가 더 기본적이다.[21] 그리스도인들은 그들의 공동체를 형성하는 독특한 내러티브 때문에 세상과 구별된다. 그들은 용서받은 자의 삶을 살 수 있는, 그야말로 성화된 평화의 사람들이 되어야 한다.[22] 성화는 그들이 비그리스도인보다 '더 낫다'라는 판단을 뒷받침하기 위한 것이 아니다. 그들은 세상이 하나님 나라를 맛보게 하라는 하나님의 부르심에 충실할 임무를 맡은 것이다. 이런 의미에서 볼 때 성화는 세상이 자기 능력으로 설명할 수 없는 섬김과 희생의 삶이다.

그러므로 교회의 독특함, 따라서 기독교 윤리학의 독특성을 내세우는 것은 기독교가 우월하거나 우세하다는 가정을 보증하려는 시도가 아니다. 그것은 그리스도인들이 복음의 급진성을 떠올리게 하려는 일이다. 복음은 이웃을 우리 자신처럼 사랑해야 한다는 호소로 요약할 수 있는 것은 아니지만, 하나님의 평화의 사람들이 되도록 가르침으로써 우리를 변화시키려 의도된 것이기 때문이다.

기독교 윤리학의 독특성을 강조한다고 해서 기독교 윤리학과 다른 형태의 도덕적 삶 사이에 존재하는 접촉점들을 부인하는 것은 아니다. 그런 접촉점들이 흔히 존재하는 것은 사실이다. 그러나 그것들은 인간 본성 자체에 근거한 '보편적' 윤리를 제시하기에 충분하지 않다. 그런 윤리를 확보하려는 시도들은 최소주의적 윤리를 낳을 수밖에 없고, 흔히 일종의 문화제국주의를 지지하는 윤리를 초래한다. 참으로, 그리스도인들이 우리의 특정한 도덕적 확신이 성경의 내러티브와 독립적으로 존재한다고 가정하고, 그 확신이 역사에서 자유로운 모종의 보편적 관점으로 정당화된다고 가정하면, 그 윤리를 공유하지 않는 사람들이 특별히 비뚤어져 있음이 분명하다고 보고 우리가 아는 보편적 근거에 따라 그들이 정말 원해야 마땅한 일을 하도록 강제해야 한다는 생각의 유혹을 받게 된다.

내가 말하려는 것은 '자연법' 윤리 주창자들이 선천적으로 더 폭력적이라는 것이 아니고, 폭력과 강제가 자연법의 관점에서 개념적으로 이해 가능하게 된다는 것이다. 자연법의 보편성을 추정하면 우리에게 동의하지 않는 사람들의 존재를 받아들이기가 더 어려워진다. 그런 차이는 원리적으로 존재해선 안 되는 것이기 때문이다. 가령, 오늘날 자연법은 종종 보편적 권리의 언어로 표현된다. 자유로울 권리, 예배할 권리, 의견을 말할 권리, 직업을 선택할 권리 등. 그런 언어는 적어도 원리적으로는 최고의 인간 이상을 구현하는 것처럼 보인다. 그러나 그런 권리를 부인하는 이는 도덕적으로 둔한 사람이기 때문에 자기 방식의 오류를 인식하도록 '강제할' 필요가 있다는 생각이 쉽게 찾아오게 만든다. 정말이지 우리는 '권리'의 언어가 선의 잠재력 못지않게 폭력을 정당화하는 강력한 잠재력도 자체 논리 안에 담고 있다는 사실을 너무나 쉽게 놓친다. 우리의 권리 언어는 제한되고 제한하는 보편적인 것의 명목으로 '상대적인 것을 절대화'하는데, 그 정도가 너무 심해 하나님에 대한 신실함 대신에 모종의 도덕적 이상을 추구하고 싶은 유혹을 느끼게 하는 지경에 이르렀다.

논점을 다시 한번 되풀이하면, 기독교 윤리학을 보편적 인간 윤리와 동일시하려는 최근의 시도들은 도덕적 삶에 대한 모든 설명이 내러티브 의존적이라는 사실을 인식하지 못한다. 우리는 매킨타이어가 말하는 다음 사실을 인식해야 한다. "행위 자체에 기본적으로 역사적인 성격이 있다. 다들 자기 삶에서 내러티브를 살아 내고 그 내러티브의 관점에서 자기 삶을 이해하기 때문에, 다른 사람의 행위를 이해하는 데 내러티브라는 형식이 적절하다. 허구의 경우를 제외하고, 이야기는 삶으로 겪은 바를 들려주는 것이다."[23] 또한 우리는 가능한 공통의 미래에 대한 모종의 관념에 비추어 삶을 살아간다는 것을 인식해야 한다. 그래서 나는 역사 없이 태어난 자아가 아니다. 내 삶의 이야기는 "언제나 내 정체성의 근원에 해당하는 공동체의 이야기에 편입되어 있다. 나는 과거를 안고 태어났다. 그 과거에서 나를 개인주의적인 방식으로 분리해 내려고 하면 나의 현재 관계들이 일그러진다. 역사적 정체성의 소유와 사회적 정체성의 소유는 서로 일치한다."[24]

기독교 윤리학에 담긴 비범한 주장에 따르면, 나사렛 예수가 시작한 삶의 길에 신실한 법을 배움으로써 우리는 하나님이 그분의 창조세계 전체에 의도하신 공통 역사의 일부가 되었다. 그러나 그런 종말론적 견해가 우리의 도덕에 내재한다는 것이 모든 사람이 하나님 나라 안에 '보편적으로' 포함되는 일이 완료

되었다고 생각할 수 있다는 뜻은 아니다. 그것은 우리 그리스도인들이 어떤 존재인지—역사의 한복판에서 우리의 윤리적 숙고를 시작해야 하는 역사적 존재임을—스스로 인식할 수단을 부여받았다는 의미이다.

우리가 도덕적 확신의 닻을 내릴 수 있는, 역사 바깥의 지점은 없다. 우리는 도중에 시작해야 한다. 즉 하나의 내러티브 안에서 시작해야 한다. 기독교가 제시하는 하나님과 창조세계의 관계에 관한 내러티브는 우리가 하나님의 피조물이라고 인식할 수단이 된다. 따라서 우리가 예수의 이야기 안에서 발견하는 하나님은 우리가 창조세계 안에서 발견하는 바로 그 하나님이고, 그분은 우리가 그분의 생명을 공유하기 원하신다. 우리에게는 구원하시는 하나님이 있고, 우리는 하나님이 이스라엘과 예수의 사역 안에서 창조하신 역사를 통해 하나님 나라의 일에 참여하도록 초청을 받음으로써 구원을 얻는다. 그 역사는 우리가 모든 창조세계를 향한 하나님의 뜻이라 주장하는 모험 안에 우리를 둠으로써 우리의 본성과 우리의 특정한 역사를 완성한다.

게다가, 이것은 기독교 윤리학의 방법론적 출발점이 없다는 것을 의미한다. 기독교 윤리학의 출발점이 하나님에 관한 교리인지, 인간에 관한 교리인지는 가짜 딜레마이다. 기독교 윤리학은 공동체 안에서 시작되고, 그 공동체는 나사렛 예수 안에서 그분을 통해 세워진 나라에 우리가 참여하기를 원하시는 하나님의 이야기를 담고 있기 때문이다. 기독교 윤리학이 신학적으로 어디에서 시작하건, 이 하나님 이야기의 중요성을 상기시키는 것 이외의 다른 시도를 한다면 우리는 길을 잃은 것이다. 신학에는 본질이 없다. 신학은 하나의 주장이 다른 주장을 어떻게 조명하는지 보여 줌으로써 상상력을 통해 하나님의 이야기들을 설명하려는 시도일 뿐이다.

그러면 창조와 구속, 자연과 은총의 관계를 가장 잘 이해할 수 있는 방법을 찾는 문제는 어떻게 되는 것일까? 나는 창조 및 자연과 본질적 연속성이 없는 구속과 은총을 강조하는 기독교 윤리를 옹호하려는 것인가? 결코 그렇지 않다! 하나님은 구원의 하나님이 아니셨던 적이 없다. 그분은 언제나 구속주 하나님이시고 언제나 창조주 하나님이셨다. 나는 하나님에 대한 지식의 내러티브적 성격을 강조함으로써, 하나님이 이스라엘 및 예수와 더불어 활동하신 이야기와 상관없이 그분을 창조주나 구속주라고 부르는 것이 무슨 의미가 있는지 우리가 모른다는 사실을 상기시키고 싶다. 창조와 구속, 자연과 은총이라는 용어는 이차적인 신학적 언어인데, 우리는 가끔 이것들을 이야기 자체와 혼동한다. 우리는 '창조'와 '구속'을 실상 그대로, 즉 우리가 하나님의 이야기를 올바로 말하고 듣는 데 도움이 되는 방식으로 받아들여야 한다.

게다가, 창조와 구속이 그 자체로—하나님의 이야기와 별도로—이해 가능하다고 생각하게 되면, 예수 그리스도의 삶과 죽음 안에서 우리가 발견하는 '구원'이 왜곡된다. 하나님이 '구원하신다'라는 것은 나의 개별적 지위에 대한 경건주의적 주장이 아니다. 구원은 내 삶에 대한 근본적으로 새롭고 설득력 있는 모종의 통찰이 아니다. 물론 그런 통찰이 구원에 포함될 수는 있을 것이다. 하지만 무엇보다, 이스라엘과 예수의 하나님이 우리에게 구원을 제안하실 때 우리는 하나님 나라 시민이 되어 하나님이 창조하시는 역사의 참여자가 되라는 초대를 받는 것이다.

이것은 자연이 역사의 일부가 될 때만 '구원받는다'라는 의미가 아니라, 자연과 역사 모두 추상개념이라는 점을 상기시킨다. 구속받는 대상은 자연과 역사의 여러 측면을 결합하는 개별 피조물이다.

논증의 요약

지금까지 나는 '자연법'을 기독교 윤리학의 출발점으로 삼는 입장은 '기독교 윤리학을 인간의 윤리학으로' 보는 최신 형태까지도 다음과 같은 여러 난점이 있다고 주장했다. (1) 이 입장은 왜곡된 도덕심리학을 만들어 낸다. 행위에 대한 서술이 행위자의 성향을 고려하지 않고 관찰자에 의해 결정되는 것처럼 보이기 때문이다. 이렇게 되면 관찰자의 입장에서 행위에 대한 판단에 집중하게 되는데, 이것은 '새로운 가톨릭 도덕신학자들'이 피하고 싶다고 말하는 결과이다. (2) 이 입장은 신학적 확신들이 어떻게 하나의 도덕을 이루는지, 즉 신학적 확신들이 세상을 서술할 뿐 아니라 자아와 공동체를 형성하게 되어 있다는 것을 제대로 설명하지 못한다. (3) 이 입장은 기독교 윤리학이 우리가 누구에게나 권해야 하고 권할 수 있는 윤리라는 주장과 우리가 사람의 모습을 보고 기독교 윤리의 내용을 알 수 있다는 주장을 혼동한다. (4) 이 입장은 보편적 도덕이란 실제로 존재하지 않고 우리는 많은 도덕이 있는 파편화된 세계에서 산다는 사실을 인식하지 못한다. (5) 자연법 윤리학은 교회와 세상 사이의 강한 연속성을 암시하는 듯 보이기 때문에, 우리 사회가 내놓는 여러 도전과 이 세상에 내재하는 폭력을 교회가 인식하고 상대하는 데 필요한 비판적 시각을 제시하지 못한다. (6) 이 입장은 자연-은총, 창조-구속이 아브라함, 이삭, 야곱, 예수의 하나님 이야기와의 관계하에서만 이해할 수 있는 이차적 신학 개념이라는 사실을 망각함으로써 기독교적 확신의 내러티브적 성격을 무시한다. (7) 이 입장은 우리와 동의하지 않는 사람들을 강압하고 싶은 유혹을 느끼게 한다. 이 입장의 가정을 받아들이면 우리가 어떤 논쟁에서든 항상 우위에 있다고 믿게 되기 때문이다.

이성과 계시

내가 자연법적 윤리에 반대하여 옹호하는 한정된 윤리에는 더 심각한 문제가 있다고 많은 사람이 주장할 것이다. 기독교 공동체 내의 계시를 강조하는 것은 반이성적으로 보인다는 것이다. 예를 들면, 리처드 맥코믹은 이렇게 말한다. "만약 기독교 신앙과 계시가 원리상 이성으로 알 수 있는 것에 실질적 내용을 추가한다면, 교회는 특정한 도덕적 입장과 결론을 관련 근거와 분석 없이도 가르칠 수 있다는 말이 될 것이다. 이것은 기독교 도덕을 법 제정과 복종의 문제로 보는 생각에 크게 힘을 보태게 될 것이다."[25] 교회 당국이 '자연법'을 그들의 권위주의적 입장을 뒷받침하는 용도로 사용했던 역사를 생각할 때 그의 주장은 한껏 양보해도 의심스럽다. 참으로, 나는 교회의 성윤리 일부를 지지하는 도덕적 추론의 부분적 난점이, 신학적 근거가 전혀 없는 '자연법적' 근거를 성윤리에 부여하려고 시도함으로써 교회의 성윤리가 권위주의적으로 부과해야 할 만큼 자의적이고 불합리하게 보이게 된 것이라고 말하고 싶다.

하지만 맥코믹이 제기하는 문제는 중요하다. 기독교 윤리학에서 권위는 어떤 것이며 어떤 위치에 있는가 하는 문제와 그 권위와 이성의 관계를 제대로 다루기 때문이다. 제러드 휴즈Gerard Hughes는 저서 《도덕에서의 권위*Authority in Morals*》에서 자연법적 관점으로 이 문제에 접근하는 방법을 세심하게 설명한다.

> 도덕신학에서 가장 분명한 최고법원은 기독교 도덕전통의 가르침이고, 이 가르침은 성경이나 그 이후에 나온 기독교 전통 문서들에 표현되어 있다. 이것과 조화를 이루는 입장이 특수한 기독교적 윤리가 존재한다는 견해인데, 특수한 기독교적 계시의 자료를 숙고하여 이 기독교 윤리를 설명하는 것이 도덕신학의 과제이다. 이 계시를 권위 있게 받아들이는 윤리학은 어떤 의미에서 이것을 궁극적인 것으로 여기는데, 이 말은 외부에서 오는 다른 비판을 수용하지 않는다는 것이다. 이런 견해에 반대하여 나는 여기에 두 기본 유형의 난점이 있음을 제시하고자 한다. 첫째, 신학적 난점이다. 나는 이런 접근법에 반드시 따라오는 하나님의 모습이 그리스도인들이 일관되게 받아들이지 않을 모습이라고 주장하는 바이다. 내가 볼 때, 이 모델은 하나님을 우리의 믿음이나 충성을 적법하게 요구할 수 없는 자의적인 존재로 제시하게 된다. 하지만 성경에 나오는 유대-기독교 전통의 가장 분명한 주제 하나는 하나님이 인간의 적법한 갈망에 대한 궁극적 답변으로 인간이 받아들일 수 있는 분이라는 것이다. 어떤 계시 이론이든 이것을 부인하면 결국 계시 자체가 신뢰성을 잃어버리는 결과를 낳는다. 특히,

> 하나님이 도덕적으로 받아들일 만한 분으로 여겨지지 않으면 우리에게 말씀하는 이가 참 하나님이라고 믿을 어떤 이유도 없을 것이다. 둘째, 나는 이 입장에 대한 보다 철학적인 반론을 제시해 보려 한다. 하나님이 역사 속에서, 그러므로 특정한 문화와 시공간에서 자신을 계시하신다는 것이 기독교 특유의 주장이다. 그 계시를 우리에게 전달하는 기독교 전통의 텍스트들 또한 특정한 발달기에 속한 특정한 인간 공동체의 자료이다. 그래서 이 텍스트들은 다른 모든 텍스트처럼 해석과 번역에 따른 온갖 철학적 문제들을 제기한다. 이것은 이 텍스트들의 의미를 텍스트 자체에서 자동으로 읽어 낼 수 없음을 의미한다. 이 텍스트들의 의미를 확립하려면 텍스트 자체가 제공하지 않는 다른 가정과 논증에 의지해야 한다.[26]

흥미롭게도, 휴즈는 '도덕'에 무엇이 포함되는지 자신이 안다는 주장을 자신만만하게 개진한다. 그의 말을 들어보자.

> 의지주의자는 독특하고 트집 잡힐 만한 주장을 한다. 인간은 창조된 존재이지만 인간 행위의 옳고 그름은 하나님 뜻의 **추가적** 작용에 달려 있다는 것이다. 그는 하나님이 지금 상태의 인간에게 양립할 수 없는 상이한 의무들을 부과하실 수도 있었다고 말한다. 이렇게 의지주의자는 인간의 본성과 하나님이 인간에게 부과하실 수 있는 도덕적 의무를 분리함으로써 인간의 도덕적 완성을 이해 불가한 일로 만든다. 그렇게 되면 도덕적 완성은 인간 발달의 다른 모든 측면과 더 이상 관계가 없어지기 때문이다. 이렇게 해서 그는 자신의 하나님을 자의적인

분으로 만들 위험을 초래한다. 대체로 기독교 전통은 이런 하나님 상이 우리에게 계시된 하나님의 성품과 모순되고 우리를 향한 그분의 도덕적 관심이 드러난 방식과도 모순된다고 보고 거부해 왔다.[27]

그런데 자의성에 반대하는 휴즈의 논증은 우리가 도덕의 본질과 내용을 하나님에 대한 지식보다 먼저 안다고 가정할 때만 타당하다. 따라서 휴즈가 계시에 호소하여 기독교 윤리학이 계시—"우리에게 계시된 것이자 우리를 향한 그분의 도덕적 관심이 드러난 방식"—에 근거한다는 사실을 부정하려 하는 것은 이상한 논리이다. 휴즈는 계시를 두 가지 다른 의미로 사용하고 있음이 분명하고, 이것은 그가 어떤 의미로 '계시'라는 말을 쓰고 있는지 구체적으로 알아야 할 필요가 있음을 보여 준다. 그는 계시의 한 가지 의미를 합리적으로 정당화될 수 없는 지식의 한 범주로 보는 것 같은데, 그것은 분명한 오류이다.

그것이 오류인 이유는 무엇보다 '계시'라는 단어가 모종의 지식이 갖는 인식론적 지위에 붙는 한정어가 아니라 특정한 지식의 내용을 가리키기 때문이다. 우리가 하나님에 관한 지식을 '계시'라고 부르는 것은 그 지식의 합리성이나 불합리성 때문이 아니라, 그것이 다루는 내용 때문이다. 하나님에 대한 우리의 지식이 합리적이라 여겨지는 것에 대한 특정한 설명들과 충돌할 수 있는 것은 사실이지만, 그것이 계시가 불합리하다는 의미는 아니다. 계시는 하나님과 그분의 구원 의도의 특징이 담긴 지식을 묘사하는 적절한 표현이다. 하지만 그 특징이 반드시 신비로운 방식으로만 전해지는 것은 아니다. 물론 계시에 대한 지식이 신비에 대한 지식일 수는 있다. 지식이 '계시되었다'라는 말은 그것이 하나님에 관한 것임을 드러내고, 그런 면에서 그 지식은 하나님에 대해 말하려는 시도조차 하지 않는 우리의 수많은 지식과 크게 대조된다.

계시는 명제들과 관련이 없고 오히려 하나님의 자기 노출이라고 말하는 것이 유행이 되었고, 많은 이들이 '계시적 사건들' 곧 '출애굽 사건'이나 '부활 사건'에 대해 말한다. 종종 그들은 계시가 벌어진 일에 관한 주장이 아니라 그 의미에 관한 주장이라고 말하고 싶어 한다. 그러나 나는 여기에 반기를 들어, 계시는 명제적 주장들을 포함하고 그 어느 주장도 단독적으로 존재할 수 없으며 일관된 내러티브를 형성할 때만 이해할 수 있다고 주장한다.

이런 시각에서 나는 하나님에 대한 자연적 지식과 계시를 나누는 전통적 구분에 오해의 소지가 있다고 본다. 하나님에 대한 모든 지식은 자연적인 동시에 계시적이다. 그러나 모든 지식이 그렇듯 하나님에 대한 지식도 유비의 유효성에 의존한다. 그런데 유비의 이해 가능성은 여러 패러다임에서 나오고, 패러다임은 내러티브를 활용하여 합리적 표현 방식을 구축한다.[28] 하나님이 우리를 어떻게 대하시는지 말해 주는 내러티브는 하나님에 대한 우리의 지식이 세상이 지금처럼 유한한 이유를 이해하는 데 도움이 되는지 시험해 보도록 우리를 격려하고 그 과정을 이끈다.

그러나 하나님에 대한 우리의 지식은 도덕적이기도 하다. 가령, 하나님의 완전하심에 대한 우리의 고백은 그분이 완전히 고결한 존재라는 고백이다. 간단히 말해, 하나님의 의도에는 숨겨진 이면이 없다. 하나님은 다른 누구, 또는 다른 어떤 것과 달리 본질에 충실하게 행하신다. 그러므로 하나님의 선함은 우리의 선함과 같지 않다. 완벽한 신실함이 하나님의 본성이기 때문이다. 이런 의미에서 하나님이 도덕적이시라는 것은 우리가 하나님과 같아질 때 우리 자신에 가장 충실할 수 있다는 확신의 토대가 된다. 그러므로 기독교 도덕은 우리에게 하나님의 충실한 모방자가 되라고 요구할 수밖에 없다.

이것은 사실 친숙하고 성경적인 개념이다. 예를 들면, 레위기 19장 1-4절을 생각해 보라.

> 여호와께서 모세에게 말씀하여 이르시되 너는 이스라엘 자손의 온 회중에게 말하여 이르라. 너희는 거룩하라. 이는 나 여호와 너희 하나님이 거룩함이니라. 너희 각 사람은 부모를 경외하고 나의 안식일을 지키라. 나는 너희의 하나님 여호와이니라. 너희는 헛된 것들에게로 향하지 말며 너희를 위하여 신상들을 부어 만들지 말라. 나는 너희의 하나님 여호와이니라.

레위기 19장 11-12절도 생각해 보라.

> 너희는 도둑질하지 말며 속이지 말며 서로 거짓말하지 말며 너희는 내 이름으로 거짓 맹세함으로 네 하나님의 이름을 욕되게 하지 말라. 나는 여호와이니라.

성경의 계명들은 우리에게 자의적인 명령을 내리지 않는다. 그 계명들은 하나님의 거룩하심을 본받아, 우리를 향한 하나님의 신실하심을 통해 배운 대로 거룩하라고 요구한다. 그러므로 우리는 하나님이 하시듯 우리 모습에 충실하고 우리의 일(가난한 이들을 위해 밭의 일부를 수확하지 않고 남겨두는 것 같은 일)을 하도록 부름받았다고 볼 수 있다. 왜냐하면 하나님이 그런 분이기 때문이다. 그런 도덕은 '기초'를 요구하지 않는다. 그것이 하나님의 본성을 반영한다는 사실을 아는 것으로 충분하다.

이 구절들에 나오는 '거룩함'의 의미가 다소 추상적이라는 반론이 가능할 것이다. 그러나 그런 비판은 하나님의 거룩하심이 성경 안에서 내러티브로 드러났다는 사실을 무시해야만 타당성이 있다. 그분은 우리를 애굽 땅에서 끌어내신 하나님, 우리에게 사사, 선지자, 제사장들을 주신 하나님이시다. 그리스도인으로서 우리는 예수 그리스도의 생애와 죽음을 통해 하나님이 누구신지 가장 분명히 배운다고 주장한다. 예수를 '본받는' 법을 배움으로써 우리는 실제로 하나님의 생명의 일부가 되고 그 안에서 진정한 본향을 발견한다. 우리는 하나님 나라의 시민이 되어 거룩해지고, 그로 인해 하나님의 본성이신 가차 없는 사랑을 드러내게 된다.

우리에게 '기초'가 있다면 그것은 그리스도의 이야기이다. "아무도 이미 놓은 기초이신 예수 그리스도 밖에 또 다른 기초를 놓을 수 없습니다"(고전 3:11, 새번역). 여기서 바울은 모종의 개인주의적 완전함이 아니라 공동체—한 무리의 사람들—의 건설을 말한다. 그러나 서로를 향한 그들의 헌신이 그리스도에 대한 헌신 위에 세워질 때만 그 공동체가 살아남을 수 있다.

이 기초는 초합리적이지 않다. 참으로, 이것은 실재에 대한 주장, 즉 우리 존재가 하나님이 주시고 하나님이 형성해 주신 것이라는 주장이다. 이 주장은 모든 주장이 그렇듯, 자기의 세상을 이해하고자 하는 공동체 안에서 제대로 해석된다. 적어도 인간 공동체 안의 지혜는 우리 삶이 내러티브에 의존한다는 인정, 우리가 무엇을 초래하게 될지 모를 여행에 나선 순례자라는 인정에서 시작된다. 그리스도인들이 예수라는 한 사람의 생애를 증언하고 그가 우리 삶의 박동이고 우리 존재의 의미와 형상이라는 사실은 이 내러티브 의존성에 비추어 볼 때 이해할 수 있게(그러므로 합리적이게) 된다.

우리는 하나님 이야기 안에서 우리 이야기를 찾아내는 법을 배울 때 우리 삶을 연속된 사건들 이상의 것으로 볼 수 있게 해주는, 실재에 대한 진실한 설명이 주어진다고 확신한다. 이것은 우리 삶에 특별한 목표나 의미가 있다기보다는, 우리가 그리스도를 통해 배우는 하나님 이야기는 삶에 분명한 목표가 존재하지 않을 때조차도 계속 앞으로 나아가게 한다는 뜻이다. 우리는 행복이나 즐거움 자체를 추구하지 않는다. 그런 것들은 파악하기가 어렵기 때문이다. 대신 우리는 신실한 내러티브 안에서 우리 삶을 붙들어 줄 수 있는 진행 중이고 가치 있는 과제를 발견하면서 행복과 즐거움을 배워 간다.

우리는 자신을 피조물로, 예수의 하나님 나라 선포로 가능해진 구속을 받을 수 있는 존재로 이해함으로써, 하나님의 이야기 안에 자신을 놓을 수 있다. 피조물인 우리는 하나님이 들려주시는 이야기로 자신의 삶을 이해하는 법을 배운다.

> 그 이야기는 태곳적에 이루어진 창조의 말씀으로 시작하여 정해진 결말에 이른 어느 날 끝난다. 그 드라마의 신적 작가만이

> 개별 피조물에 맡겨진 역할의 궁극적 중요성을 정확히 명시할 수 있다. 오직 그만이 다양한 역할들이 마침내 일관된 전체를 이루어 내는 과정을 볼 수 있을 것이다. 자신의 역할을 감당하는 피조물은 그 이야기가 마지막 장에 이르렀는지 아니면 이제 막 시작한 것인지 전혀 모를 수도 있다. 간단히 말해, 그 피조물은 이야기 전체나 자신의 행위에 따르는 모든 결과에 책임이 없다. 그에겐 자신에게 허락된 역할을 잘 감당할 책임만 있다. 우리 자신을 피조물로 이해한다는 것은 이야기 바깥으로 걸어 나가 등장인물인 자신을 작가로 보려 해서는 안 된다고 믿는 것이다. 우리는 대단원을 조율하려 해서는 안 된다. 그저 책임을 다하면 된다.[29]

간단히 말해, 우리 그리스도인들은 '도덕적'이 되도록 부름 받은 것이 아니라, 참된 이야기에 신실하도록 부름을 받았다. 그 이야기는 우리가 우리의 신실한 섬김 이상을 원하시지 않는 하나님의 주권 아래 있는 피조물이라고 말한다. 그런 섬김을 통해 우리는 '도덕적'이 되는 것이 아니라 하나님과 비슷하게 거룩해지는 듯하다.

따라서 계시와 이성 사이에서 하나를 선택해야만 하나님에 대한 우리의 지식과 우리를 향한 그분의 도덕적 뜻이 가진 특징을 제대로 규정할 수 있다고 주장하는 이들은, 우리가 보는 성경의 내러티브 작동 방식에 이질적인 추상적 관념을 부과하고 있는 것이다. 하나님이 이스라엘을 부르시고 그리스도를 통해 구속하시는 계속되는 이야기 안에 계시를 놓을 때 계시의 합리성이 드러난다. 하나님을 창조주로 인정함은 '그분에 대한 자연적 지식'—그런 지식이 존재할 수 있음을 부정하지는 않는다—을 확립하기 위한 기초가 아니다. '창조주이신 하나님'은 우리가 그분의 세계에서 참여자이자 행위자로 지어진 존재임을 상기시킨다. 우리가 그런 행위자일 수 있는 것은 역사 속에서 규정될 수 있는 본성을 가졌기 때문이다.

휴즈로 돌아가 보면, 이성과 계시의 이분법은 '특수하게 종교적인 도덕'의 주장들을 자의적인 입장으로 몰아가는 데 쓰일 때 특히 왜곡을 초래한다. 그는 특수하게 종교적인 도덕이 우리가 아무 이유 없이 자의적으로 명령을 내리는 신을 예배하고 섬김을 의미한다고 생각한다. 하지만 앞에서 봤다시피, 그것은 우리가 성경에서 발견하는, 거룩을 명하시는 하나님의 모습이 아니다. 분명히 하나님은 여러 '명령'을 내리시지만, 그분의 명령들은 세상에서 하나님 나라를 증언할 수 있는 백성을 창조하시려는 그분의 목적 안에서 이치에 맞다.[30]

그런 신은 휴즈가 말하는 것처럼 "인간이 적법한 갈망들에 대한 궁극적 답으로 받아들일 수 있는 존재"도 아니다. 하나님의 길은 우리의 길과 다르다. 하나님은 우리의 갈망과 욕망을 훈련하기 위해 명령을 내리신다. 우리는 우리가 올바르게 욕망해야 하는 것이 무엇인지 모르기 때문이다. 하나님은 올바르게 욕망하도록 우리를 훈련하고자 하나님 나라 참여자와 시민으로 부르시고, 우리는 그 나라를 통해 피조물이 되는 법, 하나님의 주권에 합당한 성품을 갖추는 법, 구원받는 법을 배운다.

기독교 윤리학의 과제는 우리가 하나님 나라의 함의를 이해하도록 창의적으로 돕는 것이다. 내가 다른 지면에서 밝힌 대로, 기독교 윤리학은 세계가 예수 그리스도의 사역으로 구속받았다는 중요한 확신에 따라 그리스도인의 삶을 조직하기에 가장 적절한 이미지들을 분석하고 창의적으로 시험하는 학문적 활동이다.[31] 기독교 윤리학의 방법론 자체는 원칙적으로 다른 윤리학과 다르지 않다. 도덕적 삶에 대한 모든 설명은 덕과 원리, 그리고 그 각각에 대한 내러티브적 표현에 어느 정도 호소해야 하기 때문에 그런 것 같다. 기독교 윤리학을 기독교적이게 만드는 핵심은 방법론이 아니라 확신의 내용에 있다.

우리의 확신들, 특히 성경에서 발견하는 확신들에 해석이 필요하다는 휴즈의 말은 옳다. 그러나 성경 텍스트에 해석이 필요한 것은 그의 주장처럼 우리가 성경 텍스트의 문화적 한계를 특별히 인식하게 되었기 때문이 아니라, 성경 텍스트가 스스로를 해석하는 것처럼 가장하지 않기 때문이다. 성경은 우리를 해석 활동 속으로 밀어 넣는다. 성경의 많은 구절이 성경 자체에 대한 해석이기 때문이다. 가령, 신약성경은 여러 면에서 히브리 성경*에 대한 주석midrash이다. 그 주석을 통해 우리 그리스도인들은 나사렛 예수 안에서 하나님이 우리와 함께하심에 비추어 그 백성의 일원이 되는 일의 의미를 더 잘 이해하려 애쓴다.[32]

그러나 신약성경은 스스로를 해석하지 않는다. 어쨌든 우리에게는 사복음서가 있고, 각 복음서마다 별도의 강조점이 있다. 복음서 간의 이 차이점이 반드시 양립 불가한 것은 아니지만 그 상호 관계가 분명하지도 않다. 우리는 그 텍스트들을 해석해야만 한다. 그러기 위해서는 주의 깊은 역사적 조사뿐 아니라 그 텍스트들의 주장에 알맞은 방식으로 도덕적으로 빚어질 의향을

* 구약성경.

갖는 일이 필요하다. 그리고 후자가 더 중요하다. 참으로, 성경의 다양성은 우리가 이런 상이한 텍스트들이 우리 사이에서 권위 있게 읽히게 만드는 공동체, 그런 교회가 되라고 요구한다. 그러므로 성경의 다양성은 그리스도인의 삶의 핵심에 놓여 있다고 말할 수 있다.

우리 그리스도인들은 우리가 '한 책의 사람들'이라는 사실을 알고, 우리가 기억을 통해 살아가는 공동체임을 인식해야 한다. 우리는 그 책의 텍스트와 분리된 철학적 진리를 추구하지 않는다. 우리가 한 책의 사람들인 이유는 "태양과 별들을 움직이는 사랑"을 이스라엘 민족과 특정한 한 사람인 예수의 생애 안에서 알게 된다고 믿기 때문이다. 그 '진리'는 본질적으로 우발적이며, 기억에 의해서만 한 세대에서 다음 세대로 전해질 수 있다. 우리는 그 기억을 전달하는 과정에서 그 기억에 담긴 새로운 의미를 거듭 찾아 나설 수밖에 없게 되고, 그 와중에 성경에 비추어 우리 기억을 시험한다.

그래서 기억은 도덕적 훈련이다. 우리는 자신의 실패와 죄를 기억할 줄 아는 사람이 되어야만 우리가 간직하도록 맡겨진 이야기를 올바르게 들려줄 수 있다. 제대로 이야기하려면 우리 죄를 드러내야 하기 때문이다. 성경의 권위를 인정한다는 것은 우리 죄를 인정하고 용서를 받아들이는 법을 배우는 일이기도 하다. 용서를 경험해야만 우리는 그 이야기가 우리 삶을 어떻게 형성했는지 증언할 수 있다.

그러므로 그리스도인들이 성경의 권위를 주장하거나 성경에 권위를 부여하는 이유는 성경이 우리를 신실한 백성으로 훈련하는 이야기들의 대체 불가한 출처이기 때문이다. 기억하기 위해 우리에게 필요한 것은 역사적-비평적 기술만이 아니라 그 기억이 삶을 형성한 사람들의 본이다. 성경의 권위는 우리의 본질을 가장 잘 대변한다고 우리 공동체가 지목한 성도들의 삶을 통해 전해진다. 좀 더 강하게 말하면, 결국 성경이 의미하는 바를 알기 위해서는 성경이 요구하는 바를 거의 체화하여 삶으로 보여 주는 이들을 바라봐야 한다.

휴즈는 이렇게 말할 수 있을 것 같다. "아! 그래도 보시다시피 자의성을 피하려면 성경과 분리된 이성적 기준이 여전히 필요하지 않나요? 누가 그런 성도들인지 어떻게 알겠어요?" 이 말은 어느 정도 일리가 있다. 우리는 왜 어떤 사람들이 다른 사람들보다 하나님 이야기의 더 나은 본이 되는지 말하려고 시도해야 한다. 하지만 이 일에 요구되는 '이성'은 '초신학적'이지 않다. 그것은 우리에게 주시는 하나님의 약속에 대한 기억으로 형성된 공동체에서 나온다. 따라서 그 '기준'은 하나의 원리라기보다는 성도들의 삶이 보여 주는 이야기라고 할 수 있다. 성도들의 삶을 통해 우리는 성경의 이미지들이 어떻게 최선의 균형을 이루는지, 그래서 우리가 세상을 하나님 나라의 평화로 이끄는 하나님의 중단 없는 목적이 계속해서 펼쳐지는 이야기를 들려주고 그 이야기 안에서 살아가게 되는지 이해하기 시작한다.[33]

5장

예수: 평화의 나라의 현존

예수의 윤리적 중요성

지금까지 내가 이 책에서 한 모든 일은 이번 장을 위한 준비 작업이었다. 기독교 윤리학의 한정된 성격, 내러티브의 중요성, 인간 행위주체성의 역사적 본질, 우리 죄악됨의 특성을 강조한 것은 예수의 생애, 죽음, 부활의 도덕적 의미를 이해하도록 도와줄 틀을 확립하려는 시도였다. 이런 준비가 필요했다는 사실이 이상해 보일 수도 있다. 기독교 윤리학이 기독교적일 수 있는 것은 예수의 압도적 중요성 때문이라고 추정하는 것이 자연스러울 테니 말이다. 그러나 그 중요성을 이해하는 방식이 다양해졌고, 그 방식 중에는 예수의 도덕적 중요성을 주장하면서 복음서에 등장하는 예수의 모습이 거의 드러나지 않는 경우가 많다.

참으로 기독교 윤리학은 예수보다는 '기독론'을 출발점으로 삼는 경향이 있었다. 기독교 윤리학자들은 예수의 타당성이 성육신에 대한 보다 실질적인 여러 주장에 근거한다고 본다. 기독교 윤리학은 하나님이 인간되심의 중요성에 관한 광범위한 신학적 주장들로 흔히 시작하지만, 하나님이 대표자로 삼으신 인간 예수의 생애는 무시하거나 선별적으로 사용한다. 어떤 이들은 예수의 죽음과 부활을 구원의 근원으로 너무나 크게 강조한 나머지 의의 교사이신 예수를 인정하는 모습은 거의 찾아볼 수 없다. 그런가 하면, 예수의 죽음과 부활조차도 참 신이자 참 사람이신 예수에 관한 주장에 비하면 부차적이라고 생각하기도 한다. 구원은 사람인 예수의 생명으로가 아니라 우리의 본성을 짊어지신 하나님에 의해 이루어지기 때문이다.

이렇듯 예수의 존재론적 중요성을 강조하는 것이 특히 복음서에 대한 근대의 역사비평에 비추어 볼 때 반드시 필요하다고 느끼는 이들이 많다. 복음서 저자들은 '객관적 역사'를 쓰려 한 것이 아니고 자신들 공동체의 필요와 관심사의 관점에서 예수의 이야기를 들려주었다는 것이 분명해졌기 때문이다. 우리로서는 '역사적 예수'를 알 도리가 없고 초대교회가 전해 준 예수만 알 따름인데, 초대교회는 저 나름의 속셈이 있었다. 그렇다면 복음서 이전의 '해석학적 원리'를 가지고 예수의 본성과 의미를 확립할 수밖에 없다.

하지만 복음서가 묘사하는 예수를 외면하려는 이런 전략에는 심각한 난점이 있다. 우주적이고 존재론적 그리스도를 강조하는 기독론은 예수의 생애를 소위 더 심오한 신학적 요점에 따라오는 것 정도로 만드는 경향이 있다. 특히 예수 메시지의 종말론적 측면을 경시한다. 하지만 최근 신학 연구의 매우 중요한 '발견'에 따르면, 예수 가르침의 일차적인 초점이 본인의 지위가 아니라 하나님 나라의 선포에 맞추어져 있다는 점에는 광범위한 합의가 이루어져 있다.[1] 예수는 자신에게 직접적으로 관심을 기울이지 않았고, 가르침, 치유, 기적을 통해 하나님 나라의 본질과 즉각성을 알리려 한 것으로 보인다.[2] 예수에 대한 이런 결론조차 우리가 방금 살펴본 것처럼 당연시할 수 **없는** 내용을 가지고 예단한 것으로 보인다는 반박이 가능할 것이다. 즉, 초대교회가 만들어 낸 예수와 실제 예수는 다르다는 것이다. 하지만 적어도 마가복음, 마태복음, 누가복음이 묘사한 예수는 사람들의 관심이 자신이 아닌 하나님 나라에 모아지게 하려 했다는 정도는 말할 수 있다. 초대 그리스도인들이 이미 현존한다고 느꼈던 나라, 그러나 여전히 다가오고 있다고 생각한 그 나라 말이다.

나의 의도는 우리가 '실제 예수'를 어느 정도나 알 수 있는지 결정하는 것이 아니다. 나는 성경에 나오는 예수가 초대교회의 예수라고 생각하는 정도로 충분히 만족한다. 더 중요하게는, 성경의 예수는 초대교회의 예수가 아닐 수 없고 아니어서도 안 된다고 주장하고 싶다. 예수가 추종자들에게 제시한 여러 요구를 생각하면, 제자들의 반응과 별개로 그분을 알 수는 없기 때문이다. 예수가 누구인지는 추종자들의 눈에 비친 모습으로 알 수밖에 없다는 역사적 사실, 실제 예수를 알 수 없다는 뜻 같아서 많은 이를 절망하게 만들었던 이 역사적 사실이 사실은 신학적으로 불가피한 일이다. '실제 예수'는 우리를 지금 모습 그대로 보존하기 위해서가 아니라 새 시대의 공동체에 걸맞은 구성원으로 변화시키러 왔기 때문이다.

초대 그리스도인들이 자기들의 삶에서 예수가 갖는 의미를 증언하기 시작했을 때 어김없이 그의 생애를 들려준 것은 놀랄 만한 사실이다. 그런데 그것이 너무 당연한 일로 보이다 보니 우리는 그 중요성을 거듭거듭 놓친다. 그들의 '기독론'은 예수의 존재론적 지위를 주장했지만, 그것이 최우선적인 내용은 아니었다. 그들의 기독론은 예수의 죽음과 부활에 큰 중요성을 부여했지만, 그 중요성을 평가하는 것이 전부가 아니었다. 그들의 '기독론'은, 그것을 기독론이라고 부를 수 있다면,[3] 그들이 예수의 생애, 죽음, 부활을 통해 가능해졌다고 생각한 하나님 나라를 묘사하는 데 예수의 이야기가 절대적으로 필요함을 보여 주었다. 그래서 예수가 자신에게 관심을 모으지 않았어도, 초대 그리스도인들은 그가 선포하러 온 것, 즉 현재와 미래의 실체인 하나님 나라를 파악하는 유일한 방법은 예수가 본인의 삶에서 본으로 보여 준 그 나라의 기준을 인식하는 것임을 제대로 깨달았다.

그러나 상황은 좀 더 복잡하다. 어떤 삶의 이야기라는 복음서의 형식은 그 삶을 보여 주기 위한 것만이 아니라, 그 삶과 관련하여 우리 삶을 보도록 훈련하려는 것이 목적이다. 우리에게 복음서를 전해 준 교회들은 예수를 따르는 자가 되는 법을 배우지 않고는 예수가 누구이며 그가 대변하는 것이 무엇인지 알 수 없다고 생각했다. 마가복음의 아이러니한 형식이 바로 여기서 기인한다. 마가복음은 도입부에서 이것이 "하나님의 아들, 기름부음받은 자 예수의 좋은 소식"이라고 선포하면서도, 제자들을 묘사할 때는 그 소식의 의미를 이해하는 일이 얼마나 어려운지 보여 준다. 예수의 생전에 그를 따르는 법을 배우지 못했다면 부활 이후에도 예수가 누구인지 알 수 없다. 예수의 생애와 십자가 처형은 그가 어떤 나라를 불러왔는지에 대한 잘못된 관념을 제거하는 데 필요하다. 그의 제자들과 적들도 이 과정을 거쳤다. 예수를 따라 예루살렘, 곧 그가 이 세상 권력자들의 지배를 받게 되는 곳으로 가는 법을 배움으로써만 우리는 그 나라가 무엇을 수반하는지, 예수가 어떤 메시아인지 알게 된다.

마가처럼, 내가 예수 삶의 윤리적 의미를 강조하고 그 생애의 내러티브적 초상에 주목할 필요성을 강조하는 것은 기독교 윤리학에서 흔히 제시하는 강조점과 다르다. 참으로 예수의 윤리적 의미라는 표현 방식 자체가 오해의 소지가 있다. 예수의 윤리적 의미를 제외한 채로는 그를 알거나 이해할 수 있는 것 같지 않기 때문이다. 예수 생애와 관련하여 우리 삶을 생각한다는 것은 기독교 윤리학의 기본 문제들에 이미 연루되었음을 의미한다. 예수는 귀신 들린 사람들을 치유함으로써, 제자들을 부르고 비유를 들려주고 율법을 가르치고 당대 당국자들에게 도전함으로써, 그리고 로마와 유대인 집권층에 의해 십자가에 못 박히고 무덤에서 다시 살아남으로써 하나님 나라를 시작하고 존재하게 하러 오신 분이다. 물론 예수가 하나님 나라의 창시자이자 현존이라고 주장하는 것은 그가 그리스도가 아니라거나, 성육하신 하나님이 아니라거나, 그의 죽음과 부활이 죄 용서와 관련이 없다는 뜻이 아니다. 이런 주장 하나하나는 이 세상에서 하나님 나라가 현존하는 데 결정적인 요인이라고 하나님이 친히 주장하신 예수라는 인물의 전 생애에 뒤따르는 결과이다.

참으로 교부들이 예수에 대해 말하면서 '성육신'을 설명할 때 사용하는 단어가 '경륜'인데, 이 단어는 하나님이 세계를 경영하시는 방식을 의미한다. 그래서 아타나시우스Athanasius에게 성육신은 하나님의 경륜, 즉 하나님의 말씀이 어떻게 인간의 몸을 취하고 죽고 다시 살아날 수 있게 되었는지 말하는 용어이다.[4]

이처럼 성육신은 예수의 탄생에 전적인 중요성을 부여하거나 예수의 인격이나 본성을 설명하는 교리가 아니다. 성육신은 예수의 전 생애가 어떻게 하나님 나라를 보여 주는지 알아보지 못하고서는 그의 중요성에 대한 하나님의 주장을 따져 볼 수 없음을 상기시키는 교리이다.[5]

그러므로 초대교회가 묘사한 예수의 생애를 내가 강조하는 것은 '저기독론low Christology'★이 아니다. 나는 복음서의 내러티브 형식에 주목함으로써 예수가 하나님의 기름부음받은 자라는 의미를 우리가 더욱 분명하게 이해할 수 있다고 본다. 예수를 따르는 자가 되는 법을 배움으로써 우리는 하나님의 생명 안에서, 그분의 나라를 구성하는 여정 안에서 우리 삶을 자리매김하게 된다. 나는 하나님 나라의 길을 따르는 일의 핵심에 하나님을 닮는 법을 배우는 일이 들어 있음을 보이려고 시도할 것이다. 우리는 예수의 가르침을 따르고 그의 제자가 되는 법을 배움으로써 하나님을 닮는 법을 배운다.

우리는 이런 말씀을 들었기 때문이다.

> 또 눈은 눈으로, 이는 이로 갚으라 하였다는 것을 너희가 들었으나 나는 너희에게 이르노니 악한 자를 대적하지 말라. 누구든지 네 오른편 뺨을 치거든 왼편도 돌려 대며 또 너를 고발하여 속옷을 가지고자 하는 자에게 겉옷까지도 가지게 하며 또

★ 예수가 교사나 선지자로 있다가 부활 후 하나님의 아들로 격상됐다는 입장. 이에 반해 예수가 하나님의 선재先在하는 아들로서 이 땅에 내려와 사역을 마치고 부활, 승천했다는 입장이 '고기독론High Christology'이다.

> 누구든지 너로 억지로 오 리를 가게 하거든 그 사람과 십 리를 동행하고 네게 구하는 자에게 주며 네게 꾸고자 하는 자에게 거절하지 말라.
>
> 또 네 이웃을 사랑하고 네 원수를 미워하라 하였다는 것을 너희가 들었으나 나는 너희에게 이르노니 너희 원수를 사랑하며 너희를 박해하는 자를 위하여 기도하라. 이같이 한즉 하늘에 계신 너희 아버지의 아들이 되리니 이는 하나님이 그 해를 악인과 선인에게 비추시며 비를 의로운 자와 불의한 자에게 내려 주심이라. 너희가 너희를 사랑하는 자를 사랑하면 무슨 상이 있으리요? 세리도 이같이 아니하느냐? 또 너희가 너희 형제에게만 문안하면 남보다 더하는 것이 무엇이냐? 이방인들도 이같이 아니하느냐? 그러므로 하늘에 계신 너희 아버지의 온전하심과 같이 너희도 온전하라(마 5:38-48).

우리는 하나님을 닮도록, 그분이 온전하신 것처럼 온전하도록 부름을 받았다. 그 온전함은 하나님이 그분의 나라의 선구자로 보내신 사람, 예수를 따르고 그를 닮는 법을 배움으로써 이루어진다. 그래서 기독교 윤리학은 원리, 법, 가치의 윤리학이 아니라 무엇보다 나사렛 예수라는 특정한 개인의 삶에 주목하기를 요구하는 윤리학이다. 우리는 이 일을 통해서만 온전함을 배울 수 있다. 그리고 여기서의 온전함은 다름 아닌 원수를 용서하는 것을 의미한다.

예수, 이스라엘, 그리고 하나님을 본받음

하지만 '본받음'이라는 주제는 많은 오해를 받는다. 특히 여기에는 그리스도인의 삶의 사회적 본질과 상반되는 개인주의적 전제가 담겨 있다. 예수의 행위를 외적인 방식으로 흉내 내려 해서는 하나님을 '본받는' 법을 배울 수 없다는 것이다. 덕스러운 사람들이 하는 일을 행하는 것만으로 덕스러워질 수는 없다. 덕스러운 사람들이 하는 일을 그들의 방식으로 행해야만 덕스러울 수 있다. 그러므로 덕스럽게 되는 법, 예수를 닮는 법은 다른 이들의 삶을 보고 배움으로써만 가능하다. 예수를 닮기 위해서는 그의 삶을 하나하나 모방하는 것이 아니라, 덕을 실천하는 공동체의 일원이 되어야 한다.

예수를 흉내 낼 수 없고 흉내 내서도 안 되는 더 심오한 이유가 있다. 우리는 하나님 나라를 시작하는 자 또는 하나님의 기름부음받은 자로 부름받지 않았다는 것이다. 우리는 예수가 **되라고** 부름받은 것이 아니라 그분을 **닮으라고** 부름받았다. 그 닮음은 아주 구체적인 성질을 갖고 있고 나는 이 부분을 보이려 노력할 것이다. 예수를 닮는 일에는 그의 십자가를 그의 전 생애의 요약으로 보는 것이 포함된다. 따라서 예수를 닮는 것은 곧 그의 여정에 합류하는 일이고, 그 여정을 통해 비폭력적 사랑이 가득한 하나님 나라의 시민권을 얻을 수 있는 백성이 되도록 훈련을 받는 일이다. 이 사랑은 세상의 권세를 이기되 강제와 무력을 통해서가 아니라 예수라는 한 사람의 죽음의 힘을 통해 이길 것이다.

그런데 본받음이라는 주제의 중심성을 적절히 전유하는 일의 출발점은 예수가 아니라 이스라엘이 되어야 한다. 예수는 이스라엘이 그때까지 알지 못했거나 밝혀내지 못한 율법 또는 하나님의 본성에 대한 새로운 통찰을 가져다준 것이 아니기 때문이다. 하나님이 온전하신 것처럼 온전하라는 명령은 새로운 것이 아니고, 원수를 사랑하라는 그 명령의 내용도 새롭지 않다. 그 명령의 구조와 내용 모두 이스라엘이 주님을 경험하면서 형성한 오랜 사고 습관에서 길어온 것이다. 복음서에 제시된 예수의 활동을 이해하려면 이스라엘이 오래전부터 알고 있던 사실을 전제해야 한다. 현 상황에 대한 의미 있는 모든 이야기에는 이야기의 틀이 되어 줄 하나님의 활동에 대한 설명이 있어야 한다는 사실을 말이다.

히브리 성경에 잘 드러난 대로, 이스라엘은 자신들의 역사 속 일련의 사건들이 하나님과 인류의 관계에 결정적이라고 확신했다. 하나님은 그 사건들 안에서 말씀하셨고, 이스라엘은 하나님과의 장래 관계를 이끌어 줄 지침을 얻고자 그 사건들을 끊임없이 회상했다. 이스라엘은 애굽에서 나오는 모세의 여정도 이런 식으로 이해했고, 출애굽, "시내산 율법 수여, 요단강 도하, 시온산의 성전을 하나님이 자기 백성 이스라엘을 창조하는 형성적 단계들로 여겼다.…하나님 백성의 삶은 역사의 이 결정적 형성기와 긴밀한 유기적 관계를 ('기억함'과 '묵상'을 통해) 반드시 유지해야 했다. 하나님이 그 안에서 삶의 본질적 모습을 분명하게 알려 주셨기 때문이다. 이 연속적 역사 속에서 하나님은 자신이 언제나 **먼저 행하신다**는 것을 보여 주셨다. 삶이라는 여정에서 하나님은 언제나 안내자와 본으로서 사람들보다 앞서 가신다. 또한 그분은 언제나 **먼저 배려하신다**는 것을 보여 주셨다. 하나님은 동반자와 교사로 이스라엘과 동행하셨고, 결국 그분이 길이라는 사실이 드러난다."[6]

그러므로 이스라엘의 과제, 참으로 이스라엘을 이스라엘로 만드는 일은 주님의 길로 행하는 것, 즉 선지자(토라), 왕(아들 됨), 제사장(지식)이라는 수단을 통해 하나님을 본받는 것이다.[7] 하나님의 길로 행한다는 것은 이스라엘이 계명에 순종하고(신 8:6), 여호와를 경외하고(신 10:12), 여호와를 사랑하여서(신 11:22) 그 길에서 완전해져야 한다(창 17:1)는 뜻이다. 그러나 순종의 길은 친밀함의 길이기도 하다. 이스라엘은 다름 아닌 하나님의 "장자"(출 4:22)이기 때문이다. 뿐만 아니라 이스라엘은 여호와가 의롭고 자비로우신 하나님이라는 지식을 갖고 있으니 그분처럼 정의롭고 자비롭게 행해야 한다(렘 22:16).

그러므로 이스라엘은 "여호와의 길"을 "기억하는" 만큼만 이스라엘이다. 그런 기억함을 통해 하나님을 본받기 때문이다. 그 기억함은 정신적 회고에 그치지 않았고, 기억된 이미지는 영혼을 형성하고 미래의 방향을 결정했다. "야웨의 역사를 기억하는 것과 그분을 추구하는 것, 즉 그분의 뜻에 따라 행동을 결정하는 것은 실제로 동일하다. 결과적으로, 홍해 이후의 '길'을 '기억하는' 것은 거기서 드러난 하나님과 이스라엘의 관계에 근거하여 지금 행동하는 것이요, 그렇게 함으로써 그 관계를 전유하고 그것이 더없이 실제적 관계임을 아는 것이다."[8] 그래서 이스라엘을 향한 선지자들의 촉구는 언제나 신을 본받는 사람*imitator Dei*의 소명으로 돌아가라는 호소로 채워졌다. 하나님은 "그분의 성품을 인간의 한계 안에서 최대한 반영할 것을 요구하신다.…선지자들이 냉혹함과 압제를 규탄하고 불행한 자들에 대한 자비를 촉구한 것은 곧 하나님이 자기 백성을 구출하신 사건을 통해 독특한 방식으로 표현된 그분의 성품을 반영하라는 촉구였다."[9] 그러므로 이스라엘에게 하나님을 사랑하는 것은 그분이 사랑하셨고 사랑하시는 방식으로 사랑하는 법을 배우는 것을 뜻했다.

> 여호와께서 오직 네 조상들을 기뻐하시고 그들을 사랑하사 그들의 후손인 너희를 만민 중에서 택하셨음이 오늘과 같으니라.…너희의 하나님 여호와는 신 가운데 신이시며 주 가운데 주시요 크고 능하시며 두려우신 하나님이시라. 사람을 외모로 보지 아니하시며 뇌물을 받지 아니하시고 고아와 과부를 위하여 정의를 행하시며 나그네를 사랑하여 그에게 떡과 옷을 주시나니 너희는 나그네를 사랑하라. 전에 너희도 애굽 땅에서 나그네 되었음이니라. 네 하나님 여호와를 경외하여 그를 섬기며 그에게 의지하고 그의 이름으로 맹세하라.…그런즉 네 하나님 여호와를 사랑하여 그가 주신 책무와 법도와 규례와 명령을 항상 지키라(신 10:15 이하).

이스라엘의 주요 직분인 왕, 제사장, 선지자 각각의 내용도 여호와를 따르는 법을 보여 줄 가시적 본보기의 필요성에서 나왔다.[10] 이스라엘에게는 여호와의 '길'로 '행해야' 할 그들의 소명을 삶과 사역으로 구현한 이들이 필요했다. 왕, 선지자, 제사장은 백성의 적합한 본이 되는 데 얼마나 헌신했느냐에 따라 판단을 받았다. 그 결과, 이스라엘에는 이 세 가지 기능이 한 인물 안에 합쳐지는 분명한 경향이 나타났다. 이를테면 모세가 그런 인물이었고, 이사야의 '종'의 노래에 나오는 여호와의 종이 그런 인물이었다. 이 종은 이사야 선지자처럼 하나님의 특별한 과제를 위해 예정되고 (사 49:1) 부름을 받았다. 또한 이 종은 여호와의 토라의 길로 행하는 왕으로도 임명받았다. 뿐만 아니라, 그는 제사장이자 희생제물이 되어 백성을 위해 자신을 내어준다. 그는 삶에서 이 직분들을 수행함으로써 자신이 받은 임무와 하나님의 생명을 이스라엘 앞에 드러낸다.

초대 그리스도인들은 바로 이런 배경에 비추어 예수의 삶, 죽음, 부활을 이해하고 믿었다. 그들은 하나님을 본받아 세상에 그분의 나라를 결정적 방식으로 그려 낼 이스라엘의 소명이 예수를 통해 이어지고 있음을 발견했다. 그들은 예수의 삶이 이스라엘의 삶의 재현이고 하나님의 생명을 세상에 제시했다고 여겼다. 예수를 본받고 그의 길을 따르는 법을 배움으로써 자신들이 하나님을 본받는 법을 배우고 있다고 믿었다. 하나님은 그들을 하나님 나라 상속자로 삼으려 하시는 분이었다.

예수의 생애가 하나님이 이스라엘을 대하시는 방식의 재현임을 가장 잘 보여 주는 것은 바로 광야 시험 내러티브일 것이다. 예수께서는 이스라엘처럼 광야에서 자신의 소명을 발견하시기 때문이다. 이 일은 예수께서 자신에게 주어진 하나님의 은사를 왜곡하라는 시험을 받으면서 이루어진다. 첫 번째 시험에서 우리는 예수께서 스스로를 이스라엘과 완전히 동일시하시는 것을 본다. 여기서 그분은 확실한 선택을 내릴 수 있기를 바라는 이스라엘의 지속적 욕망을 경험하신다. 그분은 모세처럼 되셔서 돌을 빵으로 바꾸실 것인가? 돌을 빵으로 바꾸고, 굶주린 이들과 가난한 사람들을 먹일 준비된 자원이 되는 것은 분명히 좋은 일일 것이다. 그러나 예수께서는 하나님이 이스라엘에게 주려 하시는 생명이 빵이 줄 수 있는 것 이상임을 아시기에 하나님이 그분의 백성을 다스리심을 증명할 이 수단을 거부하신다(눅 4:4).

마귀는 다시 예수를 시험한다. 이번에는 지배권으로, 위대한 다윗왕의 왕권보다 더 큰 권세로 시험한다. 이것은 열국에 평화를 가져올 수 있는 지배권이다. 한 사람의 강력한 왕은 자신의 뜻을 모든 이에게 강요할 수 있기 때문이다. 그러나 이번에도 예수께서는 이 지배권을 거부하신다. 하나님의 나라가 강압을 통해 평화를 가져오지는 않을 것이다. 평화는 사랑의 능력으로 세상을 통치하기로 선택하신 한 분 하나님을 경배함을 통해서만 찾아올 것인데, 세상이 볼 때 사랑의 능력은 약함에 불과하다. 그래서 예수께서는 이스라엘이 받았던 우상숭배의 시험을 결정적으로 거부하신다. 우상숭배는 사람들과 나라들 사이에서 필연적으로 폭력을 낳는다. 우리의 폭력은 경배하는 대상의 거짓됨과 관련이 있다. 경배의 대상이 거짓될수록 강압을 행사하여 그것을 보고하고 그에 대한 충성심을 유지해야 할 부담은 더욱더 크기 때문이다. 유일한 참되신 하나님만이 겸손과 사랑의 능력에 온전히 의거하여 다스리는 위험을 감수하실 수 있다.

끝으로, 예수께서는 제사장 중 제사장으로 행동하라는, 즉 하나님이 거절하실 수 없는 희생제물이 됨으로써 그분을 압박하라는 시험을 받으신다. 한마디로, 영웅으로 나서서 자기 목숨을 손에 쥐고 스스로 운명을 통제하여 자신의 희생으로 하나님 나라가 임하게 하라는 것이다. 그러나 그런 영웅적 역할은 다른 사람들의 뜻에 의해 십자가에서 죽은 사람과 극명한 대조를 이룬다. 그렇게 남들의 뜻대로 됨으로써 예수의 삶과 죽음을 통해 그의 뜻이 아니라 하나님의 뜻이 이루어지는 것을 마침내 보게 된다. 그러므로 부활은 예수의 생애에 더해진 비범한 사건이 아니라, 그에 앞선 예수의 삶 전체가 하나님 나라를 선포하고 나타나게 만드는 소명에 완전히 충실했다는 하나님의 확인이다. 부활이 없다면 우리가 예수에게 집중하는 것이 우상숭배가 되겠지만, 예수의 생애가 없다면 우리는 그를 죽은 자들 가운데서 살리신 분이 어떤 하나님인지 알 수 없을 것이다.

시험 내러티브는 초대교회가 왜 예수의 삶을 하나님이 이스라엘과 함께하시는 삶의 재현으로 이해했는지 보여 주는 특별히 압축된 사례이다. 그들은 예수의 세례, 예루살렘 입성, 성전 정화, 최후의 만찬, 십자가 처형, 부활이 모두 예수를 이스라엘의 왕-메시아로 의도적으로 제시한다고 보았다. 뿐만 아니라 예수께서 열두 제자를 부르심, 이스라엘 전역을 방랑할 필요성, 안식일에 기적을 행하심, 광야에서 사람들을 먹이심, 가난하고 소외된 자들에게 보이신 특별한 관심도 이스라엘의 삶 및 그들과 하나님의 관계를 재현한 동시에 혁신한 일로 이해했다.[11] 그렇다면 초대 그리스도인들이 예수의 '길'을 본받음으로써 하나님의 '길'을 본받고 있다고 생각한 것은 놀라운 일이 아니다. 하나님 나라의 내용과 그 시민권을 확보할 수단은 예수의 제자가 되는 과제를 감당함으로써 예수의 삶을 본받는 법을 배우는 데 있기 때문이다.

사람은 하나님의 길을 따름으로써 제자가 되는데, 그 길은 포기의 길이다. "누구든지 나를 따라오려거든 자기를 부인하고 자기 십자가를 지고 나를 따를 것이니라"(막 8:34). 그 포기는 실존적 자아를 포기하는 것일 뿐 아니라 가정생활과 가족애마저 내려놓는 것(마 10:37)이요, 어쩌면 그로 인해 목숨을 버려야 할지도 모른다(막 10:45).[12] 그런데 그것은 겸손의 삶이기도 하다.

이방인의 집권자들이 그들을 임의로 주관하고 그 고관들이 그들에게 권세를 부리는 줄을 너희가 알거니와 너희 중에는 그렇지 않을지니 너희 중에 누구든지 크고자 하는 자는 너희를 섬기는 자가 되고 너희 중에 누구든지 으뜸이 되고자 하는 자는 모든 사람의 종이 되어야 하리라. 인자가 온 것은 섬김을 받으려 함이 아니라 도리어 섬기려 하고 자기 목숨을 많은 사람의 대속물로 주려 함이니라(막 10:42-45).

우리는 이런 섬김의 길에서 우리가 사랑해야 하고 순종하도록 부름을 받은 하나님이 어떤 분인지 배우게 된다. 예수의 삶은 하나님이 우리를 섬기시듯 다른 사람들을 섬기는 하나님의 삶이기 때문이다.

예수의 첫 번째 충성 대상은 하나님이다. 그다음으로 그분은 이웃을 자기 자신처럼 사랑하신다. 그래서 두려움 때문에 다른 사람들 위에 군림하거나 다른 사람들이 자신을 섬기게 만들 필요가 없다. 예수의 섬김의 의지는 용기에서 비롯된 것이다. 섬김으로 인해 결국 목숨을 잃기 때문이다. 그래서 예수의 섬김 개념은 다른 사람들이 그에게 원하는 일을 하는 문제로 볼 수 없다. 물론 그 일이 예수께서 이해하시는 하나님의 뜻과 일치하는 경우에는 그 일을 하신다. 예수께서는 바디매오처럼 치료를 청하는 사람들을 고치시지만, 권력과 영광을 원하는 야고보와 요한의 요청은 들어주시지 않는다. 의지가 강하고 독립적인 그분은 분명한 사명감을 갖고 계시고, 전통이나 율법, 대중의 압력, 고발에 대한 두려움도 그의 언행을 막지 못

한다.[13]

이처럼 복음서에 내러티브적으로 그려진 예수의 전 생애는 하나님의 능력에 사로잡힌 사람에게만 가능한 능력의 삶이다. 그러나 그 능력은 진실하고 참되기 때문에 다른 사람들을 섬길 때 자기 뜻을 강요하지 않는다. 그분은 제자들을 '부르시고' 신실하라고 가르치시지만 그들의 반응을 통제하려 하시지 않는다. 현재 우리 삶을 사로잡고 있는 세력에서 우리가 벗어날 때 능력을 갖게 되는데, 이 일은 우리를 사로잡는 사물들과 소유를 거리낌 없이 포기할 때만 이루어진다는 것을 예수께서는 아신다. 그리고 그 포기는 의지의 발휘가 아니라 이타적인 능력의 길을 제의받음으로써 나타나게 된다. 그래서 예수께서는 제자들이 향후 어떻게 행동할지, 그들의 최종 운명이 무엇인지 모르는 상태에서 결국 죽음의 길로 가신다. 미래를 하나님께 맡기고 순종하며 죽으신다.

이런 방식으로 예수께서는 자신이 돕고자 하는 이들과 맞서야 하는 자들을 모두 섬기신다. 사람들의 믿음에 반응하여 치유하시되 자신의 권세를 내세우지 않으시고 그 사람의 믿음과 하나님의 능력을 치유의 근원으로 여기신다. 그분은 복음을 전하러 오셨기에 치유가 필요한 사람들을 찾아 나서지는 않으시지만, 그분께 오는 사람들을 기꺼이 치유하신다. 뿐만 아니라, 그분은 맞섬이라는 형태로 당국자들을 섬기신다. "예수께서는 정부 당국에 맞서 하나님 통치의 본질과 그들이 그 통치를 거스른 것이 얼마나 심각한 죄인지 지적하시지만, 그들에게 자신의 권위를 강요하시지는 않는다. 당국자들과 대립하신 후에는 그들이 각자의 반응을 선택하도록 내버려 두고 갈 길을 가신다. 그분은 검을 사용하거나 군중을 조종하여 자신의 권위를 받아들이게 하는 군사적 메시아가 아니다. 자신을 지키기 위한 싸움마저 거부하시고 대적의 조롱을 고스란히 감수하신다."[14]

예수의 생애에서 우리는 하나님이 이스라엘을 대하시는 방식과 그에 따라 이스라엘이 이해하게 된, 하나님의 사랑받는 자가 되는 일의 의미를 알아보지 않을 수 없다. 하나님은 그분의 뜻을 이스라엘에 강요하지 않으신다. 이스라엘을 거듭거듭 그분의 길로 오라고, 언약에 충실하라고 부르시지만 그들이 불순종할 가능성을 언제나 허락하신다. 따라서 그리스도인들은 하나님이 세상을 대하시는 방식의 절정을 십자가에서 본다. 예수께서는 전능하신 분이지만 그분의 주권을 받아들이지 않는 우리의 거절을 감수하실 만큼 십자가에서 결정적으로 취약해지신다. 그 십자가를 통해 하나님은 이스라엘과의 언약을 새롭게 하신다. 이제 그 언약은 '많은 이들'과 맺은 것이 되었다. 이 한 사람의 삶, 죽음, 부활을 통해 모두가 그분의 제자로 부름을 받는 것은 이 십자가에서 우리가 하나님의 수난을 보는 까닭이다. 그러므로 우리는 이 잔을 마시고 이 세례로 세례를 받으라(막 10:39)는 초대를 받고, 그 초대에 응하는 가운데 하나님의 생명에 참여하는 자가 된다고 믿는다. 한마디로, 우리는 하나님을 본받는 것이 무엇을 의미하는지 깨닫기 시작한다.

예수와 하나님 나라

그러나 이스라엘이 하나님을 본받는 것이나 그리스도인들이 예수를 본받는 것 자체가 목적이 아님을 기억해야 한다. 그렇게 본받으면 사람이 하나님 나라의 일원이 되는 위치에 놓이게 된다는 것이 중요하다. 앞에서 지적했다시피, 공관복음이 묘사하는 예수는 사람들의 관심을 자신에게로 유도하지 않으신다. 그분은 하나님 나라를 현재의 실재로 선포하러 오셨다. 당시 예수께서 자신의 삶이 하나님의 선택을 받아 하나님 나라가 모든 사람에게 현실이 되게 하는 수단으로 사용될 것을 어느 정도나 이해하셨는지, 우리는 알 도리가 없다. 예수께서 권세 있게 행동하신 것은 분명하지만(마 12:28), 중요한 것은 그분이 자신에 관해 무슨 생각을 하셨는지가 아니라, 그분이 자신의 소명에 순종하고 그래서 그때나 지금이나 하나님의 왕권이라는 실체의 상징이자 형상으로 존재하신다는 점이다.

예수의 하나님 나라 선포를 이해하기 위해서는 우리가 경험하는 이 세상이 무한정 존재할 거라는 생각을 먼저 벗어 버려야 한다.[15] 이스라엘처럼 세상을 종말론적으로 보는 법을 배워야 한다. 종말론적이라는 단어가 강력하고 위압적으로 느껴지지만, 사실 아주 간단한 단어이다. 세상을 종말론적으로 본다는 것은 세상을 어느 시점에서 시작되어 극적인 사건이 이어지고 결국 끝이 나는 이야기로 본다는 것이다. 그리고 "이야기에는 결말이 필요하다. 어떤 문제들이 해결되었고 종결이 이루어졌다고 느낄 수 있는 지점에 이르러야 한다. 이런 면에서 이야기는 현실과 다르다. 현실에서 끝이란 없다.…그러나 이야기꾼은 이런 현실을 받아들일 수 없다.…그에게는 종결, 즉 연속되는 사건들이 끝나고 평가를 내릴 수 있는 시점이 필요하다."[16] 우리는 바로 이런 배경에 비추어 예수의 하나님 나라 선언을 봐야 한다. 그분은 끝을 선포하러 오셨다. 그 끝은 아직 이루어지지 않았지만, 세상에서 이어지는 우리의 삶에 꼭 필요한 시각을 제공했다.

복음서에는 하나님 나라가 오고 있다거나, 그 나라가 현존한다거나, 그 나라가 아직 오지 않았다고 서로 다르게 말하는 본문들이 있고, 학자들은 이 사실을 오랫동안 지적해 왔다. 그리고 이런 진술들이 어떻게 조화를 이룰 수 있을지를 놓고 여러 이론을 제안했다. 어떤 이들은 이런저런 시제로 된 말의 경우 예수 본인의 말이 아니라고 말한다. 그들은 예수께서 좀 더 즉각적인 묵시록적 기대를 품으셨거나, 하나님 나라가 미래에 온다고 여기셨다고 본다. 하지만 나는 이 문제 자체가 문제를 제기한 관점에서는 해결 불가라는 A. E. 하비Harvey의 입장에 동의한다.[17] 우리는 예수의 견해와 초대교회의 견해를 알 도리가 없을 뿐 아니라, 예수께서 엄격하게 일관된 견해를 갖고 계셨을 거라고 생각할 근거도 없기 때문이다. 그리고 우리는 '언제?'를 묻는 질문이 이 문제를 지배하도록 내버려 둠으로써 더 중요한 '무엇?'을 묻는 질문을 놓쳤다.

하나님 나라는 좋은 사회가 어떤 모습이어야 하는지에 관한 우리의 생각을 담을 수 있는 모종의 암호문이 아니다. 그것은 하나님의 영원한 주권을 재차 강조하는 수단에 불과하지도 않다. 물론 하나님 나라의 선포가 수반하는 것의 일부이긴 하지만 말이다. 오고 있는 하나님 나라, 그 현존, 도래할 그 나라의 미래에 대한 선포는 하나님이 통치하시는 방식 및 예수의 삶, 죽음, 부활을 통한 그 통치의 확립에 대한 주장이다. 그래서 복음서가 그리는 예수는 이전에는 불가능한 윤리적 이상이라 생각되었던 것의 달성 가능성을 제시하시는 데서 그치지 않는다. 그분은 하나님이 지금 이곳에 가능하게 만든 삶의 방식을 실제로 선포하시고 구현하신다.

예수께서는 우리의 관심을 하나님 나라로 향하게 하시지만, 처음에 그분을 따른 사람들은 그 나라가 무엇을 수반하는지 알려면 그분의 삶과 죽음, 부활에 주목해야 함을 제대로 인식했다. 그분의 생애는 하나님이 어떻게 주권자가 되시는지 우리에게 계시하기 때문이다. 그러므로 세상을 종말론적으로 보는 법을 배우려면 세상이 하나님 나라의 일부로서 갖는 지위에 예수의 삶이 결정적으로 중요함을 알아보는 법을 먼저 배워야 한다.

여호와와 함께하는 여정이 이스라엘에게 무엇을 의미했는지 이해하지 않고는 예수를 따르는 법을 배우는 일의 의미를 알 수 없듯이, 이스라엘에서 하나님 나라가 어떤 역할을 했는지 이해하지 않고는 하나님 나라를 알 수 없다. 예수께서 선포하신 하나님 나라의 이상은 새로운 개념이 아니고 예수께서 뭔가 놀랄 만한 새로운 의미를 부여하신 것 같지도 않다. 예수께서 선포하신 것은 무엇보다 하나님 나라의 **현존**이다. 그분의 생애는 폭력적 세계에서 평화롭게 살 수 있는 변화된 사람들을 창조하시는 하나님의 강력한 능력을 드러내기 때문이다.

앞에서 살펴본 대로, 하나님의 선택된 민족 이스라엘은 세상을 종말론적으로 보도록 훈련받았다. 그 일을 위해 이스라엘은 하나님의 백성이 될 운명을 허락하신 분이 누구인지 알아야 했다. 즉, 그들은 자신들의 진정한 왕이 바로 아브라함, 이삭, 야

곱의 여호와임을 알고 있었다. 바로 그 여호와가 이스라엘과 언약을 세우셨고 그들에게 율법을 주셨고 땅을 주셨고 그들이 땅을 차지하도록 싸우셨다. 바로 그 여호와가 왕을 임명하셨고 선지자들을 보내셨고 예배와 성결의 수단을 제공하셨다. 따라서 이스라엘을 이스라엘이 되게 한 것은 우주의 참된 주인을 향한 그들의 꾸준한 헌신이었다.

하지만 이스라엘에는 하나님의 주권을 인정하는 것이 무엇을 수반하는지를 놓고 견해차가 있었다. 예수 당시에도 그 차이들에 대한 논쟁과 실천이 여전히 이루어지고 있었다. 어떤 이들에게 하나님을 왕으로 경배한다는 것은 어떤 인간, 심지어 카이사르조차도 주主라 부를 수 없음을 의미했다. 따라서 그들은 야웨의 주권이라는 미명하에 그런 충성에는 폭력적 수단을 써서라도 이스라엘을 압제자들로부터 해방하려 노력할 의무가 따른다고 생각했다. 갈릴리 사람 유다는 로마의 지배에 굴복하는 것은 주님을 부인하는 것과 같다고 여기고 로마와 로마의 인구조사에 맞서 반란을 일으켰다. 성전聖戰 전통을 따라, 그는 하나님이 전투의 하나님이시고 자기 백성이 적들을 타도하고 무찌르는 일을 도우실 거라고 믿었다.[18]

하나님의 주권에 대한 또 하나의 대안적 이해는 경건에 의거한 것이었다. 이 견해를 가진 이들은 하나님을 왕으로 인정한다면 현재 국가권력을 쥐고 있는 자들을 폭력으로 타도할 게 아니라 하나님의 뜻이 다스리는 삶의 영역을 율법을 통해 만들어야 한다고 보았다.

하나님의 유일한 왕권을 인정하는 것은 군사 반란이 아니라

> 자신의 온 삶을 토라의 규정, 특히 그 의식儀式 규례에 굴복하는 것을 의미한다. 그것은 하나님의 통치 영역 바깥에 있는 모든 것, 즉 "멍에를 지지" 않는 모든 자와의 관계를 끊는 것을 뜻한다.…하나님 나라의 멍에를 지는 일은 매일 정해진 기도문을 읊고 복잡한 의식 규정들을 따르는 등의 필수 사항 준수와 관련이 있다. 기도문에서 왕으로 불리는 하나님은 거룩과 정결의 하나님, 불경건하고 부정하고 오염된 것의 존재를 참지 않으시는 분이라고 합리적으로 추정할 수 있다.[19]

이스라엘에는 예수의 생애 동안에도, 그 이전에도 이 두 견해의 다양한 변이형이 있었다. 어떤 이들은 두 견해를 모두 거부하고 보다 묵시적인 방향으로 나아갔다. "시간이 얼마 남지 않았고 심판이 율법에 따라 엄격하게 이루어진다면, 세상의 오염에서 최대한 멀찍이 물러나 금욕과 연구, 규율로 자신을 준비하는 것이 적절한 행동 방침이었다."[20] 따라서 그런 분파들은 바리새인들의 점진주의와 혁명가들의 주도적 폭력 모두를 거부했다.

예수와 초대교회의 하나님 나라 이해는 이 두 견해와 유사한 점들이 있었던 것이 분명하고, 예수의 이해는 바리새인들이 대표하는 이해와 가장 유사했던 것으로 보인다.

> 그들처럼 예수께서는 종교가 모든 활동과 관련된 것으로 보일 만한 생활방식을 제안하셨고 율법을 통해 계시된 하나님의 뜻에 근거하여 가르치셨다. 그리고 그들처럼 자신의 가르침의 많은 부분을 직계 제자들에게만 국한하지 않고 훨씬 넓은 범위의 대중에게 전하셨다. 하지만 이와 함께 차이점도 분명히

존재한다. 그분은 바리새인들에게 가장 중요했던 세 가지 문제, 곧 꼼꼼한 율법 준수 규칙, 신중하게 선별된 무리와 어울림, 자신들이 속한 전통의 권위에 대한 관심에서 그들과 근본적으로 다른 입장을 취하셨다.[21]

가령, '부정한' 자들에 대한 예수의 개방성은 하나님의 주권에 대한 바리새인들의 이해에 도전한 여러 방식 중 하나이다. 예수의 그런 개방성에 따르면, 하나님 나라가 창조한 공동체는 외부자에게 등을 돌려 자신을 보호하면 안 된다. 그 공동체 안에는 하나님이 부정한 자들과도 함께하신다는 확신이 있어야 한다. 그 확신은 그 공동체 자체가 궁극적으로 낯선 존재이신 예수 그리스도의 임재에 의해 형성되었기 때문에 존재 가능하다.

초대교회가 어떻게 해서 하나님의 왕권과 능력이 강압으로 나타나지 않고 우리를 기꺼이 용서하시고 자비를 베푸시려는 하나님의 의향으로 나타난다고 이해하게 되었는지 우리는 예수의 삶과 가르침을 통해 알 수 있다. 하나님이 원하시는 것은 바로 사람들이 원수를 사랑하고 서로 용서하는 것이다. 그렇게 할 때 우리는 하나님이 온전하신 것처럼 온전해질 것이다. 예수께서는 하나님 나라의 요구 사항에 대한 군국주의적 개념과 의식주의적 개념 모두에 도전장을 내미셨다. 전자에 대해서는 공격을 받을 때도 폭력을 행사할 권리를 부정하셨고, 후자에 대해서는 '외부'와의 단절을 한결같이 거부하셨다.[22]

예수께서는 이런 일들을 가르치셨을 뿐만 아니라 삶으로도 행하셨다. 하나님 나라의 실재, 그 나라가 지금 여기에 현존한다는 선언이 그분의 삶으로 구현되었다. 그분 안에서 우리는 용서와 평화의 삶이 불가능한 이상이 아니라 실재하는 기회임을 깨닫는다. 따라서 예수의 삶은 하나님 나라의 의미, 내용, 가능성을 이해하는 데 필수적이다. 나사렛 예수의 생애와 사역을 통해 하나님 나라가 현실이 되었다는 확신이 있을 때, 우리는 하나님 나라의 실체, 곧 원수를 용서하고 원수와 평화롭게 살아갈 가능성을 선언하게 된다. 그분의 생애는 종말의 삶이고—이것이 하나님이 의도하신 세상의 모습이다—따라서 그분을 따르는 이들은 마지막 시대의 백성, 새 시대의 사람들이 된다.

하나님 나라의 본질과 실재는 예수의 생애와 사역 내내 드러난다. 예수께서는 선지자들처럼 이스라엘을 힘든 율법 준수의 자리로 다시 부르셨다. 그러나 산상설교의 엄격한 요구가 실현 불가능한 이상으로만 제시되었다는 암시는 찾아볼 수 없다. 그렇게 믿으면 예수의 가르침이 갖는 종말론적 맥락을 놓치게 된다. 원수를 용서하라는 예수의 요구는 가능한 일에 대한 우리의 통상적인 생각에 분명히 도전장을 내밀지만, 그분의 요구는 정확히 원수를 용서하라는 의미이다. 우리는 세상의 혐오와 적개심을 고정된 사실로 받아들이면 안 되고, 새로운 삶의 방식이 가능한 새 시대를 살고 있음을 인식해야 한다.

그 새 시대의 실체는 예수의 치유와 축사逐邪를 통해서도 드러난다. 그분은 치유와 축사 가운데 우리의 삶과 이 세상을 다스리는 귀신들과 대면하시고 그것들을 결정적으로 무찌르신다. 그래서 마가복음에서 그분은 사람들 앞에 나타나 "때가 찼고 하나님의 나라가 가까이 왔으니 회개하고 복음을 믿으라"(1:15)라고 선포하신다. 그러나 귀신들과 더러운 영들은 그분을 위협으로 인식한다(1:23; 1:34). 예수의 치유는 그 자체가 목적이 아니고 궁

휼의 신호만도 아니다. 그것은 하나님 나라의 능력을 나타내는 표시이다. 그분은 모든 사람을 치유하시려 하지 않고 다음 마을로 가서 말씀을 전하신다. 그분의 말씀대로 "나는 이 일을 하러 왔[기]"(1:38, 새번역) 때문이다.

현존하는 하나님 나라의 성격은 예수와 다른 이들의 관계에서도 드러난다. 그분은 자신을 '정결하게' 유지하는 일을 고집하지 않으시고 가난한 자들 및 소외된 자들과 함께하는 식사를 즐기신다. 뿐만 아니라, 그분의 식사 자리는 특정한 시간이나 장소에 매이지 않고 하나님 나라의 환대를 드러내는 자연스러운 교제의 기회가 된다. 이스라엘이 타국의 지배 아래 있을 때 그 나라의 (간접적) 대리자들과 함께 식사한 일도 하나님 나라에 내재하는 정치적 본질을 보여 준다. 하나님의 "나라는 통치자들이 타도된 곳에서만 세워지지 않기" 때문이다. "오히려 하나님의 능력은 압제 한복판에서 용서와 치유를 분출한다. 그 능력이 나타나는 곳마다 기쁨이 함께한다. 다시 말해, 지금의 세상은 사탄이나 카이사르에게 넘겨진 곳이고 때가 되면 하나님이 그들을 멸망시키심으로써 그분의 통치를 회복하실 거라고 생각하면 안 된다. 그와 반대로, 하나님은 이 '악한 시대'에 이미 현존하시고 자비로 이 시대를 이기신다."[23]

끝으로, 하나님 나라의 본질은 제자들을 부르심에서도 나타난다. 어쩌면 여기서 가장 분명하게 나타나는지도 모른다. 예수께서는 그분을 따르라고 제자들을 부르시고, 가진 것을 모두 버려두고 죽은 자들이 죽은 자들을 매장하게 두고 따르라고 말씀하신다. 이것은 성전聖戰으로 부름받는 이들에게 주어지는 요구와 비슷하다. 그들은 안전과 소유, 일상의 관습, 습관과 철저히 단절해야 하는데, 그 나라의 일부가 되는 데 필요한 회개를 선포하는 사역에 오롯이 함께하기 위해서이다(막 3:13; 마 10:5 이하). 제자의 길은 아주 간단히 말하면 빼앗긴 상태로 지내는 오랜 훈련이다. 예수를 따른다는 것은 그분처럼 우리 자신과 다른 이들의 삶을 좌우할 수 있을 듯한 모든 것을 빼앗겨야 한다는 뜻이다. 우리가 자신의 삶의 의미를 보장할 수 있다는 주제넘은 생각을 포기하지 않는 한, 하나님 나라의 평화를 누릴 수 없다.

우리가 소유한 것들이 우리 폭력의 원천이다. 우리는 다른 이들이 내가 가진 것을 원할까 봐 두려워하거나, 자신이 과분한 것을 가졌다는 부담감에 시달리면서 자기기만적 정당화를 추구하게 된다. 그 과정에서 강압을 통해서만 유지될 수 있는 불의한 삶의 방식이 우리를 옭아맨다. 그리고 우리는 자신이 만들어 내고 선택한 자아가 우리가 가진 가장 소중한 것이라고 믿는다. 복음서에 나오는 제자들의 모습에서 분명히 볼 수 있듯, 자아라는 소유는 우리가 가진 모든 것을 포기할 의향을 가진다고 해서 내려놓을 수 있는 것이 아니다. 예수께서 제안하시는 것은 하나의 여정, 모험이다. 일단 길에 나서면 우리는 한때 귀중하게 여겼던 것, 심지어 자아조차도 더는 대수롭게 여기지 않는 자신을 발견하게 된다.

하지만 예수의 십자가는 자기희생의 도덕적 중요성을 알리는 일반적인 상징 정도가 아니다. 십자가는 주는 것이 받는 것보다 낫다는 손쉬운 가정의 확증이 아니다. 십자가는 예수의 궁극적 자기 포기요, 하나님은 그것을 통해 이 세상의 권세를 정복하셨다. 십자가는 하나님 나라의 단순한 상징이 아니라 도래한 하나님 나라이다. 우리는 오로지 하나님의 은혜로만 그 나라의 일원이 되라는 초대를 수락할 힘을 얻는다. 세상은 생존을 위해 강압이 필요하다고 생각하지만, 하나님이 십자가에 못 박혀 죽은 예수를 살리셨다고 확신하는 우리는 용서와 사랑이 그 대안이 된다고 믿는다. 이처럼 예수의 이야기는 우리의 참된 본성, 참된 목적을 드러낸다. 우리는 그분의 삶에서 진리를 찾을 수 있다고 믿는다.

부활: 용서와 평화의 나라의 수립

예수의 죽음은 실수가 아니라 이곳이 하나님의 세상이라고 믿지 않는 폭력적인 세상에서 예상할 만한 결과였다. 실제로 예수께서는 모든 사람을 위한 실재인 안식일의 화신이시다. 예수께서는 안식이 가능하게 만드셨고, 우리 삶이 하나님의 수중에 있음을 확신할 수 있게 하셨기 때문에 평화를 실질적 대안으로 선포하신다. 안식일은 더 이상 한 날이 아니라 움직이는 백성의 삶의 형식이다. 하나님의 나라, 하나님의 평화는 예수의 생애를 통해 확신을 얻어 자신들의 삶을 하나님을 향한 끊임없는 경배로 만든 이들의 움직임이다. 우리가 역사를 통제해야 한다는 가정, 세상이 제대로 되게 만드는 것이 우리 책임이라는 가정에 더 이상 휘둘리지 않는 사람들은 하나님 안에서 안식할 수 있다.

이런 평화는 사람들 사이에만 적용되는 것이 아니라 사람들과 세상 사이에도 적용된다. 진정한 종말론적 평화는 태초의 평화를 다시 열기 때문이다. 그 평화 안에 있는 인간과 동물은 생존을 위해 서로를 파괴하지 않아도 된다(창 29장). 따라서 그때는 다음과 같은 일이 벌어진다.

> 이리가 어린 양과 함께 살며
> 표범이 어린 염소와 함께 누우며
> 송아지와 어린 사자와 살진 짐승이 함께 있어
> 어린아이에게 끌리며
> 암소와 곰이 함께 먹으며
> 그것들의 새끼가 함께 엎드리며
> 사자가 소처럼 풀을 먹을 것이며
> 젖 먹는 아이가 독사의 구멍에서 장난하며
> 젖 뗀 어린아이가 독사의 굴에 손을 넣을 것이라.
> 내 거룩한 산 모든 곳에서
> 해 됨도 없고 상함도 없을 것이니
> 이는 물이 바다를 덮음같이
> 여호와를 아는 지식이
> 세상에 충만할 것임이니라(사 11:6-9).

이런 나라의 구성원이자 시민인 우리는 하나님의 창조세계를 돌보고 보호함으로써 하나님의 평화를 확장할 것을 맹세하게 된다. 우리는 악한 자에게 대적하지 않는다. 생명이 본질적으로 신성해서가 아니라, 생명은 하나님의 것이기 때문이다. 요더가 상기시킨 것처럼, "인간의 생명이 본질적으로 신성하다는 생각은 특별히 기독교적인 것이 아니다. 우리가 이웃의 생명, 특히 원수의 생명에 대해 궁극적인 책임이 있는 이유는 복음 자체, 그리스도께서 그분의 원수들을 위해 죽으셨다는 메시지 때문이다.

우리는 [다른 사람에게] 할 수 있는 말은 그것뿐이다. 우리가 원수를 내 뜻대로 처리할 수 없다고 스스로에게 말하는 존재라면 그럴 수밖에 없다."[24]

그러므로 생명을 보호하는 일에 대한 그리스도인의 헌신은 종말론적 태도이다. 우리가 생명을 보호하고 그 가치를 드높이는 데 관심을 갖는 것은 우리가 정말로 다른 사람을 하나님의 피조물로 보는 일이 가능한 새 시대에 살고 있음을 확신한다는 증표이다. 우리는 생명을 생명이라는 이유로 귀하게 여기는 것이 아니다. 목숨을 바칠 만큼 더 귀한 것이 많다. 모든 생명, 심지어 원수의 생명마저도 귀한 이유는 하나님이 그것을 귀히 여기시기 때문이다.

생명을 귀하게 여기는 모험을 감수하는 일은 하나님의 결정적인 종말론적 행위인 예수의 부활에 근거할 때만 가능하다. 우리는 예수의 부활을 통해 하나님의 평화가 현재의 실재가 되었다고 보기 때문이다. 우리는 세상이 평화롭지 않고, 이리가 어린 양과 함께 살 수 없고 아이가 독사의 구멍에서 장난할 수 없는 시대에 여전히 살지만, 그럼에도 예수의 부활로 평화가 가능해졌다고 믿는다. 십자가에 못 박혀 죽고 부활하신 구세주를 통해 우리는 용서의 능력으로 평화롭게 살 수 있는 모든 가능성을 하나님이 열어 주셨음을 깨닫는다.

이 평화로움은 우리가 용서받은 사람들이 되어야만 가능해진다는 것을 반드시 이해해야 한다. 우리의 일차적 과제는 용서하는 것이 아니라 용서받는 법을 배우는 것임을 기억해야 한다. 기꺼이 용서하겠다는 태도가 다른 사람에 대한 통제력 행사의 방식이 되는 경우가 너무 많다. 우리는 다른 사람의 용서를 받아들이기 두려워한다. 그 선물이 우리를 무력하게 만들기 때문이다. 우리는 그에 따르는 통제력 상실을 두려워한다. 하지만 그러면서도 "우리 죄를 사하여 주옵소서"라고 계속 기도한다. 예수의 삶과 죽음에서 발견하는 하나님의 용서를 받아들이는 법을 배움으로써만 우리는 통제력을 포기할 수 있고 거기서 나오는 능력을 습득할 수 있다. 강압의 필요에서 자유로워진 우리는 다음 말씀대로 염려하지 않는 법을 배운다.

> 목숨을 위하여 무엇을 먹을까 무엇을 마실까 몸을 위하여 무엇을 입을까 염려하지 말라. 목숨이 음식보다 중하지 아니하며 몸이 의복보다 중하지 아니하냐? 공중의 새를 보라. 심지도 않고 거두지도 않고 창고에 모아들이지도 아니하되 너희 하늘 아버지께서 기르시나니 너희는 이것들보다 귀하지 아니하냐? 너희 중에 누가 염려함으로 그 목숨을 한 자라도 더할 수 있겠느냐?(마 6:25-27)

물론 어떤 의미에서 '용서받은 백성'이 되면 통제력을 상실하게 되는 것은 사실이다. 용서받는다는 것은 내 삶이 실제로 다른 사람들의 손에 맡겨져 있다는 사실을 직시해야 한다는 뜻이다. 나는 하나님을 신뢰하는 법을 배워야 했던 것처럼 타인들을 신뢰하는 법을 배워야 한다. 따라서 예수께서 우리에게 일용할 양식을 위하여 기도하라고 가르치신 것은 우연이 아니다. 우리는 자신의 궁극적 안전을 보장할 수 없고, 그날그날 살아가는 법을 배워야 한다. 좀 더 낫게는, 뜻밖의 일들을 우리 삶을 지탱하는 데 필요한 수단으로 여기고 두려워하지 않는 백성이 되어야 한다. 아이러니하게도, 우리가 삶에서 뜻밖의 일들을 배제하려고 시도하면 악마적인 것에 더욱 지배받기 쉬워진다. 우리가 '필수품'들에 연연하고 거기에 종속되는 것은 그것들이 없으면 우리 삶을 통제할 힘을 잃을까 봐 두렵기 때문이다.

그러나 우리는 용서받은 백성, 더 이상 상황을 통제하려 하지 않는 백성으로 사는 법을 배웠기 때문에 온전한 백성이 될 수 있다는 것도 알게 된다. 참으로 우리가 거룩하라는 요구를 받아들일 수 있는 것은 오로지 우리가 자신 안에서 안식할 수 있음을 깨닫기 때문이다. 우리가 용서받은 백성으로 존재할 때 자신의 역사와 화해할 수 있고, 그리하여 하나님의 생명이 우리 존재 방식 전체, 우리 성품을 결정하게 된다. 우리는 더 이상 자신의 과거를 부인하거나 스스로 거짓 이야기를 들려줄 필요가 없다. 이제는 우리의 지난 죄가 우리를 파괴한다는 생각 없이 우리가 어떤 존재였는지 받아들일 수 있기 때문이다.

여기서 우리는 용서받은 백성으로 사는 법을 배우고 우리의 역사성을 받아들이는 일과 우리 자신 및 서로와 평화를 누리는 일이 본질적으로 이어져 있음을 본다. 우리는 자신이 한 일과 하지 않은 일에 대해 용서를 받아들일 수 있는 만큼만 과거를 소유할 수 있기 때문이다. 우리가 과거를 우리 것으로 주장해야만 값진 역사를 가질 수 있다.[25] 나의 죄는 변경할 수 없는 나의 일부이지만, 이제 더 이상 그것을 부정할 필요가 없다. 내 삶을 예수의 삶과 죽음, 부활에서 발견되는 용서의 나라에 자리매김하는 법을 배울 때, 내 삶을 내 것으로 만드는 데 필요한 겸손과 용기의 덕을 얻게 된다.

우리가 하나님이 베푸시는 용서를 통해서만 역사와 자아

를 가질 수 있다는 사실은 예수의 부활이 역사의 절대적 중심이라는 뜻이다. 부활의 기반 위에서 우리는 우리 죄의 역사를 기억하는 자신감을 가질 수 있다. 부활을 통해, 우리 죄의 제물이 되신 분이 우리의 소망임을 인식하게 됨으로써 우리의 가장 집요한 압제자인 자신의 지배력을 깨뜨릴 힘을 얻게 된다. 이와 같은 맥락에서 로완 윌리엄스Rowan Williams는 이렇게 밝힌 바 있다. "십자가에 못 박힌 의로운 사람의 부활, 그분이 불성실한 친구들에게 돌아가신 일, 그리고 그들에게 자기 이름으로 용서할 힘을 부여하심이라는 기독교의 선포는 내러티브 구조로 되어 있다. 그 안에서 우리의 정체성과 인간 가능성의 회복, '구원하는' 과정의 패러다임을 찾을 수 있다. 아니, 그것은 패러다임 그 이상이다. 그것은 이야기인 동시에 그 자체로 구원 과정의 완성에 반드시 필요한 행위자이다. 왜냐하면 그 이야기는 한 사람의 인간 행위자를 증언하고, 그의 현존에서 우리는 스스로를 죄인으로 '인정할' 온전한 용기와 인간을 향한 온전한 소망을 가질 수 있기 때문이다. 인간의 정체성은 다름 아닌 하나님의 인정과 승인에 근거한다. 그 이야기는 **신뢰**라는 포괄적 행위를 가능하게 만들고, 신뢰 없이 성장은 불가능하다."[26]

그러므로 우리 주님이 부활하신 주님이어야만 우리가 용서의 공동체가 되는 데 필요한 확신과 능력을 가질 수 있다. 부활의 토대 위에서 우리는 하나님이 우리를 그분 나라의 역사 안에서 행위 주체들로 세우셨다고 감히 믿을 수 있기 때문이다. 부활은 개인적·집단적 쇠퇴와 상승을 해석하는 데 쓰는 상징이나 신화가 아니다. 예수의 부활은 그분의 이야기를 우리 역사에 비추어 해석하려는 시도를 그치고 그분의 이야기에 비추어 우리 자신을 해석할 때만 구원이 찾아온다는 궁극적 증표이다.[27] 우리가 따르는 분은 죽은 주인이 아니라 살아 계신 하나님이다. 그분은 한때 한 사람으로 우리 가운데 거하셨고 이제는 영원히 우리와 함께 하시면서 우리가 용서받은 행위자라는 하나님의 새 피조물로 살 수 있게 하신다.

우리 그리스도인들은 부활하신 주님을 경배한다고 믿기 때문에 사랑의 모험을 감수할 수 있다. 우리는 요한일서 4장 13-21절에서 다음과 같은 말씀을 듣는다.

> 그의 성령을 우리에게 주시므로 우리가 그 안에 거하고 그가 우리 안에 거하시는 줄을 아느니라. 아버지가 아들을 세상의 구주로 보내신 것을 우리가 보았고 또 증언하노니 누구든지 예수를 하나님의 아들이라 시인하면 하나님이 그의 안에 거하시고 그도 하나님 안에 거하느니라. 하나님이 우리를 사랑하시는 사랑을 우리가 알고 믿었노니 하나님은 사랑이시라. 사랑 안에 거하는 자는 하나님 안에 거하고 하나님도 그의 안에 거하시느니라. 이로써 사랑이 우리에게 온전히 이루어진 것은 우리로 심판 날에 담대함을 가지게 하려 함이니 주께서 그러하심과 같이 우리도 이 세상에서 그러하니라. 사랑 안에 두려움이 없고 온전한 사랑이 두려움을 내쫓나니 두려움에는 형벌이 있음이라. 두려워하는 자는 사랑 안에서 온전히 이루지 못하였느니라. 우리가 사랑함은 그가 먼저 우리를 사랑하셨음이라. 누구든지 하나님을 사랑하노라 하고 그 형제를 미워하면 이는 거짓말하는 자니 보는 바 그 형제를 사랑하지 아니하는 자는 보지 못하는 바 하나님을 사랑할 수 없느니라. 우리가 이

계명을 주께 받았나니 하나님을 사랑하는 자는 또한 그 형제를 사랑할지니라.

하나님 나라의 특징인 이 사랑은 서로 두려워하지 않는 법을 배운 용서받은 백성에게만 가능하다. 사랑은 타자를 타자로, 비폭력적으로 받아들이는 것이기 때문이다. 그러나 타자를 타자로 받아들이는 것은 무서운 일이다. 타자는 타자인 만큼 우리의 존재 방식에 도전하기 때문이다. 나의 자아와 성품이 하나님의 사랑으로 형성되었을 때라야 내가 다른 사람을 두려워할 이유가 없음을 알게 된다.

예수께서 시작하신 평화의 나라는 그리스도인의 환대의 의무로 가장 명확하게 구체화되는 사랑의 나라이기도 하다. 우리는 원칙적으로 낯선 사람과 식사를 같이 할 준비가 되어 있는 공동체이다. 뿐만 아니라 우리는 환대하는 자아를 갖춘 백성이어야 하고, 우리가 알지 못하는 것에 의해 확장될 준비가 되어 있어야 한다. 타자의 존재를 기뻐하는 법을 배우는 가운데 우정이 우리 삶의 방식이 된다. 예수의 나라는 친구들에 대한 헌신을 요구하는 나라이다. 친구들이 없으면 하나님 나라라는 여정은 불가능하다. 다른 사람들과 함께 걸어야만 우리가 어디를 걷고 있는지 알 수 있기 때문이다.

구원과 믿음의 윤리학

여기서 이런 질문이 나올 수 있을 것이다. "하나님 나라를 많이 말씀하시는데 그럼 전통적 기독교에서 말하는 구원과 믿음은 어떻게 이해해야 합니까?" 평화를 말하고 하나님 나라의 평화로운 구성원이 될 필요성을 말하는 것은 복음을 구원의 좋은 소식이 아니라 하나의 도덕적 이상으로 바꾸는 것에 위험천만하게 가까운 일이 아닐까? 예를 들면, 로마서 3장 21-26절 같은 고전적 본문을 어떻게 이해해야 할까?

> 이제는 율법 외에 하나님의 한 의가 나타났으니 율법과 선지자들에게 증거를 받은 것이라. 곧 예수 그리스도를 믿음으로 말미암아 모든 믿는 자에게 미치는 하나님의 의니 차별이 없느니라. 모든 사람이 죄를 범하였으매 하나님의 영광에 이르지 못하더니 그리스도 예수 안에 있는 속량으로 말미암아 하나님의 은혜로 값없이 의롭다 하심을 얻은 자 되었느니라. 이 예수를 하나님이 그의 피로써 믿음으로 말미암는 화목제물로 세우셨으니 이는 하나님께서 길이 참으시는 중에 전에 지은 죄를 간과하심으로 자기의 의로우심을 나타내려 하심이니 곧 이때에 자기의 의로우심을 나타내사 자기도 의로우시며 또한 예수 믿는 자를 의롭다 하려 하심이라.

칭의에 대한 바울의 이런 강조는 때때로 윤리적인 것을 부인하는 방식으로 해석되었다. 우리가 선한지 악한지, 옳은 일을 하는지 그른 일을 하는지가 중요한 것이 아니라 믿음을 갖는 것이 중요하다는 것이다. 물론 바울이 우리에게 죄를 권한다거나 그리스도인들의 존재와 행위가 '믿음'과 아무 관계가 없다는 뜻은 아니다. 그러나 그런 해석은 믿음의 직설법—하나님이 당신을 위해 X와 Y를 행하셨다—이 어떻게 명령법—그 X나 Y를 행하라—의 근거가 되거나 정당화하는지 분명하게 밝히지 못한다. 구체적으로 표현하면, 바울이 로마서 3장에서 제시한 칭의에 대한 주장이 어떻게 로마서 12장의 훈계로 이어지는지 그리고/또는 그 주장에 필수적으로 따르는 내용인지에 관해서는 문제의 소지가 있는 것 같다.

> 사랑에는 거짓이 없나니 악을 미워하고 선에 속하라. 형제를 사랑하여 서로 우애하고 존경하기를 서로 먼저 하며 부지런하여 게으르지 말고 열심을 품고 주를 섬기라. 소망 중에 즐거워하며 환난 중에 참으며 기도에 항상 힘쓰며 성도들의 쓸 것을 공급하며 손 대접하기를 힘쓰라. 너희를 박해하는 자를 축복하라. 축복하고 저주하지 말라. 즐거워하는 자들과 함께 즐거워하고 우는 자들과 함께 울라. 서로 마음을 같이하며 높은 데 마음을 두지 말고 도리어 낮은 데 처하며 스스로 지혜 있는 체하지 말라. 아무에게도 악을 악으로 갚지 말고 모든 사람 앞에서 선한 일을 도모하라. 할 수 있거든 너희로서는 모든 사람과 더불어 화목하라. 내 사랑하는 자들아, 너희가 친히 원수를 갚지 말고 하나님의 진노하심에 맡기라. 기록되었으되 원수 갚는 것이 내게 있으니 내가 갚으리라고 주께서 말씀하시니라.

우리가 '믿음'을 갖는 것과 이런 삶의 방식이 어떤 관련이 있을까? 아주 간단히 말하면, 믿음은 구원에 대한 합당한 반응이다. 그것은 근본적으로 도덕적 반응이자 변화이다. 바울에게 믿음은 개인의 신비한 변화가 아니라, 한 나라로 들어가는 일이다.

믿음은 신뢰의 태도와 열정을 포함하지만 특정한 명제들에 대한 신념이 아니다. 믿음은 신념과 신뢰의 조합이라기보다는 하나님의 평화의 나라를 여신 예수에 대한 단순한 신실함이다.

> 그러므로 우리가 믿음으로 의롭다 하심을 받았으니 우리 주 예수 그리스도로 말미암아 하나님과 화평을 누리자. 또한 그로 말미암아 우리가 믿음으로 서 있는 이 은혜에 들어감을 얻었으며 하나님의 영광을 바라고 즐거워하느니라. 다만 이뿐 아니라 우리가 환난 중에도 즐거워하나니 이는 환난은 인내를, 인내는 연단을, 연단은 소망을 이루는 줄 앎이로다. 소망이 우리를 부끄럽게 하지 아니함은 우리에게 주신 성령으로 말미암아 하나님의 사랑이 우리 마음에 부은 바 됨이니(롬 5:1-5).

사실상 믿음은 그리스도의 생명 안에서 우리의 참된 생명을 찾는 것이다. 따라서 세례 안에서 우리는 말 그대로 그분의 생명 안으로 들어간다.

> 만일 우리가 그의 죽으심과 같은 모양으로 연합한 자가 되었으면 또한 그의 부활과 같은 모양으로 연합한 자도 되리라. 우리가 알거니와 우리의 옛사람이 예수와 함께 십자가에 못 박힌 것은 죄의 몸이 죽어 다시는 우리가 죄에게 종노릇하지 아니하려 함이니, 이는 죽은 자가 죄에서 벗어나 의롭다 하심을 얻었음이라. 만일 우리가 그리스도와 함께 죽었으면 또한 그와 함께 살 줄을 믿노니 이는 그리스도께서 죽은 자 가운데서

살아나셨으매 다시 죽지 아니하시고 사망이 다시 그를 주장하지 못할 줄을 앎이로라. 그가 죽으심은 죄에 대하여 단번에 죽으심이요 그가 살아 계심은 하나님께 대하여 살아 계심이니, 이와 같이 너희도 너희 자신을 죄에 대하여는 죽은 자요 그리스도 예수 안에서 하나님께 대하여는 살아 있는 자로 여길지어다(롬 6:5-11).

그러나 이 생명이 근본적으로 사회적 생명이라는 데 주목하라. 우리가 '그리스도 안에' 있다는 것은 이 생명, 곧 평화의 나라를 시작하신 분께 충실하기로 맹세한 공동체의 일원이라는 의미이다.

우리에게 평화에 대한 사전적 정의가 먼저 있었고 이후 그리스도를 그 평화의 위대한 본보기로 생각하게 된 것이 아니다. 예수께서 하신 일이 우리 삶에서 하나님의 평화를 알고 구현할 수 있게 한 것이다. 그 일은 우리가 하나님과 우리 자신과 서로와 평화를 이룸으로써 이루어진다. 우리가 의롭다 함을 받은 것은 언제나처럼 하나님이 먼저 행하셔서 우리가 따라갈 길을 예비하셨기 때문이다. 그러나 칭의는 성화에 관해 말하는 또 다른 방식일 뿐이다. 칭의는 우리가 예수의 죽음과 부활로 가능해진 새로운 공동체에 들어감으로써 변화할 수 있게 만들기 때문이다.

물론, 새로운 백성 곧 성화된 백성에 관한 이 모든 묘사가 다소 부풀려진 것이라는 반론이 가능할 것이다. 결국, 그리스도인들은 종종 그리 새로워 보이지 않고, 우리 자신도 썩 새롭다고 느끼지 않는다. 우리가 구원받은 자들 중에 있다고 주장하긴 하지만, 기본적으로 우리는 늘 느끼던 대로 느낀다. 그래서 우리가 거룩한 백성이라는 생각이 과장된 것처럼 보인다. 게다가, 그런 묘사는 우리를 독선적이 되도록 유혹하는 결과를 피할 수 없다. 어쩌면 우리는 거룩한 백성이 아니라 좀 괜찮은 사람들 정도라는 사실을 직시하는 편이 나을지도 모른다.

그러나 이런 식의 생각은 우리가 하나님 나라의 도전을 삶으로 받아들이는 데 실패했음을 드러낼 뿐이다. '성화'와 '칭의'라는 용어는 어떤 지위를 기술하기 위한 것이 아니다. 참으로, 이런 용어들의 문제 중 일부는 추상개념이라는 것이다. 이 개념들이 예수의 삶과 죽음과 분리되면 오히려 그리스도인의 삶을 왜곡한다. '성화'는 예수의 이야기를 우리 이야기로 만들고자 할 때 어떤 여정에 나서야 하는지 상기시키는 방법일 뿐이다. '칭의'는 그 이야기의 성격, 즉 하나님이 우리에게 따라갈 길을 제공하심으로써 우리를 위해 어떤 일을 하셨는지 상기시킬 따름이다.

내가 그 이야기에 걸맞게 성장할 수 있고 성장해야 한다는 것은 나의 도덕적 순결에 관한 주장이 아니라, 내가 그 여정을 따라 얼마나 멀리까지 나아갔는지에 따른 자아의 온전함을 의미한다. 나의 온전함, 나의 고결함을 가능하게 만드는 것은 그 이야기의 진실성이다. 예수의 이야기를 통해 나는 내가 이미 된 존재, 즉 평화와 정의의 하나님 공동체의 참여자로 살아가는 법을 점점 더 많이 배울 수 있다. 그 이야기에 걸맞게 성장함으로써만 나는 내 영혼에 얼마나 많은 폭력을 쌓아두었는지 깨닫게 된다. 그 폭력은 하룻밤 새 사라지지 않겠지만, 그것을 인식하고 내려놓기 위해 끊임없이 노력해야 한다.

그 일을 위해서는 기술이 필요하다. 즉, 내가 은혜로우신 하나님의 피조물이라는 지식에서 나오는 평화를 내 것으로 만드는 법을 배워야 하는 것이다. 그 기술은 개별적 행동들의 성화가 아니라 자아가 비폭력적으로 성화되는 것을 말한다. 성화는 우리 삶이 진리 안에서 형성되는 것인데, 그런 삶만이 평화의 역량을 갖는다. 폭력은 우리의 거짓됨을 인식하지 못한 채로 살아가려 할 때 나온다. 폭력은 우리가 상황을 통제하고 있고—우리가 우리의 창조주이다—우리 삶에 의미를 부여할 존재는 우리뿐이기에 우리만이 우리 삶에 의미를 부여할 수 있다는 자기기만적 이야기에서 생겨난다.

우리는 이 환상을 포기하기를 크게 두려워한다. 우리에게 이 환상은 우리 자신만큼이나 소중하다. 하나님의 이야기를 우리 이야기로 만드는 법을 배우면 자아가 없어지고 개성이 사라질까 봐 두려워한다. 때로는 우리의 자율성을 잃게 될까 봐 두려워하기도 한다. 그러나 예수의 이야기를 우리 이야기로 삼으면 삼을수록 우리는 더 독특하고 개성 있는 존재가 되고 그로 인해 성도의 본보기가 된다. 이 아이러니에는 축복이 담겨 있다.

실질적 이야기들은 쉽게 우리의 이야기가 될 수 없다. 그것들은 우리가 애지중지하는 환상들 중 일부에 이의를 제기한다. 우리가 스스로에 관한 진실을 정말 알고 싶어 한다는 환상 같은 것들 말이다. 참된 이야기들은 이처럼 그 이야기에 적합한 기술의 광범위한 훈련을 요구한다. 삶이 순례라는 기독교의 주장은 자아의 끝없는 성장을 가리키는 표현이고, 이것은 그리스도의 이야기 안에서 살아가는 법을 배우는 데 꼭 필요한 일이다. 그리스도는 우리의 주인이시며 우리는 이곳이 하나님의 세상이고 우리가 하나님의 피조물이라는 사실에 충실하게 사는 법을 그분에게서 배운다.

사람들은 종종 이런 기술들을 기법으로 축소하려 하지만, 그것은 불가능하다. 가령, 죽음을 두려워할 필요가 없는 삶의 방식을 배운다는 것은 예수께서 모든 시대를 위하여 죽음을 이기셨음을 진정으로 이해한다는 뜻이다. 이 기술은 쉽게 주어지지 않지만 틀림없는 진리이다. 이것을 자신에게 해당하는 진리로 만드는 일은 아주 어렵다. 그러나 좋은 소식은, 내가 이것을 홀로 배울 수 없다는 것이다. 우리가 이런 진리를 배우는 방법은 다른 이들에 이끌려 이 진리 안으로 들어가는 것뿐이다. 그렇기에 교회의 본질과 형식 문제가 기독교 윤리학을 전개하려는 모든 시도의 중심이 되는 것이다. 이제 그 주제로 넘어갈 때이다.

6장

섬기는 공동체:
기독교 사회윤리학

사회윤리학과 한정된 윤리학

이번 장의 제목이 '사회윤리학'이라고 해서 지금까지 우리가 다룬 내용이 사회윤리학이 아니었다는 의미는 아니다. 모든 윤리에 한정어가 필요하다는 주장 자체가 사회윤리적 가정을 포함하고 있다. 그것은 각각의 윤리가 특정한 사람들의 역사와 경험을 반영한다는 뜻이기 때문이다. 가령, 기독교 윤리학은 하나님의 이야기를 전달할 수 있는 공동체 및 그에 상응하는 관습의 존재와 인식 가능성을 전제하지 않고는 우리가 이해할 수 없을 것이다.

우리가 그 공동체에 부여하는 가장 일반적 이름은 교회이지만, 기독교 역사에는 그것을 가리키는 다른 이름들도 있다. 바로 '도道', 그리스도의 몸, 하나님의 백성이다. 그 외에도 그리스도인 됨의 사회적 실체를 보여 주고 하나님의 내러티브로 형성되는 구별된 백성이 된다는 것의 의미를 나타내는 여러 이미지가 있다. 우리는 '교회'라는 이름이 '하나님의 백성' 못지않게 이미지라는 사실을 기억해야 한다. 사실, 교회의 여러 이미지 중 어떤 것이 기본적이거나 지배적인지가 신학의 이슈 중 하나이다.

이처럼, 한정어가 붙지 않는 윤리는 없다는 주장 자체가 기독교 윤리는 언제나 사회윤리임을 함축하고 있다. 개인윤리와 사회윤리를 구분할 수 있다는 개념은 정말이지 기독교적 확신의 본질을 왜곡한다. 그리스도인들은 '개인' 도덕이 공동체의 관심사로서 정의 등의 문제보다 못하다고 생각하지 않기 때문이다. 물론 공동체 입장에서 '개인적' 문제들은 정의와 다른 종류의 관심사이겠지만, 그 문제들이 개인적이라고 해서 덜 사회적이지는 않다.

일반적 수준에서 모든 윤리는 사회윤리라고들 말하는데 이 주장은 상당히 타당하다. 자아는 근본적으로 사회적이다. 우리는 개인으로서 타자들과 접촉한 다음 어떤 수준에서 사회적으로 관여할지 결정하는 것이 아니다. 우리는 자신을 특정한 "'우리'들"과 동일시하는 "'나'들"이 아니다. 우리는 무엇보다 "'우리'들"이며, 다른 이들이 우리 자신과 비슷하면서도 다르다는 것을 인식해 가는 가운데 우리의 "'나'들"을 발견한다. 이런 개인성이 가능한 것은 오로지 우리가 사회적 존재이기 때문이다. 결국, '자아'는 사물이 아니라 관계를 가리키는 말이다. 나는 다른 이들과의 관계 안에서만 내가 누구인지 알고, 나의 나 됨은 곧 다른 이들과의 관계이다.[1]

그러나 기독교 윤리학이 사회윤리라는 주장은 자아의 사회성을 말하는 이제는 흔한 것이 된 의견보다 더 강력하다. 우리는 기독교 윤리학의 내용에 한 나라에 대한 주장이 들어 있음을 보았다. 그러므로 그리스도인의 삶에 대해 먼저 해야 할 말은 개인적 삶이 아니라 함께하는 삶에 관한 것이다. 그 나라는 교회의 삶에 기준을 제시하지만, 그 나라의 삶은 교회의 삶보다 더 광범위하다. 교회가 그리스도를 소유하는 것이 아니기 때문이다. 그리스도의 임재는 교회에 한정되지 않는다. 오히려 우리는 교회 안에서 교회 바깥에 임하시는 그리스도를 인식하는 법을 배운다.

교회는 그 나라가 아니라 그 나라의 맛보기이다. 교회 안에서 하나님의 내러티브가 그 나라를 가시적으로 드러내는 방식으로 삶이 구현되기 때문이다. 교회는 자신과, 서로와, 낯선 사람과, 무엇보다 하나님과 평화를 누리는 법을 배운 백성을 분명히 보여 주어야 한다. 성화된 백성 없이 개인의 성화는 있을 수 없다. 우리에겐 본보기와 스승이 필요하고, 어느 쪽이라도 없으면 교회는 세상과 다르기로 맹세하는 백성으로 존재할 수 없다.

그러므로 한정어 없는 윤리가 없다는 주장—처음에는 주로 방법론적인 것으로 보였던 주장—에는 기독교 윤리를 숙고하는 자리로서의 교회의 지위와 필요성에 관한 강한 실질적 가정이 들어 있음을 알 수 있다. 기독교 윤리학은 교회에서 윤리적 내용을 끌어오고 기독교의 윤리적 숙고는 우선 교회를 대상으로 이루어진다. 기독교 윤리학의 저술은 모든 사람이 아닌, 아브라함, 이삭, 야곱, 예수의 하나님이 형성하신 사람들을 위한 것이다. 그러므로 기독교 윤리학은 모든 사람을 위한 최소주의적 윤리일 수 없고, 하나님의 이야기에 보다 충실하게 살고 싶어 하는 성화된 백성이 있어야만 성립할 수 있다.

기독교 윤리학이 이야기로 시작하고 끝난다면 그에 상응하는 공동체가 시대를 넘어 존재해야 한다. 이스라엘과 교회의 경험을 통해 전해지는 하나님의 이야기는 그것을 전하고 듣는 데 관여하는 공동체와 분리될 수 없다. 이야기는 들려주고 기억하는 일을 통해서만 존재할 수 있으므로 하나님 이야기의 존속에는 역사적 백성이 꼭 필요하다. 하나님은 자신의 현존을 역사적이고 우발적인 공동체에 맡기셨는데, 이 공동체는 과거의 성공에 의지할 수 없고 대대로 새로워져야 한다. 이것이 그 이야기가 예배, 자치, 도덕 안에서 만들어지고 영향을 받는 한 백성의 관습 안에서 구현되는 이유이다.

그러므로 이스라엘과 교회의 존재는 하나님의 이야기와 우연히 연관된 것이 아니라 우리가 하나님을 아는 데 꼭 필요하다. 하나님의 이야기를 하려면 이스라엘과 교회의 이야기를 포함하지 않을 수 없다. 그래서 우리가 신경의 일부로 하나의 거룩한 사도적 공교회를 믿는다고 인정하는 것은 그리 이상한 일이 아니다. 교회를 믿는다는 것은 결국 교회가 우리의 창조물이 아니라 오로지 하나님이 사람들을 부르셔서 존재한다는 사실을 안다는 의미이다. 뿐만 아니라, 세상은 그런 백성을 통해서만 우리 하나님이 다름 아닌 우리의 선을 원하신다는 것을 알 수 있다. 분명히 교회는 종종 불충한 모습을 보이지만, 하나님은 그런 불충함이 최후 결정권을 갖도록 허락하시지 않는다. 하나님은 세상에서 평화의 백성을 창조하시고 대대로 보존하신다.

어떤 의미에서는 성경의 위치가 이 부분에서 오해를 부를 소지가 있는데, 성경이 역사적 백성의 존재와 무관하게 이야기를 전달하는 것처럼 보일 수 있기 때문이다. 세대를 뛰어넘는 공동체가 필요하지 않은 것처럼 말이다. 성경이 들려주는 이야기로 충분하지 않을까. 그러나 공동체 없는 성경, 해설자와 해석자와 듣는 사람이 없는 성경은 죽은 책이다.

물론 성경은 공동체를 지키면서 비판적 기능을 수행하지만, 그런 역할은 공동체의 자기이해의 한 측면이다. 교회는 성경이라는 수단을 가지고 자체의 기억을 끊임없이 점검한다. 그래서 성경의 한 부분만 사용하는 데 결코 만족할 수 없고, 전체 텍스트와 날이면 날마다 씨름해야 한다. 교회가 들려주고 구현해야 하는 이야기는 안주와 관습에서 끊임없이 우리를 불러내는 다면적 이야기이기 때문이다. 성경이 교회 안에서 권위를 갖는 것은 진리를 아는 이가 없어서가 아니라 진리는 성경이 의제와 한계를 정하는 일종의 대화이기 때문이다.[2] 권위를 가진 사람들은 우리가 성경에서 발견하는 하나님의 이야기를 더 잘 듣고 거기 더 잘 반응하도록 도움으로써 교회를 섬긴다. 그래서 성경은 이렇게 말한다.

> 또 그들 사이에 그중 누가 크냐 하는 다툼이 난지라. 예수께서 이르시되 이방인의 임금들은 그들을 주관하며 그 집권자들은 은인이라 칭함을 받으나 너희는 그렇지 않을지니 너희 중에 큰 자는 젊은 자와 같고 다스리는 자는 섬기는 자와 같을지니라. 앉아서 먹는 자가 크냐, 섬기는 자가 크냐? 앉아서 먹는 자가 아니냐? 그러나 나는 섬기는 자로 너희 중에 있노라(눅 22:24-27).

교회가 사회윤리이다

그런데 이 모든 내용이 사회윤리와 무슨 관련이 있을까? 이번 장은 세상 속 그리스도인들의 사회적 책임을 다루어야 할 것 같은데, 우리는 그 문제를 다룬 것 같지 않다. 이렇듯 교회를 강조하는 것이 제3세계 나라들에서 우리가 해야 하는 일과 무슨 관련이 있을까? 이 나라에서 사회정의를 보장하기 위해 우리는 무슨 일을 해야 할까? 여성해방운동에 대한 기독교적 입장은 어떠해야 할까? 전쟁에는 어떤 식으로 반응해야 할까? 사회윤리학을 말할 때는 흔히 이런 질문들을 떠올리지, 교회 생활에서 성경의 위치에 관한 질문들을 생각하진 않는다.

그리고 이런 질문들이 사회윤리의 의제를 결정하는 데 중심이 되면 우리는 자연법의 영향력이 기독교 윤리학의 본질적 특성이라고 느끼게 된다. 정의를 성취하고 보다 자유롭고 평등한 사회질서를 위해 일하려면 비그리스도인들과 협력해야 한다. 기독교 사회윤리학이 그리스도인이 되어야만 알 수 있는 모종의 내용에 의존한다면, 보다 정의로운 사회를 이루어 낼 희망은 약해질 것 같다. 더 안 좋게는, 그리스도인들이 기독교 국가나 사회의 건설을 추구해야 할 것만 같다(우리는 당혹스러운 압제와 강압의 역사를 가진 여러 사회를 이미 알고 있다). 그러나 사회윤리학의 문제들에는 우리의 사회적 본성을 기반으로 하는 도덕의 일반 요소들이 분명히 있고 그것이 공통의 도덕적 헌신과 행동의 토대가 된다. 사회윤리학에서는 기독교만의 특징적인 내용을 축소하고, 우리 모두가 모든 사람을 위해 더 평화롭고 정의로운 사회를 만들고자 일하는 선의의 사람들임을 강조해야 한다.

하지만 나는 지금 이것이 바로 우리가 해서는 안 되는 일이라고 말하고 있다. 나는 기독교 사회윤리학이 주로 세상을 더 평화롭거나 정의롭게 만들기 위한 시도라는 생각에 도전하고 있다. 노골적으로 표현하면, 교회의 첫 번째 사회윤리적 과제는 교회가 되는 것, 즉 섬기는 공동체가 되는 것이다. 처음에는 이런 주장이 이기적으로 들릴 수 있지만, 교회를 교회로 만드는 핵심 요소가 세상에 평화의 나라를 신실하게 드러내는 일임을 기억하면 생각이 달라질 것이다. 따라서 교회에는 사회윤리가 없다. 교회가 바로 사회윤리이다.

교회는 이스라엘과 예수의 이야기를 하고 재연하고 듣는 곳이고, 그리스도인인 우리에게 이보다 더 중요한 일은 말 그대로 없다는 것이 우리의 확신이다. 그러나 그 이야기를 들려주기 위해 우리는 특정한 종류의 사람들이 되어야 한다. 그래야만 우리도 세상도 그 이야기를 진실하게 들을 수 있다. 이 말은 교회가 허위와 두려움의 세상에서 끊임없이 평화와 진리의 공동체로 존재해야 한다는 뜻이다. 교회는 '사회윤리'를 구성하는 의제를 세상이 설정하도록 내버려 두지 않는다. 평화와 정의의 교회는 고유의 의제를 스스로 설정해야 한다. 그 일은 교회가 먼저 이 세상의 불의와 폭력 한복판에서 과부와 가난한 사람과 고아들을 돌보는 인내를 발휘함으로써 이루어진다. 세상의 관점에서는 그런 돌봄이 정의의 명분에 별다른 도움이 되지 않는 것으로 보일 수 있지만, 우리가 시간을 내어 그 일을 하지 않으면 우리도 세상도 정의가 어떤 모습인지 알 수 없다는 것이 우리의 확신이다.

이런 공동체가 됨으로써 우리는 세상이 과연 어떤 곳인지 세상이 이해하도록 교회가 돕는다는 것을 깨닫게 된다. 교회가 하나님 나라의 실재를 가리키지 않고는 세상이 자기가 세상임을 알 도리가 없기 때문이다. 교회가 하나로 일치하여 세상과 대조되는 본을 갖지 못하고서야 사람들 사이의 분열이 임의적이라고 세상이 어떻게 인식할 수 있겠는가? 교회의 보편성에 비추어 볼 때만 세상은 하나의 임의적 단위의 사람들이 그들의 임의성을 부인하고 스스로를 보호하려 들 때 나타나는, 폭력과 전쟁을 낳는 분열의 불합리성을 인식할 수 있을 것이다.

우리가 이 사회적 과제를 인식할 때 교회의 불일치라는 스캔들이 더욱 고통스럽게 다가온다. 세상이 평화의 나라를 맛보게 하는 일에 부름받은 이들이 자기들 안에서 일치를 유지하지 못하는 것처럼 보이기 때문이다. 그 결과 우리는 세상을 자기 하는 대로 내버려 둔다. 교리, 역사, 실천에 근거한 분열도 중요하겠지만, 내가 말하는 교회의 분열은 그것이 아니다. 교회를 괴롭히는 가장 깊고 고통스러운 분열은 계급, 인종, 국적에 뿌리를 두고 있는데, 우리는 이것들이 세상의 본질에 새겨진 것이라고 받아들이는 죄를 범했다.

그러므로 교회—예수 안에서 발견하는 하나님 이야기를 기억하고 들려줄 수 있는 백성—의 첫 번째 사회적 과제는 교회가 되는 것이고, 그럼으로써 세상이 자신의 모습을 이해하도록 돕는 것이다. 세상은 분명히 죄로 크게 왜곡되어 있지만 하나님의 선함이 여전히 붙들고 있기에 하나님의 것, 하나님의 선한 창조물이다. 그러므로 교회가 교회로 존재한다는 것은 세상에 반대하는 일이 아니라 하나님의 선한 창조물로서 세상이 어떤 곳이 되어야 하는지 보이려는 시도라고 할 수 있다.

우리는 하나님의 반대말로 쓰이는 '세상'이 존재론적 명칭이 아님을 기억해야 한다. '세상'은 본질적으로 죄악된 곳이 아니고, 그 죄악된 특성은 자유의지에 따른 결과이다. 교회와 세상의 유일한 차이는 행위자들이다. 요더가 말한 대로, 교회와 세상은 실재의 영역, 창조 질서와 구속의 질서, 자연과 초자연으로 구분하는 것이 아니라 "사람들의 기본적인 인격적 자세로 구분한다. 한쪽은 예수를 주로 고백하고, 다른 쪽은 그렇게 하지 않는 것이다. 교회와 세상의 구분은 하나님이 어떤 선제적인 형이상학적 정의에 따라 세상에 부과하신 그 무엇이 아니고, 소심하거나 바리새적인 그리스도인들이 자기들 주위에 쌓아 올린 장벽 따위도 아니다. 창조세계 안에서 하나님을 믿지 않을 자유를 선택한 이들 전부가 세상이다."[3]

이 점에서 특히 중요한 것은, 세상이 하나님의 이야기를 자신의 이야기로 삼지 않기로 선택한 이들로 이루어져 있고 우리도 그중에 포함됨을 기억하는 것이다. 우리 안의 세상은 이곳이 하나님의 것이라는 사실과 사랑 많은 주인이신 하나님이 창조세계를 돌보심이 우리가 이곳을 통제할 수 있다는 환상보다 더 크다는 사실을 인정하지 않으려 한다. 우리 안의 세상이란 질서를 가져오기 위해 계속 폭력에 의지하면서 거짓되게 사는 개인적 사회적 삶의 측면들을 말한다.

교회와 세상은 이처럼 관계적 개념이고, 상대편이 없이는 둘 다 이해할 수 없다. 상대편이 없이는 어느 쪽도 생존할 수 없는 여행의 동반자인데도, 둘은 혼자만 살아남으려고 끊임없이 시도한다. 그래서 둘은 친구보다 적일 때가 더 많다. 이 적대감은 교회가 세상을 섬기라는 소명을 거부하면서 생겨난 비극적 산물이고, 교회가 세상을 구제 불능으로 치부하거나 종의 지위를 망각하고 세상을 지배하는 승리자로 나서려다 생긴 결과이다. 그러나 하나님은 실제로 세상을 구속하셨고, 세상이 인정하기를 거부해도 그것은 사실이다. 교회는 하나님을 거부함으로써 갖게 되는 절망 속에 세상을 방치할 수 없고, 세상을 자기만큼이나 잘 보존하려는 열렬한 소망을 품은 백성이 되어야 한다.

세상이 하나님의 구속을 받은 곳이기 때문에 우리는 그리스도인이 아닌 사람들이 하나님의 평화를 우리보다 더 잘 드러내는 것을 발견할 수 있다. 우리는 발견하는 데 멈추지 않고 그들이 존재하게 해 달라고 하나님께 요청해야 한다. 그들이 우리가 세상에서 정의를 확보하기 위해 다른 사람들과 협력할 수 있는 조건을 만들어 주기를 바라야 한다. 하지만 그런 협력의 토대는 일반적으로 공유되는 '자연적 도덕'에 대한 '자연법적' 정당화가 아니다. 오히려 그런 협력은 하나님의 나라가 참으로 넓다는 사실을 증언해 준다. 교회인 우리에게는 하나님 나라의 경계를 결정할 권리가 없다. 가장 놀라운 장소에서 가장 놀라운 방식으로 하나님 나라가 현존하게 만드시는 하나님의 능력을 인정하는 것이 우리의 즐거운 과제일 뿐이다.

따라서 교회가 세상을 섬기는 방식은 세상이 스스로를 진실하게 볼 수 있는 수단을 제공하는 것이다. 교회의 사회윤리는 행함의 문제이기 이전에 무엇보다 이해의 문제이다. 우리가 던져야 할 첫 번째 질문은 "무엇을 해야 하는가"가 아니라 "무슨 일이 벌어지고 있는가"이다.[4] 이에 대한 해석이 우리가 해야 할 일을 결정할 것이다. 교회인 우리에게 주어진 과제는 세상을 세상으로 올바르게 이해하고 광기와 불합리로 가득한 세상의 모습을 현실 그대로 직시하는 만만찮은 일이다.

그러므로 교회가 교회로 존재하라는 촉구는 퇴각하는 윤리의 문구가 아니고, 세상의 문제로부터 달아나려는 독선적 시도도 아니다. 오히려 그것은 교회가 세상 안에 서서 평화의 나라를 증언하고 그리하여 세상을 올바로 이해할 자원을 힘써 개발하는 공동체가 되라는 촉구이다. 복음은 정치적 복음이다. 그리스도인들은 정치에 참여한다. 그런데 여기서 말하는 정치는 강압과 거짓에 근거한 세상 정치의 부족함을 드러내고, 지배가 아니라 섬김에서 힘의 참 근원을 찾는 나라의 정치이다.

이것은 교회가 다른 형태의 조직보다 덜 인간적인 공동체라는 말은 아니다. 다른 기관과 마찬가지로, 교회는 지위, 소속감, 지침을 원하는 인간의 욕구에서 나오는 여러 형태의 권위들을 활용하고 요구한다. 문제는 교회가 자연적 기관인지 여부가 아니라(물론 자연적 기관이다) 근본적 확신에 따라 그 '자연(본성)'을 어떻게 형성해 가는지이다.[5] '자연'은 공동체를 위한 배경을 제공하지만, 그 성격을 규정하진 않기 때문이다.

그러므로 교회는 다른 기관들과 다름없는 조직이지만, 진실을 두려워할 이유가 없는 사람들이 모여 이루어진다는 점에서는 다른 기관과 **다르다**. 교회는 존재 유지를 위한 강압에 의지하지 않고도 세상에서 존재할 수 있다. 그들이 그럴 수 있는 것은 움직일 의향이 있느냐에 상당한 정도로 달려 있다. 그들은 '움직이는 축제'가 되어야 한다. 세상의 상당 부분은 세상이 어떤 곳인지에 주의를 환기시켰다는 이유로 그리스도인들을 미워할 것이 분명하기 때문이다. 그들은 세상의 폭력을 도발하기를 원할 수도 없고 원해서도 안 되지만, 폭력이 닥친다면 저항해야 한다. 저항을 위해 다른 곳으로 떠나야 한다면 그것도 감수해야 한다. 우리 그리스도인들에게는 그 어떤 곳도 집처럼 편안하지 않다. 우리의 진정한 집은 교회 자체이고, 그곳에서 우리는 필연적으로 항상 움직이시는 구주에 의해 형성된 사람들, 우리와 같은 사람들을 만난다.

덕의 공동체

교회가 사회윤리를 **갖는** 것이 아니라 **그 자체가** 사회윤리라는 말이 보다 크게 의미하는 바는, 시대를 뛰어넘는 기관으로서의 교회를 보존하기 위해서는 특정한 종류의 사람들이 필요하다는 것이다. 그들은 무엇보다 덕을 갖춘 백성이어야 한다. 그것도 아무 덕이 아니라 십자가에 못 박히신 구세주의 이야기를 기억하고 들려주는 데 필요한 여러 덕을 갖춘 백성이어야 한다. 그들은 자기들끼리는 물론 세상과도 평화롭게 지낼 수 있어야 하고, 그리하여 하나님 나라를 소망한다는 것이 무엇인지 세상이 깨닫게 되어야 한다. 그들은 모든 사람이 자기 원하는 대로 할 자유가 있다고 생각하지 않고, 각 사람이 특정한 은사를 개발하여 믿음의 공동체를 섬기도록 부름받았다고 믿는다.

교회가 하나님의 창조물이라고 해서 그만큼 인간적인 면이 덜하다는 것은 아니다. 교회는 은혜를 받은 공동체이면서도 자연적 공동체의 흔적을 지닌다. 제임스 거스탑슨이 올바르게 주장한 대로, 모든 인간 공동체는 덕이 있어야 유지될 수 있다. 한 공동체의 사람들은 공동체 자체뿐 아니라 서로를 신뢰하는 법을 배워야 한다.[6] 더구나, 모든 공동체는 미래에 대한 소망의 정신이 있어야 하고, 관계 유지를 위해서는 사랑이 필요함을 증언한다. 그러므로 심오한 의미에서는 믿음, 소망, 사랑이라는 전통적인 '신학적 덕'이 곧 '자연적' 덕이다. 교회는 어느 기관 못지않게 이 '자연적 덕'으로 유지된다.

그러나 믿음, 소망, 사랑이 의미하는 바가 그리스도인과 비그리스도인에게 똑같다는 뜻은 아니다. 그리스도인들은 믿음이 있다, 소망을 갖는다, 그들 가운데 특정한 종류의 사랑이 드러나야 한다는 말의 의미를 그들 공동체를 빚어내는 전통에서 찾는다. 그리고 바로 그 이야기의 특성 때문에, 덕들의 본성과 의미가 본질적으로 달라진다. 그리스도인들은 옛 시대에 계속해서 존재해야 하는 새 시대의 공동체이다. 그들이 옛 시대와 새 시대 사이에 존재하고 '길 위에 있는' 백성이기 때문에, 다른 공동체에는 없는 특정 덕들이 필요하다. 그들이 그런 덕들을 중심으로 삼는다는 말이 더 적절한 표현일 수도 있다.

예를 들어, 인내는 이 폭력적인 세상 한복판에서 평화의 백성으로 사는 데 꼭 필요한 덕이다. 우리는 현재와 미래를 하나님의 나라로 보는 법을 배웠고 그 나라가 예수 안에서 왔고 떡을 뗄 때 임재한다는 것을 알지만, 그 나라는 아직 오지 않았다. 이미 도래한 그 나라의 지탱을 받고 그 임재를 연료로 삼아 우리는 그 나라의 온전한 성취를 열렬히 소망한다. 하지만 그 소망은 인내의 훈련을 거쳐야 한다. 그렇지 않으면 우리의 소망은 너무나 쉽게 광신주의나 냉소주의로 바뀐다.

교회는 자신의 과제가 세상을 하나님 나라로 만드는 것이 아니라 그 나라에 신실한 것이요, 그 방법은 평화의 공동체가 되는 일의 의미를 세상에 보여 주는 것임을 거듭거듭 배워야 한다.

따라서 우리는 인내하고 결코 소망을 잃지 말아야 한다. 그러나 그 소망은 무엇에 대한 것인가? 구체적으로 말하면, 우리가 하나님 나라에 신실한 것이 그분이 세상을 돌보시는 데 유용하게 작용할 거라는 하나님의 약속에 대한 소망이다. 이처럼 우리 소망의 근거는 이 세상이나 인류의 선함, 모든 일이 언제나 잘 될 거라는 막연한 느낌이 아니라 하나님, 곧 세상을 신실하게 돌보시는 하나님께 있다.

정의의 문제만큼 소망과 인내의 필연적인 관계가 명확하게 보이는 곳도 없다. 배고픈 사람들이 먹을 것을 얻고 버림받은 사람들이 돌봄을 받고, 압제와 학대 아래 있는 사람들이 자유를 얻고 존중받는 것은 정의의 문제이기 때문이다. 하지만 알다시피, 정의는 이 모든 것을 요구하지만 우리가 사는 세상에서는 불의가 지배하는 것처럼 보인다. 굶주린 사람들이 먹을 것을 얻고 버림받은 사람들이 보살핌을 받고 압제받는 사람들이 자유를 얻는 일은 충분한 자원이 있어서 어느 누구도 쪼들린다는 느낌 없이 정의가 시행될 때만 이루어질 수 있는 일처럼 느껴진다.

이런 현실에 직면할 때 의에 주리고 목마르도록 훈련된 백성은 쉽게 폭력으로 눈을 돌릴 수 있다. 그들이 더 이상 가난하지 않다면 특히나 그렇다. 가난한 사람들을 계속 보는 상황에서 최소한의 정의라도 시행되게 하려면 강압에 호소해야 한다는 필요를 느끼지 않을 도리가 있을까? 뿐만 아니라, 어떤 상황에서는 폭력이 가난한 사람들의 부담을 덜어 주는 역할을 한다는 데 의문의 여지가 없다. 참으로, 그들의 주된 무기 중 하나가 폭력이다. 가난한 사람들은 잃을 것이 없기에 잃을 것을 가진 이들에게 가장 위협적인 존재이다. 우리를 포함한 많은 사람은 불우한 사람들이 휘두르는 폭력의 위협을 감당하기보다는 소유의 일부를 내놓으려 할 것이다.

그러나 교회가 추구하는 정의는 시기나 두려움에서 나오지 않는다. 우리는 자신의 소유가 애초부터 선물임을 아는 자신감 있는 백성으로부터 나오는 정의를 추구한다. 그러므로 그리스도인들은 무력으로 정의를 이루려 할 수 없고, 우리의 시원찮은 동기를 조종하는 데 의지하는 정의라면 의심해야 마땅하다. 하나님은 강압이 아닌 십자가를 통해서 창조세계를 다스리시기 때문이다. 그러므로 우리 그리스도인들은 효율성보다는 신실함을 추구한다. '결과'를 보장하는 일이라도 수단이 불의할 때는 할 수 없다. 그리스도인들은 어떤 선이 따라온다 해도 할 수 없는 일들이 있다고 주장하는 칸트 같은 사람들에게 합당한 동질감을 느낀다.

우리는 불의 앞에서 인내하는 법을 배운 백성이 되어야 한다. 그러나 여기에는 반론이 있을 수 있다. 불의로 고통받는 당사자가 아니니까 쉽게 할 수 있는 말이라는 것이다. 맞는 얘기이지만 그렇다고 해서 우리가 불의를 이기기 위해 폭력 사용을 정당화해야 하는 것은 아니다. 그런 정당화는 종종 자신은 위험을 감수하지 않은 채 정의를 구현하려는 시도에서 나온다. 가령, '국가'나 '혁명 세력'을 향해 정의 구현을 요구하면서도 그 일이 우리의 경제적 상황에 크게 영향을 주지 않는 방식으로 이루어지기를 바라는 것이다. 하지만 우리가 불의한 세계에서 소망을 품고 인내하는 백성이 되려 한다면, 가난한 사람들의 '명분'에 공감하는 정도에 머물 게 아니라 그들처럼 가난하고 무력해져야 한다.

'사회정의'를 위한 이상과 전략은 우리에게 어떤 희생도 요구하지 않으면서 가난하고 억압받는 사람들의 형편을 낫게 만들려는 시도에 그칠 때가 너무나 많다. 가난한 사람들, 자비를 베푸는 사람들, 평화를 이루는 사람들, 온유한 사람들, 박해를 받는 사람들, 마음이 깨끗한 사람들이 복이 있다는 말씀을 읽을 때, 우리는 그저 그 내용이 예수를 따르려 하는 모든 사람에게 적용될 거라고 추정할 뿐이다. 그리스도인인 우리가 스스로 물어야 할 질문은 이것이다. 그리스도인인 우리는 왜 이토록 부유한가? 거기서 더 나아가, 이 부유함은 어떻게 우리를 이끌어 복음이 본질적으로 개인 구원에 대한 비정치적 설명이라고 생각하게 만들었나? 왜 우리는 복음이 하나님의 나라가 승리했고 승리할 것이라는 소망으로 이루어진 평화와 정의의 새 공동체가 창조된다는 좋은 소식임을 알아보지 못했나?

인내와 소망의 덕은 통제하지 못하고 사는 법을 배워야 하는 백성이 되는 데도 필요하다. 물론 '통제하지 못하고 산다'라는 말에는 여러 의미가 있고, 그 모든 의미가 기독교 공동체의 특성을 규정하는 데 적절한 것은 아니다. '통제하지 못하고 산다'라는 것은 우리가 하나님이 나사렛 예수의 사역을 통해 창조세계를 구속하셨다는 지식을 삶의 토대로 삼는 종말론적 백성이라고 말하는 표현 방식일 뿐이다. 이것은 하나님이 우리의 신실함을 사용하셔서 그분의 나라를 이 세상에 현실화하실 거라고 생각해야 한다는 의미이다.

하지만 통제하지 못하고 산다는 것은 계획을 세우지 않고/않거나 정의를 고취할 수단을 추구하거나 찾지 않는다는 의미가 아니다. 그것은 나에게 무한한 힘이 있다는 환상 속에서 계획을 세우지 않는다는 뜻이다. 우리는 효율성이 아니라 하나님 나라에 신실함을 목표로 계획을 세우는 위험을 감수할 수 있다. 그런 계획 수립에는 효율성 보장을 꾀하는 권력과 폭력을 통해서만 정의를 이룰 수 있다는 자기기만을 파괴하는 일이 포함된다.

아이러니하게도, 자기가 상황을 통제하고 있다고 생각하거나 통제하기를 바라는 사람들이 누구보다 더 통제된 이들이다. 부자들은 재산 때문에 독립, 분리됨, '상황 통제'라는 환상을 갖는다. 그러나 우연과 뜻밖의 일을 세상에서 제거할 수 있다는 환상에는 너 나 할 것 없이 모종의 방식으로 다들 기꺼이 굴복한다. 그럴 때 우리는 잘 살기보다는 안전하게 살려고 애쓰고, 우리의 세상은 점차 쪼그라들게 된다. 권력자들에게 벌어지는 일 중 하나는 듣고 싶은 말만 해 주는 부하들에게 통제되는 것이다. 그래서 그들은 뜻밖의 일에 제대로 대처할 줄 모른다. 그냥 무시하고 억누르고 제거할 따름이다. 그들은 뜻밖의 일들을 최고의 자산으로 삼을 줄 아는 것이 잘 사는 비결임을 좀처럼 이해하지 못한다.

따라서 통제하지 못하고 산다는 것은 역사가 제대로 펼쳐지게 하는 것이 그리스도인인 우리의 과제라고 생각하지 않는다는 뜻이다.[7] 자신이 통제력을 갖고 있거나 '권력을 쥐고' 있다고 주장하는 사람들의 시각에서 사회윤리를 써 내려갈 필요는 없다. 오히려 우리는 '통제하지 못하는' 사람들이 세상에서 실제로 벌어지는 일을 더 잘 알려 줄 수 있다고 생각해야 한다. 통제력이 없는 이들은 이 세상을 안정되게 또는 안전하게 만드는 일에 대한 환상이 적기 때문이다. 그들은 권력과 폭력을 써서 돕겠다는 사람들을 기본적으로 믿지 않는다. 그러므로 기독교 사회윤리학은 국무장관이나 대통령의 시각에서보다는 그들의 지배를 받는 사람들의 시각에서 더 잘 쓸 수 있다.

그리스도인들의 과제는 역사를 통제하는 것이 아니라 평화의 나라의 삶의 방식에 충실하게 사는 것이다. 이런 백성은 하나님 나라의 실재에 대한 소망을 결코 잃을 수 없다. 하지만 분명 그들도 인내하는 법을 배워야 한다. 폭력으로 빠르게 제거할 수 있을 것 같은 불의를 종종 견뎌야 하기 때문이다. 뿐만 아니라, 그들은 불의를 결코 묵인할 수 없다. 그것은 이웃이 제멋대로 행동하도록 방치하는 일이기 때문이다. 폭력을 휘두르는 이들도 우리 이웃이고, 우리는 그들에게 저항하되 우리의 방식으로 저항해야 한다. 저항하지 않는 것은 그들을 죄와 불의에 버려 두는 일과 같다.

세상의 눈에는 이런 식의 저항이 어리석고 비효율적으로 보일 수 있다. 우리의 저항에는 전쟁 지원을 위한 전화세* 납부를 거부하는 일 같은 작은 실천도 포함된다. 그런 작은 저항이라도 여전히 저항이다. 그런 저항은 적어도 기독교의 사회적 증언이 기적이나 뜻밖의 일, 예상 밖의 일이 벌어질 가능성을 배제하는 방식으로는 절대 일어날 수 없음을 분명히 한다. 이것은 요더가 솔직하게 말한 바와 같다. "기독교 윤리학은 성령의 기적 없이는 불가능한 행동을 요구한다."[8] 그러나 자신들의 존재 자체가 바로 지속적인 기적이라고 믿는 백성에게 이것은 그래야 마땅한 일이다.

---

* 1898년 미 정부가 전쟁 자금 마련을 위해 당시 전화를 소유하고 있던 부유층을 대상으로 만든 세금. 여러 번 폐지되었다가 전쟁과 경제 위기 시에 되살아났기에 평화주의자들의 조세 저항의 표적이 되었다.

교회의 '표지'

기적은 여기저기서 발생하기 때문이다. 참으로 우리는 교회의 존재가 기적이라고 믿는다. 하지만 교회가 지속적인 기적이라고 말하는 것은 우리가 알고 경험하는 교회에 대한 이야기로 들리지 않는다. 교회는 단순한 '공동체'가 아니라 예산, 건물, 주차장, 포틀럭 디너*, 새로운 목사로 누구를 청빙할지를 놓고 벌이는 열띤 토론 등이 있는 기관이다. 교회의 기관적 형태와 관련된 이런 모습들은 하나님이 우리 가운데 계속 임재하시는 기적으로서의 교회와 무슨 관련이 있을까?

하나님의 백성은 그리스도께서 십자가에 못 박히신 일만큼이나 경험적인 실재이다. 교회는 그리스도의 십자가만큼 실재적이다. 주차장과 포틀럭 디너가 있는 구체적 교회보다 더 실재적인 이상적 교회, 보이지 않는 교회, 신비롭게 존재하는 우주적 교회는 없다. 세상에서 계속되는 예수 그리스도의 이야기에 의해 형성되고 다시 그 이야기를 형성하는 성화된 이들로 이루어진 교회가 바로 주차장과 포틀럭 디너의 교회이다. 실제로 교회는 그리스도 이야기의 중요성과 그 이야기를 가장 잘 이해하는 방법에 관해 오랜 시간 동안 펼쳐 온 논증이다. 분열을 초래할 수도 있는 교회 내 차이점들이 분명히 있지만, 그렇기 때문에 교회는 이단자들을 귀히 여길 줄 알아야 한다. 우리는 다른 사람들이 떠올려 주기 전까지는 무엇을 믿어야 하는지, 또는 어떤 존재가 되어야 하는지 결코 알지 못한다.

---

* 각자 음식을 가져와 나누는 저녁 모임.

차이점을 놓고 벌어지는 대화 중에서 가장 중요한 것은 이스라엘과 교회의 대화이다. 우리는 예수의 생애, 십자가, 부활을 통해 우리에게 임재하시는 하나님을 이스라엘에게서 배운다. 이스라엘이 계속해서 메시아를 기꺼이 기다리는 모습을 통해 교회는 미래를 기다리며 현재를 사는 법을 더 잘 배운다. 교회와 이스라엘은 하나님이 제시하신 길을 걷는 두 백성이다. 서로가 없이는 둘 다 독립적으로 걸어갈 수 없다. 그러다간 둘 다 길을 잃을 위험이 있기 때문이다.[9]

그러므로 교회는 모종의 이상적 공동체가 아니라, 이스라엘처럼 대대로 존재를 이어 갈 방법을 찾아야 하는 특정한 백성이다. 참으로, 교회가 교회임을 알게 해 주는 분명한 '표지'들이 있다. 이 표지들이 교회의 존재를 보장하지는 않지만, 우리가 계속해서 나아갈 수 있도록 돕고자 하나님이 주신 수단이다. 교회는 성례를 지키고 말씀을 선포하고 올바른 삶을 권장하고 실천하는 곳에서 드러난다. 어떤 교회들은 분명히 이런 '표지' 중 하나를 다른 것들보다 강조하지만, 그렇다고 해서 그런 교회들이 결정적으로 부족하다고 할 수는 없다. 중요한 점은 그리스도인들의 특정한 교회 하나하나가 이 모든 표지를 다 구현하는 것이 아니라 이 '표지들'이 모든 곳의 그리스도인들을 통해 드러나는 것이다.

성례는 예수의 이야기를 재연하고 그리하여 그분의 형상을 닮은 공동체를 형성한다. 성례 없이는 우리가 교회로 존재할 수 없을 것이다. 예수의 이야기는 그저 들려지는 것이 아니라 재연되어야 하기 때문이다. 성례는 그 이야기를 하고 듣도록 우리를 빚고 준비시키는 중요한 수단이다. 따라서 세례는 우리가 예수의 죽음과 부활의 일부가 되는 데 필요한 입회식이라고 할 수 있다. 세례를 통해 우리는 예수의 이야기를 배울 뿐 아니라 그 이야기의 일부가 된다. 성찬은 하나님이 지속적으로 임재하시는 종말론적 식사로서 평화의 백성을 가능하게 만든다. 그 식사로 인해 우리는 그리스도의 나라의 일부가 된다. 그 자리에서 우리는 그리스도께서 죽음에 매여 있을 수 없었음을 알게 되기 때문이다. 그리스도의 임재, 그분의 평화는 세상 속 생생한 실재이다. 그분의 백성인 우리는 세상을 죄와 죽음에서 구원하고자 치르신 그분의 희생, 하나님의 희생의 일부분이 된다.

세례와 성찬은 그리스도인들의 '종교의식'에 그치지 않는다. 그것들은 우리의 정치를 이루는 본질적 의식이다. 그 의식들을 통해 우리 자신이 누구인지 배운다. 세례와 성찬은 그리스도인들이 수행하는 효과적인 사회사업의 동기나 명분이 아니라, 그 자체가 바로 우리의 효과적인 사회사업이다. 교회가 사회윤리를 갖고 있는 것이 아니라 바로 사회윤리라면, 세례와 성찬은 가장 중요한 사회적 증언이다. 세례와 성찬 안에서 우리는 세상에 있는 하나님 나라의 표지들을 가장 선명하게 본다. 우리가 삶의 모든 측면을 세례와 성찬의 영향력 아래 두려고 할 때 그 둘은 우리 삶의 기준이 된다.[10]

세례와 성찬은 우리의 가장 열렬한 기도이고, 다른 모든 기도의 표준이 된다. 기도는 움직일 수 없거나 공감하지 않는 신이 아닌 전능하신 하나님께 바치는 간청이다. 기도를 통해 우리는 하나님의 임재에 자신을 여는 법을 배운다. 엔다 맥도너Enda McDonagh가 지적한 대로, 기도는 우리가 하나님을 세상에 풀어놓는 방식이다.[11] 그러므로 기도는 흔하면서도 위험한 활동이다.

하나님의 임재는 쉽게 통제되지 않기 때문이다. 하나님은 우리가 가능할 거라고 생각하지 못했던 삶의 방식으로 우리를 부르시는 야성적인 현존이시다. 그리스도인들은 세례와 성찬을 통해 그 야성의 상태에 자신을 연다. 통치자들이 어떻게든 그리스도인들의 기도를 막으려 하는 것은 당연하다. 그들의 권력에 그보다 더 강력한 도전은 없기 때문이다.

그러나 그리스도인들은 기도할 뿐 아니라 선포도 한다. 우리가 보았다시피 증언이 없는 이야기는 없다. 우리는 하나님의 좋은 소식을 선포하는 일과 그것을 기꺼이 듣고자 하는 의향을 통해 증언의 백성이 된다. 복음 선포는 이야기하는 것만이 아니라 듣는 일이기도 하다. 위대한 예술이 새로운 방식으로 보고 들을 수 있는 청중을 만들어 내듯이, 교회의 복음 선포는 예수와 그분의 나라 이야기에 도전을 받는 청중을 만들어 낸다. 우리의 선포는 교회만으로 제한될 수 없다. 우리 이야기를 공유하지 않는 이들에게는 우리가 증인이기 때문이다. 하나님은 말씀이 제대로 선포되(고 들려지)는 곳에 열매가 맺힐 거라고 약속하셨다. 예수 그리스도의 이야기를 대대로 증언함을 통해 하나님은 세상에 예수와 그분의 나라 이야기를 전할 수 있는 백성을 창조하실 것이다.

그러므로 세례와 성찬이 교회의 사회윤리에 필수적인 것처럼, 우리의 선포도 필수적이다. 우리의 증언할 의무는 그리스도인들에게 하나님 말씀의 능력이 닿지 않는 사람은 없음을 말해 준다. 그리스도인들에게 '야만인'은 없고 우리가 친구로 삼기를 바라는 낯선 이들이 있을 뿐이다. 우리는 낯선 사람을 우리 이야기에 함께 하도록 청함으로써 그들을 하나님 나라로 초대한다.

물론 우리는 그들이 하찮은 이가 아님을 안다. 그들에게도 우리에게 들려줄 이야기가 있다. 낯선 사람이 예수의 이야기를 수용하는 모습(그것은 종종 거부의 형태로 나타날 수도 있다)을 통해 우리도 하나님의 이야기를 듣는 법을 보다 온전히 배운다. 낯선 사람—흥미롭게도, 그는 우리 자신의 한 측면일 때가 많다—의 끊임없는 도전이 없으면 우리가 예수의 이야기를 아주 상투적인 것으로 만들어 결국 그 이야기의 힘을 잃게 될 위험이 있다.

그러나 교회의 또 다른 이름은 거룩한 백성이다. 그렇지 않았다면, 즉 교회가 사랑, 환대, 정의의 삶을 유지할 수 있는 백성이 아니었다면, 성례나 복음 선포의 표지들이 충분하지 않았을 것이다. 그러므로 교회는 서로를 세우고 바로잡는 일의 중요성을 외면할 수 없다. 우리가 다른 사람을 찾는 이유는 예수의 이야기를 우리 이야기로 만드는 데 얼마나 성공했는지 또는 실패했는지 그들을 통해 깨닫기 때문이다. 교회는 결국 구성원들의 성품으로 알려진다. 우리에게 좋은 성품이 없다면 세상은 우리가 섬기는 하나님이 사실은 거짓 신이라는 합당한 결론을 내릴 것이다.

또, 교회가 거룩한 백성이 되어야 한다는 것과 성례의 백성이 되어야 한다는 것을 분리하는 일은 오류일 것이다. 나는 성찬을 다룬 고전적인 본문이 도덕적 권면의 문맥에서 등장하는 것이 우연이 아니라고 생각한다. 고린도전서 11장 17-26절에서 바울은 이렇게 말한다.

> 내가 명하는 이 일에 너희를 칭찬하지 아니하나니 이는 너희의 모임이 유익이 못 되고 도리어 해로움이라. 먼저 너희가 교

회에 모일 때에 너희 중에 분쟁이 있다 함을 듣고 어느 정도 믿거니와 너희 중에 파당이 있어야 너희 중에 옳다 인정함을 받은 자들이 나타나게 되리라. 그런즉 너희가 함께 모여서 주의 만찬을 먹을 수 없으니 이는 먹을 때에 각각 자기의 만찬을 먼저 갖다 먹으므로 어떤 사람은 시장하고 어떤 사람은 취함이라. 너희가 먹고 마실 집이 없느냐? 너희가 하나님의 교회를 업신여기고 빈궁한 자들을 부끄럽게 하느냐? 내가 너희에게 무슨 말을 하랴? 너희를 칭찬하랴? 이것으로 칭찬하지 않노라. 내가 너희에게 전한 것은 주께 받은 것이니 곧 주 예수께서 잡히시던 밤에 떡을 가지사 축사하시고 떼어 이르시되 이것은 너희를 위하는 내 몸이니 이것을 행하여 나를 기념하라 하시고 식후에 또한 그와 같이 잔을 가지시고 이르시되 이 잔은 내 피로 세운 새 언약이니 이것을 행하여 마실 때마다 나를 기념하라 하셨으니 너희가 이 떡을 먹으며 이 잔을 마실 때마다 주의 죽으심을 그가 오실 때까지 전하는 것이니라.

우리가 주님의 식사에 참여함은 그분의 제자, 그분의 거룩한 백성이 되는 법을 배우는 일과 다르지 않다. 하지만 교회의 표지인 거룩함은 도덕적 완벽함이 아니라 서로를 두려워하지 않는 법을 익혀 사랑할 수 있게 된 것을 말한다. 우리는 혼자서 식사하거나 살아가지 않고, 두려움이나 시기심 없이 다른 사람들과 함께 사는 법을 배웠다. 이렇게 우리는 주님과 함께하는 식사를 통해 완전한 백성이 된다. 우리는 원수를 용서하는 일이 하나님의 나라가 성취되는 방식임을 깨닫는다. 심지어 그 원수가 우리 자신일 때에도 그렇다.

빈센트 도노반Vincent Donovan은 마사이족을 상대로 한 선교 활동을 통찰력 있는 책으로 펴내면서, 한 백성으로서 우리의 거룩함과 성찬 참여 사이의 본질적 관계를 강력하게 보여 준다. 마사이족에게는 평화, 행복, 번영의 표시로 서로 풀을 한 움큼 건네는 대단히 의미심장한 제스처가 있다. 가령, 논쟁 도중이라도 그것 때문에 폭력이 발생하지 않을 것을 보장하는 표시로 한 부족원이 다른 부족원에게 풀 한 줌을 건넬 수 있다. "마사이족의 그 누구도 평화를 제안하는 그 신성한 상징을 훼손하지 않을 것이다. 그것은 평화의 상징일 뿐 아니라 그것 자체가 평화이기 때문이다."[12]

도노반은 마사이족 사이에서 미사가 시작될 때 병자들을 위한 기도부터 춤까지 그 마을의 모든 활동이 미사의 자연스러운 일부가 되면서 마을 전체가 참여하는 모습을 설명한다. 하지만 그는 성찬의 진행 여부는 알 수 없었다고 말한다. 성찬을 할지 말지는 마을의 지도자들이 결정했다.

> 이기심과 태만과 증오와 용서하지 않음이 그들이 하던 일 가운데, 그들이 여기서 이어 온 생활 속에 발생한 경우, 그들의 마을을 그리스도의 몸이라 부름으로써 신성모독을 저지르는 일이 있어서는 안 되는 것이었다. 그리고 기도를 하고 성경을 읽고 의견을 나누었는데도 풀이 멈추었다면, 마을의 누군가, 또는 어떤 집단이 그리스도의 평화의 상징인 풀을 받기를 거부했다면, 지도자들은 이번에는 성찬을 진행하지 않기로 종종 결정했다.[13]

마사이족 사람들은 성찬 참여와 거룩한 백성, 평화의 백성이 되라는 요구의 관계를 잘 이해하고 있다. 성찬과 세례는 그들이 추구해야 할 존재 방식과 동떨어진 고립적 행위가 아니다. 조작과 폭력이 인간관계를 궁극적으로 규정한다고 믿게 하려는 세상에서 그들은 용서의 풀을 주고받을 수 있는 백성이 되었다. 우리 모두가 추구해야 할 이런 모습을 그들이 갖추었기에 성찬이 가능해진 것이다.

교회의 사회윤리학

이 모든 주장이 여전히 아주 추상적이라는 반론이 가능할 것이다. 교회 자체가 사회윤리라는 말이 사실이라고 해도, 교회가 자신이 속한 사회에서 전략적으로 타자에게 다가가게 해 줄 사회윤리가 분명히 필요할 것이다. 이것은 분명 맞는 말이지만, 이런 후자의 의미에서 사회윤리는 추상적일 수 없다. 다양한 사회적 환경에 똑같이 적용되는 교회의 보편적 사회전략은 없기 때문이다. 참으로, 환경과 사회적 맥락이 다르면 필요와 전략도 달라진다. 이를테면, 전체주의 정부 아래 교회의 입장과 자유민주주의 정권하에 있는 교회의 입장은 분명히 다를 것이다.

그러나 이것은 교회가 자유민주주의 정권과 전체주의 정권에 각기 다른 방식으로 대응하기 위해 특정한 통치체제 이론을 갖고 있어야 한다는 뜻은 아니다. 현대 교회는 우리가 '민주주의' 사회를 당연히 선호해야 한다고 너무나 자주 가정한다. 민주주의 사회가 양심의 자유를 법적으로 인정함으로써 종교의 자유를 제도화했기 때문이다. 우리 그리스도인들은 민주주의 사회가 다른 사회보다 더 많은 자유를 제공하기 때문에 본질적으로 더 정의롭다는 기만적 가정에 특히 민감해야 한다. 자유라는 추상 개념은 우리의 관심이 민주적 사회질서에 속한 교회로 신실하게 섬기는 일에서 쉽사리 멀어지게 만들 수 있다. 여기서 중요한 문제는 그것이 어떤 종류의 자유이고 우리가 그것으로 무엇을 하고 싶으냐는 것이다.

하지만 교회의 자기이해에 내재한 통치체제 이론이 따로 존재하지 않는다 해도, 교회가 증진해야 하는 모종의 가치들이 있고 그것들이 다양한 제도적 형태로 나타날 수 있지 않느냐고 말할 수 있을 것이다. 가령, 엔다 맥도너는 기독교 공동체와 필수적 상관관계가 있는 자유, 인격의 불가침성, 평등 같은 '하나님 나라 가치들'을 말한다. 사회 전반에 걸쳐 이런 가치들을 증진해야 할 책임은 보다 정의로운 사회질서를 증진해야 할 기독교적 의무에서 나온다. 맥도너에 따르면 그리스도인들은 이런 '가치들'을 하나님 나라에 본질적인 것으로 여기고 지지하지만, 이것들 자체는 그리스도인들만의 것이 아니다. 오히려 정의의 추구는

> 불신자와의 협력을 허락할 뿐 아니라 불신자와 신자가 인간다움, 인간의 신비에 대해 인식하게 한다.…이런 식으로 사회정의의 분별과 증진은 신앙교육, 학습경험을 제공한다. 이런 경험에는 우리가 이웃 안에서 만나는 하나님, 자기를 내어주시고 계시하시는 하나님의 견인력에 이끌려 자기를 넘어서 하나님을 명시적으로 인정하는 자리로, 곧 믿음으로 들어가게 하는 힘이 있다. 믿음이 사회정의를 요구할 뿐 아니라, 결국에는

사회정의가 믿음을, 신자의 경우에는 믿음의 증가를 요구한다.[14]

이런 측면에서 맥도너의 입장과 요더의 입장을 비교해 보는 것은 대단히 흥미로운 일이다. 요더는 이렇게 말하기 때문이다.

> 우리가 민주주의나 정의, 평등이나 자유가 아니라 그리스도를 세상의 소망으로 생각하는 궁극적이고 가장 심오한 이유는, 그런 것들에 대한 소망이 대체로 불완전하고 실망스럽다거나(분명히 그렇지만) 그 소망이 그것들을 믿는 이들을 교만이나 잔인함으로 이끌 수 있다는 부정적 관찰 때문이 아니다. 그런 소망들은 권력을 추구하는 데서나 정의의 보장을 절박하게 모색하는 중에도 여전히 충분히 강하지 않다는 근본적 한계를 갖고 있다. 그런 소망들은 인간의 가장 중요한 필요를 엉뚱한 곳에서 찾는다.…그래서 예수 그리스도를 세상의 소망으로 아는 이들은 자신의 사회참여를 평가할 때 내일을 위한 효율성 혹은 일자리나 자유나 음식의 성공적 제공, 새로운 사회구조 건설에 기여 여부를 척도로 삼지 않는다. 그들의 척도는 자신들이 신뢰하는 주님과 자신을 동일시하는 것이다.[15]

요더는 정의를 향한 맥도너의 생각에 반대하지 않고, 하나님은 우리에게 모든 사람을 위한 정의를 추구하라고 요구하신다는 사실을 부인하려 하지도 않는다. 그가 던지는 질문은 "정의는 무엇을 의미하고, 그것은 예수의 하나님 나라 선포에 대한 우리의 이해와 어떤 관련이 있는가?"이다. 일단 '정의'가 기독교 사회

전략의 기준이 되면, 그것은 그리스도인의 근본적 믿음으로 긍정할 수 없는 자체의 의미와 생명을 쉽사리 가질 수 있다. 이를테면 정의는 '상대적 정의'를 확보하기 위해 그리스도인이 폭력에 호소하는 것을 정당화하는 구실이 될 수 있다. 그럴 때는 그것이 우리가 그리스도인으로서 추구해야 하는 정의가 맞는지 반드시 물어야 한다.

다르게 표현하면, 복음의 의미를 자유와 평등 같은 '하나님 나라 가치들'의 추구와 동일시하는 것, 또는 둘을 긴밀히 연결하는 것의 문제점은 그런 가치들이 예수의 삶과 죽음에서 발견되는 하나님 나라의 구체성, 실질적 내용을 담고 있지 않다는 것이다. 맥도너의 방법처럼 자유와 평등이 결코 온전히 실현될 수 없는 가치임을 주목하게 함으로써 그 종말론적 본질을 밝히는 것으로는 충분하지 않다.[16] 문제는 그리스도로 인해 도래한 나라가 너무 이상주의적이어서 실현될 수 없다는 것이 아니다. 오히려 정반대로 그 나라는 예수 그리스도 안에 현존한다. 따라서 하나님 나라는 자유, 평등, 평화라는 우리의 모호한 이상에 의문을 제기하는 궁극적 현실이다. 우리는 자유와 평등에 대해 배움으로써 하나님 나라가 무엇인지 알게 되는 것이 아니다. 그 나라를 먼저 경험해야 우리가 어떤 종류의 자유와 평등을 갈망해야 하는지 알 수 있다. 우리의 자유는 섬김의 자유이고, 우리의 평등은 하나님 앞에서의 평등이다. 둘 중 어느 것도 세상을 자기들 생각대로 바꾸고 싶어 하는 이상주의자들의 강압적 노력으로 성취될 수 없다.

이제는 친숙해진 용어로 표현해 보자면, 자유와 평등은 자기 해석적이지 않고 거기에 내용을 부여해 줄 전통이 필요하다.

이를테면 개인의 자유와 보다 평등한 사회가 일관성 있는 이상이 아니라는 것은 정치이론의 공리에 해당한다. 즉, 평등을 추구하면 필연적으로 '자유'의 의미에 대한 사람의 인식을 제한할 수밖에 없다. 참으로, 나는 지금처럼 이 두 '가치'에 집중하는 것은 심각한 왜곡을 초래할 수 있기 때문에 좋은 사회의 적절한 목표가 되기 어렵다고 본다. 현재 상황에서는 둘 다 개인의 자유를 지나치게 희생하는 일 없이 상호 안전을 도모하기 위한 지속적 협상 과정에 참여하는 개인들의 집합을 사회라고 보는 견해에 동의하는 경향을 보인다. 그런 사회들의 공통 목적에 대한 질문은 간단치가 않다. 사회와 국가의 구분은 형식적으로는 완벽히 이해 가능하지만, 경험적으로는 그렇지 않다. '사회'에는 도덕적 실체를 갖게 해 줄 만한 충분한 내러티브가 없기 때문이다. 교회로서는 분명히 '제한된 국가'를 갖는 것이 중요하다. 하지만 국가를 제한된 상태로 유지해 주는 존재는 결국 사회 속 국가의 위치에 관한 이론이 아니라 분별력을 갖고 "안 돼"라고 말할 때를 아는 사람들이다.[17]

따라서 교회가 사회정의를 추구해야 한다는 말은 분명히 옳지만, 그 말은 별로 유용하지 않다. 정의는 드러나야 하고 창의적으로 해석되어야 하기 때문이다. 그 일을 감당하는 사람들은 훈련을 통해 진정한 정의는 우리가 자신의 몫이 아닌 것을 받음에서 나온다는 사실을 알게 된 이들이다. 그들은 서로 돕는 법을 삶으로 보여 줌으로써 정의의 대의에 가장 잘 부합한다. 즉 누구도 정당한 권리를 주장할 수 없는 재화를 어떻게 공유해야 하는지 보여 준다. 정당한 욕망에 대한 인식이 없는 곳에는 정의가 있을 수 없기 때문이다. 그런 인식 없이는 정의가 형식과 절차에 머물게 된다. 물론 절차적 규범은 중요하지만, 한 백성이 선한 백성으로 남는 데 필요한 대화를 이어 가게 하는 일에는 결코 충분하지 않다.

게다가 자유와 평등이 이상적인 추상개념에 머물면 폭력을 정당화하는 구실이 된다. 자유와 평등이 부재하거나 충분히 제도화되지 못할 때 일부 사람들은 무력을 사용해서라도 그 가치들을 만들어 내야 한다는 결론을 내리기 때문이다. 맥도너가 지적한 대로, "대부분의 정치 질서는 폭력으로 확립되고 폭력으로 유지된다."[18] 여기에 타당한 근거가 없지는 않다. 맥도너의 말처럼, 국가의 폭력 지배는 적어도 원칙적으로는 정당전쟁론에 근거하고 있다. 국가는 한 사회 속 다른 사람들의 생명과 권리를 존중하지 않는 자들을 폭력으로 제지한다. 따라서 국가는 자유와 정의를 보존하는 데 필요한 수단으로 폭력 사용을 주장할 수 있는 것처럼 보인다. 이런 논리를 좀 더 밀어붙이면, 자유와 정의를 찾을 수 없을 때 그리스도인들은 그것들을 성취하기 위해 폭력에 호소할 수 있다는 결론이 나올 것이다.

누구도 이런 입장이 가진 힘을 쉽게 무시할 수 없다. 뿐만 아니라, 이 입장은 폭력의 문제가 모든 기독교 사회윤리의 핵심 문제임을 분명히 드러낸다. 그리스도인들이 '모종의 선'을 행하기 위해 무력에 호소하는 일이 과연 정당화될 수 있을까? 그리스도인들이 폭력을 써서 누군가가 다치거나 살해당하는 것을 예방할 수 있는데도 그 사람이 다치거나 죽도록 내버려 두는 것은 부당하지 않을까? 그리스도인들은 국가 권력을 향해 강제력을 동원하여 상대적 형태의 정의를 더 확보하라고 촉구해야 하지 않을까? 그런 폭력은 '통제력을 갖기' 위한 것이 아니라 더 심한 악을 방지하기 위한 것에 불과할 것이다.

나는 이런 입장에 공감하고, 이 입장은 하나의 가능성으로서 그리스도인들이 무시할 수 없는 것이 분명하다. 하지만 그리스도인들이 제한적으로 폭력을 쓰게 만들려는 이런 시도들의 문제는 대안들이 갖는 성격을 왜곡하는 경우가 너무 많다는 점이다. 정의나 자유, 평등의 이름으로 쓰이는 폭력이 정의의 문제이기만 한 경우는 드물다. 그것은 다른 사람들을 지배하는 누군가의 권력의 문제이다. 더욱이, 정의 확보를 위한 필수 전략으로 폭력이 원칙적으로 정당화되면, 상상력을 발휘하여 불의에 대한 비폭력적 저항 방식을 찾으려는 노력이 정지된다.[19] 참된 정의는 결코 폭력을 통해 오지 않고, 폭력에 근거할 수도 없다. 참된 정의는 진리에만 근거할 수 있고, 진리는 그 존재를 확보하기 위해 폭력에 호소할 필요가 없다. 참된 정의는 국민국가에 기껏해야 가끔씩만 찾아온다. 본질상 우리는 무질서와 폭력을 두려워하고 그래서 진리보다 질서(질서가 우리의 혐오, 두려움, 적개심이 불러일으킨 거짓 위에 세워진 것이라 해도)를 선호하기 때문이다. 그러므로 하나님의 진리의 나라에 근거한 공동체인 교회 때문에 모든 통치자는 떨 수밖에 없다. 그 통치자들이 '국민'일 경우에는 더욱 그렇다.

7장

내러티브적 기술로서의 결의론

내러티브, 덕, 결의론

나는 "나는 어떤 존재여야 하는가?"라는 질문이 "나는 무엇을 해야 하는가?"라는 질문보다 선행한다고 주장했다. 후자의 질문으로 윤리적 숙고를 시작한다면 도덕적 삶 자체는 물론이고 실천이성이 어떻게 작동해야 하는지도 오해하게 될 위험이 있다. "나는 무엇을 해야 하는가?"라는 질문은 여러 도덕적 상황이 우리가 어떤 종류의 사람들이 되었고 어떤 역사를 겪었는지와 별개의 문제라고 가정하도록 유혹한다. 그러나 둘은 별개의 문제가 아니다. 우리가 맞닥뜨리는 '상황'은 우리가 특정한 종류의 사람들이기 때문에 만나는 것이다. 사실, 윤리학이 '난문제'들과 그에 대해 우리가 내려야 하는 결정에 주로 관심을 가져야 한다는 생각은 역사가 없는 백성이라는 현재 우리의 자기이해를 반영한다. 그러나 '상황'은 봐주기를 기다리며 '저기 바깥에' 존재하는 것이 아니라, 우리라는 특정한 종류의 사람들에 의해 만들어진다.

아프리카에는 누에르족이라는 부족이 있다.[1] 그들은 서로를 공동으로 보살펴야 한다는 마음이 강한 좋은 사람들이다. 뿐만 아니라, 그들은 대체로 온화하며 부족민끼리는 물론이고 이웃 부족들과도 평화롭게 지낸다. 하지만 지적 장애나 기형으로 태어난 아이는 누에르족이 아니라는 견해를 갖고 있다. 그들은 그런 아이가 하마라고 생각한다. 다양한 종류의 동물들에게 나름의 위치와 책임을 부여하는 그들의 정교한 신화가 이런 믿음을 뒷받침한다. 누에르족은 '인간'이나 '동물'에 대해 잘 정의된 개념을 갖고 있지는 않지만 각각의 역할에 차이가 있음을 인식하고 있다. 특히, 그들은 각 유형의 동물은 같은 동물이 가장 잘 돌본다고 확신한다. 그래서 기형아는 같은 종류의 동물, 즉 하마가 보살피도록 강에 둔다. 우리가 보기에는 아동 안락사이지만, 누에르족은 그렇게 하는 것만이 책임 있는 행동이라고 생각한다. 그런데 아이 엄마가 이 '하마'에게 너무나 애착을 느낀 나머지 직접 기르고 싶다고 결정할 경우에는 그들에게 '난문제'가 발생할 것이다.

이 사례는 많은 이들이 생각하는 것처럼 모든 도덕적 판단이 '상대적'임을 보여 주지 않는다. 오히려 우리가 어떤 난문제에 직면하는지는 우리가 어떤 사람들인지, 우리의 언어, 습관, 느낌을 통해 어떤 식으로 세상을 해석하도록 배웠는지에 달려 있음을 보여 준다.[2] 나는 내가 보는 세상 안에서만 행동할 수 있고 보는 것은 말하는 법을 배우는 일이라는 것이 사실이라면, 나의 '말'이 나오기 위해서는 감정과 열정을 빚어내어 내가 특정한 방식으로 느끼도록 훈련시키는 지속적 습관이 있어야 하는 것도 사실이다. 그러므로 우리가 무엇을 해야 하는지 결정함에 있어서 감정이 중심이 된다고 생각하는 것은 참으로 옳다. 감정은 우리가 어떤 종류의 사람인지 떠올리는 데 도움을 주는 신호이기 때문이다.

내가 무엇을 해야 하는지를 묻는 것은 내가 어떤 존재인지 또는 어떤 존재여야 하는지를 묻는 것과 같다. "나는 낙태를 해야 하는가, 하지 말아야 하는가"는 하나의 '행위'에 관한 질문만이 아니라, 내가 어떤 종류의 사람이 될 것인지에 관한 질문이다. 우리는 어떤 행위를 '낙태'로 묘사하는 일이 특정한 전제를 가진 도덕전통을 반영한다는 사실을 너무나 자주 잊는다. 예를 들어, 생명은 하나님의 선물이고 아이들은 도덕전통의 여정을 이어 가는 데 중요하다는 것이 그런 전제 중 하나이다. 우리는 그런 가정의 중요성을 간과하고 그것이 세상에 새겨져 있기 때문에 사라질 수 없다는 생각을 당연하게 여기곤 한다. 하지만 사실 그런 가정들은 자녀를 갖고 생명을 보호하는 적극적 헌신을 통해 한 백성이 끊임없이 재전유해야 한다. 그런 특정한 헌신들은 구체적 사례에서 우리가 무엇을 해야 하는지와 관련된 유일한 헌신은 아니지만, 낙태의 의미와 그것을 일반적으로 금지하는 이유를 평가하는 데 필요한 배경이 된다. 하지만 우리는 더 이상 그렇듯 적극적으로 헌신하는 국민이 아니고 낙태에 대한 금지는 이해할 수 없는 것이 되었을 수도 있다. 만약 그런 상황이라면, 우리는 낙태라는 특정 행위에 대한 우리의 생각이 변했을 뿐 아니라 낙태 개념에 대한 이해가 달라지거나 낙태 개념 자체를 제거해 버림으로써 사실상 우리 자신을 바꿔 버렸음을 인식해야 한다.

'낙태' 같은 개념들은 그냥 주어진 것이 아니다. 그 의미와 이해 가능성은 내러티브적 해석에 의존한다. 참으로 '옛 도덕', 특히 가톨릭 도덕신학에서 볼 수 있는 옛 도덕의 문제점 중 하나는 '객관적이고 따라서 보편적인 도덕'을 대변하는 '행위서술'에 집중한 것이었다. 하지만 그런 '서술'은 거기에 설득력을 부여한 공동의 내러티브 및 실천들과 분리되었다. 그 결과, '낙태'는 일련의 사실들에 대한 서술이자 한 백성의 확신과 관련된 세계 해석 방식이라는 사실이 잊혀졌다.

그러나 우리가 일련의 기본적인 도덕적 확신에서 출발하여 특정한 종류의 행동이 옳거나 그르다는 것을 알게 된다고 가정한다면 사실을 크게 오해할 수 있다. 참으로 그것은 특정한 행위들의 옳고 그름을 그 내러티브적 맥락과 분리해서 증명하려 시도할 때 범하게 되는 오류이다. 가령, 낙태에 관심 있는 대부분의 사람은 낙태의 잘못된 점이 '생명은 신성하다'라거나 '직접적으로 생명을 죽이는 것은 잘못이다' 같은 모종의 기본 원리를 침해하는 것이라고 말할 것이다. 따라서 낙태 금지는 더 기본적 원리에서 연역된 것처럼 보인다. 이렇게 되면 그 연역이 정당한지, 태아는 실제로 '권리'를 주장할 수 있는 인간의 특성을 갖고 있는지를 놓고 논쟁이 벌어지게 된다.

이런 도덕적 숙고 모델이 가진 논리적 힘은 의심의 여지가 없지만, 여기에는 심각한 결함이 있다는 것이 나의 주장이다. 나는 도덕적 숙고 모델에서 진술되는 원리들 자체에는 동의하지만, 우리가 그 원리들을 접하고 자신의 것으로 삼는 방식과 그 원리들이 우리 삶에서 작용하는 방식의 설명에는 동의하지 않는다. 그런 설명은 우리 삶을 형성하는 이야기들 및 그 이야기들과 관계된 금지와 적극적 헌신의 관계를 제대로 평가하지 못한다. 우리가 눈여겨봐야 하는 것은 도덕을 구성하는 덕과 규칙이 공동체 의존적이라는 점이다.

예를 들면, 매킨타이어는 우리에게 이렇게 상상해 보라고 청한다.

> 한 공동체가 인간을 위한 어떤 선이 존재한다는 것과 그 선은 그 선을 공동의 목표로 해서 만들어진 공동체의 생활 안에서 그 생활을 통해서만 성취될 수 있다는 사실을 인식하게 되었다고 상상해 보라. 그런 공동체가 공동 생활에 필요한 질서를 보장하기 위해 구별된 두 유형의 수칙 준수를 요구할 것이라고 마음속에 그려 볼 수 있다. 첫 번째 수칙들은 여러 덕을 명할 것인데, 그런 덕들이 발휘되지 않으면 그 선을 성취할 수 없을 것이다. 만약 그 선이 그 덕들의 발휘를 필수적으로 포함하는 삶의 형식이라면 특히 더 그럴 것이다. 두 번째 수칙들은 공동체에 필요한 인간관계를 파괴하는 행동들을 금지할 것이다. 공동체는 그 선이 달성되는 무대이자 목표이고 덕들을 실천하여 이루고자 하는 목표이기도 하다. 두 부류의 수칙 모두 그 취지, 목적, 정당화를 그 텔로스로부터, 그러나 전혀 다른 방식으로 가져온다. 두 번째 유형의 수칙을 위반하는 것은 그 선의 달성을 바랄 수 있는 유일한 무대인 공동체로부터 떨어져 나가기에 충분한, 용인할 수 없는 행동을 저지르는 것이다. 따라서 특정한 종류의 몇몇 행위들을 절대적으로 금지하는 것은 특정 유형의 목적론적 틀 안에서 꼭 필요한 일이다.[3]

매킨타이어의 논점을 지금까지 내가 써 온 언어로 표현하면, 공동체의 어떤 금지사항을 위반한다는 것은 해당 공동체의 기본 목적을 이해하게 하는 내러티브의 관점에서 더 이상 살아가지 않는다는 뜻이다. 텔로스는 사실상 내러티브이고, (공동체의 공동 목표인) 선은 명확하게 정의된 '목표'라기보다는 그 공동체가 자기를 발견해 가는 여정에 대한 감각이기 때문이다. 이것이 정치적인 면에서 의미하는 바는 공동체가 아직 실현되지 않은 모종의 선에 **관해** 대화하는 것이 아니라, 대화가 바로 그 선이라는 것이다. 대화를 통해 공동체가 내러티브에 충실할 수 있다는 점에서 그렇다.

그러므로 공동체의 도덕적 금지사항은 기본 원리들에서 '도출되는' 것이 아니라 공동체가 자체의 관습과 헌신이 수반하는 바를 어떤 방식으로 발견하는지 보여 주는 역할을 한다. '생명은 신성하다'라는 원리가 먼저 있고, 그것을 바탕으로 낙태가 잘못이라고 연역하는 것이 아니다. 우리가 생명의 가치, 특히 아이들의 출생을 통해 인명의 가치를 배우는 것은 우리의 공동체와 그 공동체를 대변하여 행동하는 부모들이 낙태를 실천하지 않기 때문이다. 그러므로 한 공동체의 금지사항은 그 최소주의적 특성(이를테면 "살인하지 말라") 때문에 종종 누구에게나 적용되는 사항처럼 보이지만 사실 그것을 이해하려면 그 공동체의 보다 실질적이고 긍정적인 실천을 들여다보아야 한다. 공동체의 금지사항은 그들의 자기이해의 외적 경계를 표시한다. 간단히 말해, 그것들은 우리가 이 일을 하거나 더 이상 저 일을 반대하지 않으면, 처음부터 우리를 형성해 온 전통에 따라 더 이상 살지 않게 된다고 말하는 것이다.

살아 있는 전통을 구성하는 진지한 이야기들은 세상이 어떤 곳인지 말하도록 되어 있다. 즉 우리는 그 이야기들로부터 진리의 조건을 배운다. 특정한 내러티브가 요구하는 금지사항을 재검토하는 일은 우리의 지속된 경험에 비추어 그 내러티브를 검증하는 방식 중 하나이다. 내러티브는 이런 식으로 도전을 받고 갱신된다. 예컨대, 현재의 낙태 논쟁은 단지 낙태의 허용 가능성에 대한 문제가 아니다. 만약 그리스도인들이 낙태를 금지한 것이 잘못된 일이었고 그 금지가 기독교적 신념에 필수임이 입증된다면, 그리스도인들이 인간 존재의 본질을 이해하는 방식에 뭔가 근본적인 결함이 있다는 결론이 따라올 것이다. 그런가 하면, 하나의 도덕적 위기는 공동체가 그들의 확신이 갖는 실제적 힘을 올바르게 이해하지 못했음을 의미할 수도 있다.

이런 종류의 시험은 모종의 자연법적 가정들이 한정된 형태로나마 기독교 윤리학에 필수적임을 보여 주는 방식으로 해석될 수 있다. '자연법'이 말하는 것은 기독교 공동체가 그들의 경험으로 시험하고 그 공동의 삶을 보존하는 데 필수적이라고 판단한 도덕적 확신이기 때문이다. 하지만 기독교적 확신들은 이곳이 하나님의 세계임을 전제하므로 기독교 공동체 바깥에서 오는 도전에 열려 있어야 한다. 가령 그리스도인들은 무고한 자들을 보호하기 위해 폭력을 정당화하려는 시도가 결국 자기모순이라는 사실을 다른 전통을 통해 배울 수 있을 것이다. 물론 그 과정은 정반대로 이루어질 수도 있다. 우리가 아이들을 세상에 나오게 하고 그들을 보살피는 백성으로 계속 살아간다면 우리 문화가 낙태를 도덕적으로 수용 가능하다고 받아들이는 것이 '부자연스러운' 일로 드러날 수도 있다. 어떤 시대에는 이런 방식으로 다른 사람들을 설득하는 일이 불가능할 수도 있지만, 그렇다고 해서 관련 문제가 그만큼 진리와 동떨어진 문제라는 뜻은 아니다. 여전히 그 문제는 은혜로우신 하나님이 창조하신 세상에서 사는 일에 적절한 우리 삶의 모습과 본질에 관한 것이다.

그러므로 내가 말하는 결의론은 도덕적 원리의 체계 안에서 까다로운 양심의 문제를 판결하려는 시도만이 아니라, 하나의 전통의 실천을 자체의 기본적 관습과 확신에 비추어 볼 때 일관성이 있는지(즉, 진실한지) 또는 그 전통의 확신들이 새로운 실천과 행동을 요구하는지를 시험하는 과정이다. 사실 하나의 전통은 그 기본적 확신들이 함의하는 바를 종종 이해하지 못한다. 그 함의는 전통의 내러티브를 자신들의 삶으로 구현하기로 맹세한 사람들의 일상을 통해서만 분명히 드러난다. 그러므로 우리 삶이 다른 이들의 도전을 받을 때에야 우리가 깊게 받아들인 신념들을 제대로 알게 된다는 말에는 일리가 있다. 그런데 그런 도전은 외부에서만 오는 것이 아니라 우리 삶을 사로잡은 내러티브로 인해 나타나기도 한다. 우리가 특정한 위험과 도전들에 맞서는 것, 좀 더 낫게는 특정한 위험과 도전만 인식하는 것은 우리 삶의 경계를 정하는 내러티브에 의해 그렇게 훈련을 받았기 때문이다. 처음에는 그런 위험들이 내러티브의 일부임을 인식하지 못할 수도 있지만 우리가 '성장하여 그 이야기 안으로 들어감'에 따라 그 함의를 보다 온전히 보게 된다. 공동체는 결의론이라는 방식으로 자체의 경험을 숙고하여 그 내러티브적 신념에 담긴 함의들, 종종 인식하지 못하고 인정하지도 않았던 함의들을 상상력을 발휘하여 검증한다.

용감한 사람은 겁쟁이가 결코 경험하지 못하는 두려움을 알기 마련이라는 역설적 경구에 주목함으로써 이것을 좀 더 분명하게 드러낼 수 있을 것 같다. 용감한 사람이 두려워할 줄 모른다면, 용기를 냄으로써 자신이 얼마나 많은 위험을 감수하는지 모른다면, 그는 용감할 수 없을 것이다. 물론 어떤 이들은 용감해 보일 수 있고, 우리로선 그들이 용기 있는 사람인지 무모한 사람인지 분간할 수 없을 때도 있지만, 그들이 두려움을 모른다면 용감할 수 없다. 그렇기 때문에 한 가지 행동으로는 그것이 아무리 극적이라 해도 용기라는 덕을 부여하기에 충분하지 않다. 덕스럽기 위해서는 지속적 실천을 유지할 수 있어야 하기 때문이다. 가령, 용감한 사람만이 논란을 성급하게 힘으로 해결하려 들기를 거부할 수 있다. 그들은 자신의 용기가 인내로 다듬어져야 한다는 것을 알기 때문이다. 그들은 주저하는 것처럼 보여서 다른 사람들의 존경을 잃는 상황을 두려워할 수 있지만, 그것은 합당한 반응이고 용감한 상태의 필수 요소이다. 용기를 냄으로써 우리는 겁쟁이나 무모한 사람이 알 수 없고 때로는 자신도 예상하지 못하는 위험에 노출될 수밖에 없다. 하지만 그럼에도 폭력으로 그분의 나라를 세우기를 원하지 않으셨던 구주의 이야기를 올바르게 살아 내려면 용감해야 한다는 것을 우리는 안다.

그러므로 결의론은 단순히 '사례'나 상황을 고려하는 일로 한정될 수 없다. 결의론은 잘 살아 낸 다른 이들의 덕스러운 삶에 비추어 우리 삶의 습관들을 상상력을 발휘하여 시험할 것도 요구한다. 그런 시험을 통해 우리는 각자 속한 내러티브와 공동체가 어떤 종류의 상황들을 수반하길 기대해야 하는지 배우게 된다. 그런 상황과 삶에 주목하는 것은 다른 사람들을 흉내 낸다는 의미가 아니다. 물론 흉내 내는 일이 유용할 수 있지만, 그런 삶들이 우리 삶을 형성하도록 맡겨야 그 이야기를 우리 방식으로 구현할 때 어떤 결과가 나타나는지 알 수 있다.[4] 다른 사람들이 한 그대로 해서는 그 이야기를 배울 수 없다. 우리는 그들의 방식을 정확히 따라 할 수 없기 때문이다. 오히려 우리는 상상력을 발휘해 그들의 삶이 우리 삶을 자극하도록 허용해야 한다. 그래야 그들이 한 일뿐 아니라 그 일을 한 방식까지 결정한 덕들을 어떻게 구현하는지 배울 수 있다.

결정, 결정, 결정

그럼에도 윤리학에 대한 이런 접근법은 도덕적 삶의 진정한 어려움을 다루지 못한다는 반론이 가능할 것이다. 도덕적 확신의 내러티브 형식, 결정의 배경으로서 덕의 필요성을 강조하는 것은 정말 좋은 일이다. 하지만 우리는 여전히 결정을 내려야 한다. 우리가 어떤 결정을 내리거나 내리지 말아야 하는지, 그 결정을 어떻게 정당화할 수 있는지에 대하서는 지금까지 어떤 언급도 없었다. 결과의 중요성, 특정 규칙들의 절대성 같은 고전적 문제들도 다루지 않았다.

우리는 결정을 내려야 하고 그 결정에 관해 논리적으로 사고하는 법을 더 잘 알아야 한다. 우리는 결혼하거나 결혼하지 않기로 결정하고, 결혼 상태를 유지할지 말지 결정한다. 자녀를 가질지 말지 결정한다. 낙태를 할지 말지, 18세가 된 모든 남자는 징병 대상자로 등록하도록 요구하는 법에 따를지 말지 결정해야 할 수도 있다. 우리는 변호사가 될지 사업가가 될지 결정해야 하고, 위독한 사람이 자신의 상태를 물을 때 거짓말을 할지, 진실을 말할지, 얼버무릴지 결정해야 한다. 선천성 질환으로 쇠약해지며 고통받는 어린이들의 연명치료 중단을 허용할지 결정해야 한다. 시청각 장애인을 위한 지원금보다 더 많은 기금을 암 연구에 투입해야 할지 결정해야 한다. 특정 환자들을 위한 위기 중재를 목표로 하는 약에 더 많은 자원을 투입할지, 아니면 더 많은 사람에게 유익을 줄 영양 개선 사업을 강조할지 결정해야 한다.

도덕적 숙고와 덕의 내러티브적 맥락을 우리 결정의 필수적 토대로 강조하는 것은 이런 문제들의 해결에 도움이 되지 않는 듯 보인다. 이 문제들이야말로 도덕적 삶의 진짜 핵심인 것 같은데 말이다. "결정은 다른 모든 선택지가 막혔을 때 우리가 내리는 선택"[5]이라는 말은 아주 근사하지만, 이 영리한 표현이 우리를 진짜 문제에서 벗어나게 해 주지는 못한다. 우리가 어떤 내러티브에 속하고 어떤 덕을 습득했든, 여전히 선택을 내려야 하고 거기에는 정당한 근거가 있어야 한다. '난문제 윤리학'이 도덕적 삶을 위한 성품과 덕의 중요성을 간과했을지 모르지만, 성품과 덕을 강조한다고 해도 우리의 도덕적 선택을 자의적이지 않고 일관된 방식으로 정당화할 필요는 엄연히 존재한다.

오히려 내러티브와 덕을 철저히 강조하는 일이 자의성을 초래하는 것으로 보일 수도 있다. 결정의 순간이 오면 결국 그런 윤리는 자신의 '이야기'와 상응하는 덕에 의거하여 해야 할 일을 판단하는 개인의 인식을 정당화하는 모종의 직관을 가정하는 듯하기 때문이다. 그런 결정을 시험할 어떤 공적 기준도 찾아볼 수 없다. 그러므로 덕을 강조하는 것은 아무리 아니라고 해도 여전히 철저히 주관적인 설명이다. 우리의 각양각색 도덕 경험과 특히 도덕적 결정을 온전히 이해하려면 규칙과 결과의 지위에 관한 모종의 이론을 피할 수 없다.

이런 상황은 내가 전개하려 노력해 온 입장에 심각하고 의미심장하게 도전하는 것 같다. 하지만 나에겐 대답할 말이 부족하지 않다. 내러티브와 덕을 강조한다고 해서 우리가 여전히 결정을 내려야 한다거나 특정한 방식으로 행동한 이유를 정당화해야 할 합당한 필요가 있음을 부인한다고 볼 수는 없다. 하지만 덕을 강조하는 윤리학에서 결정의 지위와, 덕의 중요성을 무시하는 윤리학에서 결정이 갖는 지위가 다른 것은 분명하다. 적어도 덕 윤리의 부분적 취지는 우리가 자신의 결정의 일부로 너무 자주 받아들이는 '필연성' 또는 '기정사실'의 가정에서 벗어나게 하는 것이기 때문이다.

예를 들어, 비폭력주의 입장인 사람들은 "하지만 만약…라면 어떻게 할 것인가?"라는 도전을 종종 받는다. '만약' 다음에 나오는 빈칸은 흔히 폭력 사용이 절대적으로 필요하고 그로 인해 최고의 선을 이룰 것이 확실해 보이는 사례에 대한 서술로 채워진다. 그런 사례들은 대부분 비폭력주의가 무한정적 원리로서 정당화될 수 없다고 다른 사람들을 설득하기에 충분하다. 폭력이 때때로 필요하다는 것은 자명해 보인다. 물론 다들 가능하다면 무력 사용을 피하는 것이 언제나 더 낫다고 생각하지만, 일이 벌어지기도 전에 폭력의 합법적 사용이나 비극적 사용까지 배제하는 윤리에는 결정적으로 잘못된 부분이 있는 것 같다. 그러나 이렇듯 자명해 보이는 생각에는 아이러니하게도 내가 볼 때 대부분이 받아들이지 않을 우리 존재에 대한 결정론적 견해가 담겨 있다. 나는 진정한 비폭력주의자라면 폭력 사용이 꼭 필요한 듯 보이는 상황에서도 폭력을 쓰기로 결정할 수 없다고 본다. 용감한 사람들이 특정한 조건에서도 비겁한 태도를 선택할 수 없는 것과 같다.

존 하워드 요더가 지적한 대로, "만약…라면 어떻게 할 것인가?"라는 도전은 사람들 간의 관계가 기계론적이라고 가정한다.

> 내가 기계를 한 방향으로 돌리면 기계는 그 방향으로 움직이기 마련이고, 내가 일련의 다른 단추들을 누르면 기계는 다른 방향으로 작동할 것이 분명하다. 이 전체 과정에서는 내가 결정을 내리는 유일한 주체라고 가정된다. 공격자는 어떤 다른 결정도 내리지 않는 것으로 이미 정해졌다. 그의 유일한 욕망은 자동기계처럼 자신이 할 수 있는 최악의 악행이나 이미 결정해 놓은 특정한 악을 저지르는 것이다. 전체 상황 어디에도 기계장치의 작용을 방해할 만한 다른 사람들은 없다. 그러므로 기계장치를 조종할 유일한 책임자는 바로 나이다.[6]

일단 행동 경로가 이렇게 정해지면 폭력은 유일한 대안이 된다. 그것은 자기성취적 예언이다. 그러나 반드시 그렇게 될 필요는 없다. 이런 사례가 말해 주는 것은 "X나 Y의 조건에서 나는 어떻게 결정해야 하는가?" 또는 "나의 결정은 어떻게 정당화될 수 있을까?"라는 질문이 특정 서술의 '필연성'을 받아들이게 하여 상상력을 정지시키려는 시도일 때가 너무나 많다는 것이다. 이것은 폭력의 문제를 직접적으로 제기하지 않는 경우들에도 똑같이 적용된다. 뿐만 아니라, 그 '필연성'은 기존 사실들 안에 나의 한계나 내 공동체의 한계가 들어 있다고 간단히 가정하게 만들고, 공동체와 나 자신에게 삶을 바꾸도록 여러 방식을 제안해 볼 생각을 아예 하지 못하게 만든다.

예컨대, 낙태 허용 가능성을 지지하는 논증은 흔히 강간이나 근친상간으로 임신하게 된 열두 살 소녀의 사례를 들고 나온다. 그런 상황에서 "당신이라면 어떻게 하겠는가?"라는 질문은 우리가 그 불행한 소녀를 위해 할 수 있는 가장 덜 나쁜 일이 낙태를 인정하는 것이라고 직접적으로 말하는 것처럼 보인다. 여기서 나는 그런 상황에서 낙태는 실행 가능한 대안이 아니라고 주장하려는 것이 아니다. 내가 지적하고 싶은 것은, 그런 상황에서 낙태가 **유일한** 대안처럼 보이는 이유는 우리가 특정한 사회에서 살아가는 특정한 종류의 사람들이기 때문이라는 사실이다. 그런 상황에서 낙태의 '필요성'은 다른 대안을 생각할 수 있을 만큼 우리 삶을 상당한 정도로 바꿀 의향이 없기 때문에 생겨나는 경우가 많다.

또다시, 요더는 "만약…라면 당신은 어떻게 하겠는가?"로 시작되는 대부분의 시나리오는 나의 옳음과 행복이 가장 중요한 고려 사항이라고 가정한다는 사실을 상기시킨다. 폭력을 쓰지 않기 위해 나의 행복을 희생하는 것은 고려할 수 있지만, 내가 책임져야 하는 다른 이들, 이를테면 아내와 아이의 행복을 희생하는 것은 생각할 수 없다고 말할 수도 있을 것이다. 하지만 내가 궁극적으로 지키려 하는 대상은 내 아내와 아이의 모습으로 있는 무고한 이웃이 아니라 내 소유이다.[7] 이를 인식한다고 해서 아내와 아이를 보호하지 말아야 한다는 뜻이 아니다. 하지만 이것은 문제를 다른 틀에서 보게 해 준다. 요더가 말한 대로, 가치를 자아와 그 관계들에 두는 윤리체계의 경우와 달리, 기독교에 따르면 피해자 보호가 가장 중요하다는 것은 정해진 결론이 아니다. "기독교는 원수와 가해자의 존엄을 인정함으로써 자아와 생존의 가치를 상대화한다. 이런 특별한 기독교적 주장 앞에서는 일단 사실로 보이는 증거가 논의의 여지가 있는 것으로 변한다."[8]

이 요점은 결정의 상황을 규정하는 서술은 결정 자체만큼이나 중요하다는 사실을 떠올리게 한다. 서술이 결정의 배경이 되기 때문이다. "결정은 다른 모든 선택지가 막혔을 때 우리가 내리는 선택이다"라는 주장 배후의 진실은 우리가 "할 수 없이 내리는" 것처럼 보이는 결정이 사실은 만족스럽게 서술하지 못하는 결정이라는 것이다. 그러면 만족스럽게 서술하지 못하다는 것은 무슨 의미일까? 그것은 해당 결정을 나 자신이나 내가 속한 공동체에 대한 지속되는 내러티브의 일부로 이해할 만한 만족스러운 방법이 없다는 의미라고 해야겠다. 따라서 그 결정들이 의미심장한 이유는 그것들이 "나의 진정한 도덕적 관심사"여서가 아니라 나의 진정한 관심사를 대표하지 않기 때문이다. 우리에게 도덕적으로 가장 중요한 요소들은 '결정'을 내릴 필요가 전혀 없는 문제들이다. 비폭력적인 사람들은 폭력을 쓸지 말지 선택할 필요가 없고, 그들이 비폭력적이라는 것은 상상력을 사용하여 삶의 방식 전체를 그들의 확신과 일치하게 만들어 가야 한다는 뜻이다.

이렇게 해서 내러티브는 대부분의 사람이 생각하는 것보다 '결정'과 더 관련이 있는 것으로 드러난다. '결정'이나 '행위'를 어떤 원칙의 적용 '사례' 정도로 추상화하고 그 사례를 의무론적으로든 결과론적으로든 정당화해야 할 지배적 '원칙들'의 관점에서 판정하는 것은 모든 결정의 가장 본질적 측면, 즉 그 내러티브적 맥락을 다루지 못하기 때문이다. '상황'에 대한 서술은 당연한 사실로 주어지지 않고 더 큰 내러티브적 전체의 일부이다. '세상이 이런 곳이기' 때문에 우리가 '결정'을 '내려야' 한다고 가정하도록 부추기려는 이들의 결정론을 거부해야 우리의 결정에 관한 '자유'를 확보할 수 있다. 그런 결정론을 무너뜨릴 방법은 단 하나, 진실한 내러티브가 제공하는 서술의 기술을 익혀 '상황'을 새로운 빛으로—즉, 우리가 하는 일 또는 하지 않는 일을 우리의 도덕적 헌신과 일치하는 방식으로—보는 것뿐이다.

예를 들어, 요더는 "만약…라면 어떻게 할 것인가?"라는 질문과 연결된 실제 경우의 수를 따져 보자고 말한다. 첫 번째는 공격자가 자신의 악한 의도를 실행에 옮기고 비극적 결과가 발생하는 것이다. 둘째, 피해자나 나 자신이 순교할 가능성이 있다. 이 부분에서 요더는 이렇게 상기시킨다. "그리스도인들은 신자가 기독교적 방식으로 행동하여 악의 대리자들의 손에 죽임을 당하는 일이 그의 공로와 상관없이 하나님의 능력에 대한 특별한 증언이자 기념비가 될 수 있다고 주장했다. 그리스도의 제자인 그의 죽음은 상대를 죽이고 살아남은 경우보다 하나님의 대의와 세상의 복지에 더 크게 기여한다. 그 일은 두고두고 존경의 눈길을 받는다. 왜 고난을 받아들이지 않는가? 예수께서는 고난받으셨다."[9]

셋째, 빠져나갈 길을 모색해 볼 수 있다. 이것은 몇 가지 형태로 이루어질 수 있는데, 가능성은 낮아 보이지만 사랑의 몸짓이 공격자를 정서적으로 무장 해제시킬 수 있다. 모든 일이 "주님을 사랑하는 사람들에게 선"을 이룰 것이라고 생각한다면 '섭리적' 출구가 있을 수도 있다. 마지막으로, 공격자를 죽일 수 있다. 이 경우는 공격자를 죽이려는 시도가 실패할 가능성도 포함한다.

요더는 발생 가능한 여러 경우를 이런 식으로 자세히 설명함으로써 우리의 상상력에 활기를 더해 주고, 폭력이 필연적이라는 추정하에서 배웠던 가정들에서 벗어나게 하고, 이 모든 경우 중에서 우리가 첫 번째와 네 번째 중 하나만 선택할 수 있다는 생각이 "논리적으로 터무니없음"을 보여 준다. 한 가지 상황에 작용 가능한 많은 변수를 고려해 보면, 폭력적 개입이라는 선택지의 자명성은 바로 사라진다.

> 우리가 기독교회라고 부르는 인류 역사의 특정한 흐름에 속한 사람이라면 죽음이 사람이 겪을 수 있는 가장 큰 악이라는 생각을 부인해야 한다. 하나님의 뜻과 그분의 길과 관련된 이유로 신자가 당하는 죽음은 이 세상의 악을 이기시는 하나님의 승리의 일부이기에 고난을 수용한다는 것이 생각도 못할 일은 아니다. 인간 갈등의 드라마에 대해 텔레비전 서부극보다 깊이 있는 시각을 가진 사람이라면 누구나 역사적 인과관계의 복잡성을 인식하고 상황이 예상대로 되는 경우가 얼마나 드문지도 안다. 폭력이 온전한 열매를 맺을 거라고 예측한 경우는 특히 더 그렇다. 따라서 전체 그림에는 예상치 못한 창조적 해결책도 분명히 들어 있다.…
>
> 이 문제를 보다 폭넓게, 특히 전쟁의 경우에 적용하여 진술해 보면 이렇다. 나는 악을 예방하거나 심판하는 것이 나의 일이라고 가정함으로써, 화해와 치유의 가능성의 문을 닫을

자격을 스스로 부여한다. 사건들이 내게 고통스럽거나 불리하거나 불법적인 방식으로 풀리지 않도록 상황을 장악하려 할 때, 나는 세상에 풀려날 수도 있었을 화해의 생생한 가능성을 막아 버린다.[10]

요더는 '섭리' 개념을 비폭력주의를 정당화하는 데 필수적인 것으로 옹호한다. 그가 말하는 섭리는 "모든 일이 결국 좋게 풀릴 것이다"라는 환상에 불과한 개념이 아니고 역사가 올바로 펼쳐지게 만드는 것이 모든 개인의 의무라는 뜻도 아니다. 섭리는 "역사의 사건들은 우리가 분별하거나 조종할 수 있는 수준을 넘어가는 방식으로 통제하에 있다는 확신을 가리킨다. 물론 때로는 선지자들이 그 패턴을 인식하기도 하고, 나중에 공동체가 그것을 기릴 수도 있다."[11] 요더는 이런 입장이 온건한 휴머니즘의 지지를 받을 수 있다고 지적한다. 온건한 휴머니즘은 "실제 악과 가상의 악 중에서 선택해야 한다면 언제나 가상의 악을 선택하라"라는 격언에 구현되어 있다. 하지만 이런 입장을 택하는 특별한 기독교적 이유도 있다. 그중 하나가 기독교적 사랑은 우리에게 온건한 휴머니즘의 한계를 넘어서서 원수를 호혜적 사랑의 대상이 아니라 "적극적 특혜를 입은 사랑의 대상"[12]으로 삼으라고 요구한다는 것이다.

뿐만 아니라, 헌신된 그리스도인들은 자신의 신앙을 일차적으로 어떤 입장이나 규칙으로 보지 않는다.

그들에게 신앙은 일관성을 유지하고자 하는 윤리적 입장, 결코 깨뜨리고 싶지 않은 일련의 규칙이 아니라 나누고 싶은 은혜로운 특권이다. 그들의 삶을 이끄는 지침이 되는 질문은 "어떻게 하면 잘못을 피할 수 있을까?" 또는 "어떻게 하면 이 일을 바르게 할 수 있을까?"가 아니라 "내 이웃의 삶에서 어떻게 화해의 존재가 될 수 있을까?"이다. 이런 시각을 가진 사람은 살인이 아니라 확고한 비폭력적 억제를 옹호할 것이다. 대부분의 경우 헌신된 그리스도인은 하나님이 이기적인 피조물의 삶에 개입하셔서 그의 삶을 변화시킨다고, 그것도 그분의 자녀들을 통해 그 일을 하신다고 원칙적으로 증언한다. 내가 이 공격자의 마음이 변할 리가 없다고 가정하고 행동하라는 요청을 받는 지금이 아니면 언제 그 증언을 시험해 보겠는가?[13]

이런 입장을 끝까지 옹호하되 이것이 순교를 초래할 때도 그럴 수 있는 근거는 이것이

하나님이 그분의 세상을 대하시는 방식에 함께하는 일이라는 데 있다. 신약성경과 훨씬 이후 그리스도인들의 증언에 따르면 이 길은 적어도 가끔씩은 일부 그리스도인들이 따라가야 하는 어떤 의미에서는 통상적인 길이 아닌가? 만약 내가 상황을 실용적으로 관리하고자 그 길을 가는 것이 결코 벌어져서는 안 될 일이라고 여기고 배제해 버린다면, 무고히 고난받는 길을 가는 것이 어떻게 가능하겠는가?[14]

물론 우리는 결정을 내려야 한다. 그리고 다들 피하고 싶어 할 많은 결정을 내릴 수밖에 없게 될 것이다. 그러나 그런 결정들

이 당연시하지만 명시적으로 잘 드러나지 않는 내러티브적 맥락에 주목하면, 그 '결정'을 어떻게 이해해야 하느냐가 중요한 문제임을 더 잘 볼 수 있다. 나는 비폭력주의에 헌신하는 사람들에게 제기되는 "만약…라면 어떻게 할 것인가?"라는 도전에 대한 요더의 분석에 주목함으로써, 중요한 문제는 규범적 윤리 이론의 이런저런 경우의 수의 관점에서 '상황'을 추상적으로 분석하는 것이 아니라, 한 내러티브의 틀 안에서 그런 유의 도전들을 어떻게 이해하느냐 하는 것임을 보이려 했다. 요더가 '섭리'에 호소한 논증은 하나님과 함께하는 한 공동체의 삶의 계속되는 이야기와 '들어맞는' 방식으로 상황을 '읽어 낼' 한 가지 방법을 제시한다. 그러므로 그것은 모든 일이 결국 잘 풀릴 거라는 맹목적이고 근거 없는 믿음이 아니다. 오히려 진리에 마땅한 방식으로—즉 거침없는 사랑의 능력으로 폭력적인 자들을 무찌르는 방식으로—우리를 움직여 갈 진리에 의해 우리 존재의 경계가 정해진다는 강력하고 합리적인 주장이다. 하나님의 이야기는 폭력적 수단으로 이 세상 내러티브의 저자가 되려는 우리의 시도로 꺾이지 않는다.

이런 시각에서 보면 그리스도인들이 왜 '의사결정'과 정당화의 문제를 의무론적 조건에서 접근하고 싶은 유혹을 받아 왔는지 알 수 있을 것 같다. 그리스도인들이 결과에 상관없이 하나님의 이야기에 충실하게 행동해야 한다는 것은 일리 있는 얘기이기 때문이다. 누가 상처를 받든 비극이 초래되든 정의를 시행하고 진실을 말하고 올바른 일을 하라. 그것이 우리 하나님이 요구하시는 바이니. 그러나 의무에 대한 강조가 그것을 이해할 수 있게 만드는 내러티브적 맥락에서 분리되면, 도덕적 냉담함과 독선을 합리화하는 방법이 될 뿐이다. 하나님이 요구하시는 것은 그저 '정의를 시행하는' 문제가 아니라, 어떤 종류의 정의를 누가 어떻게 시행하느냐의 문제이기 때문이다. 그것은 그저 '진실을 말하는' 문제가 아니라, 무엇이 진실이고 어떻게 사랑으로 진실을 말하느냐의 문제이다. 그렇다, 우리는 죽어 가는 사람에게 그의 상태를 알려야 하지만, 그 진실 안에서 우리가 그를 버리지 않으리라는 확신도 전달해야 한다.

그런가 하면 그리스도인들은 여러 형태의 결과론적 추론에도 매력을 느꼈고 그런 추론을 사용하여 자신들의 결정을 정당화했다. '주어진 상황'에서 최선의 일을 하고 의무가 요구하는 정도 이상으로 이웃을 섬기려는 마음이 있다면 마땅히 우리 행동의 결과에 주목해야 할 것 같다. 하지만 '결과'를 우리 결정의 결정적 요소로 분리해 낸다면, 상황을 통제하고 뜻대로 주무를 수 있을 것 같은 정당화하기 어려운 느낌이 찾아온다. '최대의 선'이나 '더 작은 악'을 내세우는 논증은 너무 추상적인데, 우리 존재의 '필수 사항들'을 기정사실로 너무 쉽게 받아들이기 때문이다. 그 결과, 우리는 다른 종류의 백성이 되어서 세상에 새로운 가능성을 제시하게 하는 상상력을 잃는다. 그리스도인들의 내러티브는 우리가 행해야 할 선이나 방지해야 할 악에 주목할 것을 분명히 요구하지만, 그런 선과 악은 세상이 바라는 '효율성'이 최종 판단 기준이라는 생각의 제약을 받아서는 안 된다. 우리는 본질상 폭력적이지 않고, 거짓말쟁이가 아니고, 불의를 추구하지 않음을 알기 때문이다. 그러므로 그리스도인들은 죄를 기정사실로 수용하는 도덕에 만족할 수 없다. 하나님의 피조물인 자신의 모습에 충실하도록 스스로와 타자 모두에게 촉구하는 것이 우리의 과제이다.

'상황'과 '사례'를 그 내러티브적 맥락에서 떼어 내고 싶은 유혹에 일단 저항하면, '가장 어려운 선택'을 포함하는 중요한 문제들에서 '결정'을 내릴 일이 없었다는 많은 이의 증언이 제대로 이해되기 시작한다. 이런 증언은 그리스도인과 비그리스도인을 가리지 않는다. 우리가 누구이고 우리에게 요구되는 것이 무엇인지 알면 결정은 저절로 내려진다. 토머스 모어Thomas More는 헨리 [8세]의 손에 죽기로 선택한 것이 아니다. 그는 그런 상황을 피하고자 무슨 일이든 했다. 그것은 자신을 위한 일이기도 했지만, 헨리가 그런 일을 하지 않게 해 주고 싶었기 때문이기도 했다. 그러나 토마스 모어는 왕위 계승법★을 인정하는 서약을 할 수 없었고 그 결과로 죽어야 했다. 그는 자신이 그렇게 해서 의무론적으로나 결과론적으로 정당화가 필요한 '결정'을 내렸다고 생각하지 않았다. 그는 그저 해야 할 일을 했을 뿐이다.[15]

그러나 이런 극적인 사례들은 오해를 부를 수 있다. 우리 삶에는 이런 헌신들이 큰 자리를 차지하지만, 항상 극적인 대결들만 있지는 않기 때문이다. 신실한 삶에 헌신한 사람들은 신실할지 말지를 계속 결정해야 할 필요가 없다. 그들은 그냥 신실하게 산다. 이것은 그들이 유혹을 받지 않는다는 뜻이 아니라, 그런 유혹조차도 결정을 요구한다기보다는 존재하기는 해도 진짜 가능한 일은 아닌 대안을 가리킨다는 뜻이다. 그것이 진짜 가능한 일

★ 헨리 8세와 캐더린 왕비의 결혼을 무효화하여 둘 사이에서 태어난 메리의 왕위 계승을 금지하고, 대신에 앤 불린과의 새로운 결혼에서 태어날 아이가 영국의 왕위를 계승하도록 정한 법.

이 아닌 이유는 유혹이 가져올 삶의 변화를 그들이 알기 때문이다. 달리 말하면, 그들은 자신의 이야기를 하는 방식을 바꿔 놓을 선택을 하지 않을 것이다.

'결정'과 그 정당화를 다루는 논의에서 성관계의 문제들이 얼마나 많이 언급되는지 주목하면 흥미롭다. 마치 성관계가 끊임없는 결정의 문제인 것처럼 말이다. 상황이 그렇다면 우리는 큰 곤경에 처해 있는 것이다. 우리는 무엇보다 성적으로 신실할지 아닐지를 놓고 끊임없이 결정을 내려야 할 필요 자체에서 벗어나야 하기 때문이다.

내게는 여행을 아주 많이 다니는 친구가 있다. 여행가라면 모두 알다시피, 비행기에 올라 아는 사람이 없는 곳으로 가는 일에는 본질적인 유혹의 요소가 있다. 그 경험에는 어떤 조건도 붙지 않고 어떤 결과도 따르지 않는 일회성 성적 만남을 가능하게 하는 자유가 따라온다. 내 친구는 종종 그런 상상을 즐긴다고 털어놓는다. 그런데 한번은 집으로 돌아오는 거의 텅 빈 비행기에서 여승무원이 실제로 함께 시간을 보내자는 제안을 해서 깜짝 놀란 적이 있다고 했다. 친구는 "간음하지 말지니라"라는 계율이 아니라 "왜 늦었는지 아내에게 어떻게 설명하지?"라는 생각이 가장 먼저 떠올랐다고 솔직히 인정했다. 그러나 그런 생각만으로도 여승무원의 제안을 거절하게 만드는 데 충분했다. 아내에게 설명하려면 거짓말을 할 수밖에 없었기 때문이다. 괜찮은 거짓말을 생각해 낼 수도 있었겠지만, 그는 그런 거짓된 삶을 시작하고 싶지 않았다.

거짓말이 일회적 성관계보다 더 중대한 문제는 아니겠지만, 그런 거짓말을 했다면 그의 사람됨은 달라졌을 것이다. 그는 승무원의 제안을 거절하면서 자신이 '결정'을 내렸다고 느끼지 않았다. 그의 사람됨과 그동안 가족과 함께한 생활로 결정은 이미 내려진 상태였다.[16] 그 '결정'이 한 일이라곤 그가 자신이 어떤 존재인지 인식하게 해 준 것이 전부였다. 그는 자신이 신실함의 습관을 길렀음을 미처 모르고 있었기 때문이다. 나는 우리의 결정 중 많은 것이 이런 부류일 거라고 생각한다. 우리는 그것들을 '결정'이라고 생각하는 경향이 있지만, 사실은 우리가 자신도 모르는 사이에 어떤 존재가 되었는지 확인하게 되는 계기일 뿐이다.

물론 그 과정은 긍정적으로뿐 아니라 부정적으로도 작용한다. 우리는 결정을 내릴 필요가 있는 자신의 모습에서 '부정함'을 발견할 수도 있다. 폭력에 관해 말해 보자면, 우리는 자신 안에 증오, 적개심, 폭력이 얼마나 많은지 잘 인식하지 못한다. 이것은 비폭력주의자가 되기로 맹세한 사람들에게도 종종 해당하는 사실이다. 비폭력주의라는 명시적 입장은 도덕적 의로움이라는 명분으로 다른 이들을 제어할 권력을 얻으려는 전략일 수 있다. 이런 상황은 우리 행동의 소위 합리적 근거를 의심하여 우리의 자기몰두에 이의를 제기할 수 있는 공동체가 절실히 필요한 이유를 상기시킨다.

결의론, 선택, 교회

전통적 방식의 결의론, 또는 보다 세속적 맥락에서 '규범 이론'의 형태를 띠는 결의론의 난점 중 하나는 암묵적인 개인주의적 추정이다. 그것은 마치 개인이 아무런 공동체적 맥락 없이 결정과 우연히 마주한다고 말하는 것 같다. 그러나 알다시피 우리가 내리는 모든 결정은 해를 끼치거나 혜택을 준다는 의미에서 다른 사람들과 관련이 있고, 다른 이들이 스스로 이해하는 방식 및 그들과 우리와 하나님의 관계를 이해하는 방식에 영향을 끼친다. 참으로 결의론의 주된 과제는 우리의 상호 연관성을 이해하도록 도와서 우리가 하는 일이 우리 삶의 이야기에 어떻게 들어맞는지, 그리고 그 일이 기독교 공동체의 지속적인 이야기에 의해 어떻게 결정되고 또 그 이야기를 결정하는지 더 잘 인식하게 하는 것이다.

현재 결의론은 율법주의 윤리에서 좀 더 부담스러운 의무 중 일부를 회피하려는 최소주의적 시도로 상당한 의혹을 받고 있긴 하지만, 어떤 공동체도 고유한 일련의 문제들에 관해 공동체의 지혜를 구현하는 도덕적 검증 전통을 개발하려는 시도를 피할 수 없고 피하려 해서도 안 된다. 결의론을 가질지 말지가 아니라, 어떤 종류의 결의론을 가져야 하느냐가 문제이다. 그리스도인들 사이에서는 특히나 그렇다. 우리 확신의 본질에 따르면 자기중심적 의사결정 과정에 대한 모든 설명이 문제가 있기 때문이다. 요더가 상기시키는 것처럼,

> 상식은 사람들이 이기적인 경향이 있고 그런 경향이 그들의 상황 인식에도 흔히 영향을 미친다고 말하는데, 기독교 신앙은 그보다 더 멀리 나간다. 기독교 신앙은 나의 결정에 대한 자기중심적 통제력을 반역의 도구로 사용하고, 창조주를 상대로 나의 독립성을 확고히 하는 방편으로 삼는 것을 특히 경고

한다. 기독교 사상은 하나님의 은혜로 극복되지 않으면 결국 우리의 파멸을 의미하게 될 반역적 자율성을 '교만'이라고 부른다. 누구나 자기만의 관점과 한정된 시야 때문에 사실을 관찰하고 평가하는 능력이 제한되어 있다는 것이 상식이다. 그러나 기독교 신앙은 나의 이기적 마음, 조바심 내고 앙갚음하는 정신과 아드레날린이 나의 사실 인식을 적극적으로 왜곡하여 창조주 및 이웃과 떨어져 독립하고 싶은 나의 욕망과 자긍심을 고스란히 드러내게 한다고 말해 준다. 이처럼 상식은 온전히 혼자서 정당한 결정을 내릴 내 역량에 대해 겸손해지라고 주장하는 반면, 죄에 대한 기독교적 견해는 철저히 혼자서 결정을 내린다는 생각 자체를 회개하라고 촉구한다.

우리 같은 선량한 사람들에게 진정한 유혹은 대중적 청교도주의가 유혹의 특성들로 정의한 상스럽고 무신경하고 육욕적인 것이 아니다. 예수께서 친히 받으신 유혹은 노골적 음탕함이 아니라 정말 세련된 자기중심적 이타주의였다. 그것은 선하고 의로운 대의(이를 위해서는 다른 사람들이 고통을 받아도 어쩔 수 없었다)의 화신이 되라는 유혹이었다. 자기정당화의 논리를 다른 사람들에 대한 의무의 형태로 진술하라는 유혹이었다.[17]

결의론은 적어도 기독교적 맥락에서는 가능성인 동시에 필연성이다. 결의론은 하나님의 이야기에 대한 자신만의 해석을 공동체의 해석에 비추어 확인하는 법을 배울 수단이기 때문이다. 교회는 '도덕적 담화의 공동체'이고 그래야만 한다. 즉, 교회는 새로운 도전과 상황을 만날 때마다 공동체의 신념이 함의하는 바에 대한 엄격한 분석을 대대로 이어 가는 공동체이다.[18] 앞에서 말했지만, 한 백성인 우리는 우리를 우리로 존재하게 하는 내러티브의 함의를 종종 이해하지 못한다. 교회는 그 공동생활과 세상의 생명에 이스라엘과 예수 그리스도를 통해 알려진 하나님의 이야기가 어떤 의미가 있는지 전개하고 검증하기로 서약한 공동체이다.

이런 '전개'가 예수께서 요구하신 제자도에 언제나 충실할 것이라는 보장은 없다. 예를 들면, '정당전쟁'론의 발달은 용서와 평화를 향한 복음의 헌신을 유지하면서도 점점 커지는 그리스도인들의 대사회적 책임에 부응하기 위해 상상력을 발휘한 시도였다고 할 수 있지만, 그것은 분명히 오류였다. 또, '이혼' 이후에 재혼을 금지한 것은 결혼생활에서 정절을 중요하게 여기는 기독교의 입장을 유지하는 데 필요한 정도보다 훨씬 엄격한 처사였다. 이런 일은 종종 그 문제점이 금세 드러나지 않지만, 하나님의 백성 안에서 이루어진 그런 시도들이 충분히 전개되면 그 공과가 드러난다. 먹어 봐야 맛을 안다고 했다. 그 와중에 우리는 특정 실천이 하나님 나라의 첫 열매인 우리가 갖춰야 할 모습을 왜곡하게 될 가능성을 끊임없이 인식해야 한다.

예를 들어, 우리가 고리대금에 반대하는 논증을 무시한 것은 잘못이었을 수도 있다. 특히 처음에 고리대금은 사랑에 어긋나는 죄라고 규탄받았기 때문이다. 자신이 가진 모든 것을 다른 사람이 쓸 수 있도록 하여 서로 돌보기로 맹세한 백성이라면 다른 이의 어려움을 이용해 수익을 얻으려는 시도를 우려해야 한다. 물론, 대출은 형편이 어려워서만이 아니라 수익을 위한 재투자를 목적으로 할 수도 있으니, 그것을 정죄해선 안 된다는 반론이 가능할 것이다. 이 구분이 바로 그리스도인들이 결의론을 발전시켜야 할 대목이다. 그러나 둘의 구분을 정교하게 발전시킨다 해도, 수익을 위한 모든 대출 관행에 자유재량이 부여되는 것은 결코 아니다. 예를 들면, 그리스도인들은 교회 안에서 어려움에 처한 이들을 착취해선 안 되는 것처럼, 교회 바깥에 있는 어려운 사람들도 그런 식으로 이용해선 안 될 것이다.

내가 이런 사례들을 제시하는 이유는 재혼이나 모든 형태의 대출에 대해 교회가 취해야 할 입장을 말하려는 것이 아니라, 그런 문제를 어떤 절차를 거쳐 결정해야 하는지 지적하기 위해서이다. 교회는 예수 그리스도가 불러온 하나님의 평화의 나라가 함의하는 바를 보여 주는 개척자이다. 교회는 우리 존재의 모든 측면에서 평화의 백성이 된다는 것의 의미를 서서히 배워 나가면서 교회의 삶의 모든 측면에 거침없이 의문을 제기하고 그럼으로써 평화의 나라의 함의를 드러낸다. 교회라는 공동체의 삶의 일부가 되는 '금지사항들'은 최소주의적 규칙이어서는 안 된다. 오히려 그런 항목들은 공동체와 개인의 상상력을 자극하여 폭력적 세상에서 평화의 백성이 되는 데 필요한 새로운 반응 형태를 끌어내야 한다.

예를 들어, 그런 공동체가 진실함과 비폭력주의의 연관성을 유지하는 일은 특히 중요하다. 폭력은 흔히 우리가 서로에게 쏟아내는 거짓과 반쪽 진실의 결과이기 때문이다. 거짓이 드러날 때 그것은 적개심과 증오의 씨앗이 되어 또 다른 거짓의 탈을 쓴 보복과 폭력을 불러일으킨다. 그러므로 교회는 서로를 대할 때나 세상을 상대할 때 모든 면에서 진실한 공동체여야 한다. 물론 진실이 무엇이지 알기 어렵다는 사실도 진실하게 인정해야 한다.

진실함은 그리스도인들이 그리스도와 함께하는 삶을 공유하지 않는 이들과 협력할 때 특히 중요하다. 우리가 선의를 지닌 다른 사람들과 여러 형태의 협력을 추구하는 것은 참으로 옳지만, 우리의 헌신이 그들의 헌신과 다를 수 있음을 분명히 밝혀야 한다. 그들이 우리를 어느 선까지 신뢰할 수 있는지 분명히 해야 한다는 얘기이다. 경우에 따라 우리는 이상적인 동맹이 아닐 수 있기 때문이다. 예를 들어, 우리는 더 큰 정의를 확보하기 위해서나 적어도 불의를 제한하기 위해서는 다른 이들과 손을 잡을 수 있지만, 비그리스도인 친구들이 그 '정의'가 폭력을 요구한다고 결정한다면 우리는 그들과 함께할 수 없음을 미리 알려야 한다.

교회 '바깥' 사람들에게는 그리스도인들이 어떤 문제들, 이를테면 거짓말, 성적 정절, 정당한 조건에 대해 너무 깐깐하게 구는 것으로 보일 수 있겠지만, 우리가 그러는 것은 평화의 백성이 되는 데 필요한 습관들을 얼마나 빨리 잃어버릴 수 있는지 여러 세기에 걸쳐 배웠기 때문이다. 물론 그런 습관들을 가진 것만으로 평화를 충분히 보장할 수 있다고 생각한다면 그런 습관 역시 경직될 수 있다. 우리에겐 공동체의 활동으로 결의론이 필요하다는 사실을 잊어서는 안 된다. 도덕은 변할 수 있는 문제들을 늘 다루기 때문이다.[19] 우리의 도덕적 확신의 기반은 하나님이 계획하신 발견의 여정을 시작하고 계속 이어 가는 사람들의 경험과 지혜이고, 그 하나님은 이스라엘과 그리스도의 삶, 죽음, 부활을 통해 알려지셨다. 진실 말하기, 이혼, 살생 등과 같은 문제들에 대한 그들의 판단은 이스라엘과 예수의 이야기를 반영하며, 그 이야기로 검증되어야 한다. 그 검증은 텍스트에서 행동을 연역하는 식으로 이루어질 뿐 아니라, 그 이야기로 형성된 사람들,

각자의 실천, 습관, 선택을 이해하고 빚어 나갈 더 적절한 방법을 발견한 사람들에 의해 이루어진다.[20]

이런 의미에서 교회의 모든 구성원은 자신이 중요한 역할을 맡아 도덕적 모험에 참여했다고 생각해야 한다. 우리 각 사람은 하나님의 이야기를 내 이야기로 만드는 것이 무엇을 의미하는지 더 잘 이해하고자 끊임없이 탐색할 임무를 맡았기 때문이다. 우리 삶은 말 그대로 서로를 풍성하게 한다. 하나님의 이야기가 다른 사람들의 삶에서 드러나는 것을 볼 때만 우리는 그 이야기의 온전한 힘을 배우기 때문이다. 그러므로 우리는 다른 사람들의 도전에 늘 열려 있어야 한다. 그들은 우리가 전혀 예견하지 못한 방식으로 진실하게 살아가는 법을 가르쳐 줄 것이다.

하지만 우리가 서로 접촉하면서 삶이 풍성해지는 것을 현재의 일로만 제한하면 안 된다. 우리는 선조들이 힘겹게 얻은 판단과 지혜에 계속 의존하지 않는가. 참으로, 우리가 가장 먼저 이루어야 할 도덕적 과제 중 하나는 선조의 기억을 언제나 생생한 기억으로, 즉 세대를 넘나드는 대화의 일부로 보존하는 일이다.[21] 보존한다는 말은 그들의 도덕적 결론이나 기준을 의문의 여지 없이 항상 받아들여야 한다는 의미가 아니다. 그것들 또한 복음에 비추어 검증해야 한다. 그러나 전통의 지혜는 흔히 머리말 정도는 될 수 있다. 설령 우리가 그것에 반대해야 한다 해도 말이다. 언제나 반대의 기준은 우리가 예수의 생애와 죽음에서 발견하는, 하나님 나라에 충실함이기 때문이다. 이것은 우리 선조도 올바르게 그들의 것으로 주장했던 기준이다.

그러므로 결의론은 세대를 뛰어넘어 하나님 나라에 충실하려 하는 그 나라 백성에게 필요한 활동이다. 그것이 소규모 '전문가' 집단만의 영역일 수는 없다. 도덕적 숙고와 이성은 공동체 전체의 활동이다. 그 공동체 최고의 결의론자들 중 일부는 종종 최강의 이성적 기술을 보여 주는 이들이 아니다. 직관적 은사를 가진 사람들은 복음이 우리에게 요구하는 바에 대해 그들이 말할 수 있는 것보다 훨씬 잘 '알고 있을' 가능성이 있다. 교회는 담화 공동체가 되어야 한다. 그래서 우리가 선지자를 두려워하느라 직관적 은사를 가진 사람들의 도덕적 중요성을 무시하는 일이 없게 해야 한다.

8장

비극과 기쁨: 평화의 영성

아무 일도 하지 않기 위한 인내의 습득

1932년 일본이 만주를 침략한 직후, H. 리처드 니버는 평화주의 성향의 잡지 〈크리스천 센츄리 *The Christian Century*〉에 글을 기고했다. 그는 그 사건에 대한 가능하고 유일한 도덕적 반응이 속수무책이라고 생각했고 그것을 받아들여야 할 신학적 근거를 기고문에서 제시하려 했다. 니버는 순진하지 않았고 일본의 침략이 국제적 불안의 신호이며 쉽사리 대규모 군사 대결로 이어질 수 있음을 잘 이해하고 있었다. "아무 일도 하지 않는 것의 은혜"라는 제목의 그 글에서 그는 누구도 생산적인 결과를 낼 만한 일을 할 수 없을 듯 보이는 상황에서는 "아무 일도 하지 않는" 적어도 한 가지의 선택지가 있고 그것은 신학적으로 의미심장하다고 주장했다.[1] 그의 형 라인홀드 니버는 〈크리스천 센츄리〉 편집자들의 요청으로 동생의 글에 답하는 글을 쓰면서, 그리스도인들은 [일본의] 침략 행위가 더욱 나쁜 결과를 초래하기 전에 국가가 제공하는 수단을 사용하여 그들을 힘으로 제어해야 한다고 강력히 주장했다.[2]

전문 신학자들 사이에서 이 두 기고문은 작은 고전으로 여겨지고, 지금도 두 글은 우리의 현재 상황에 대단히 적절한 글들로 남아 있다. 내가 이 책에서 전개한 입장을 고려하면 특히나 그렇다. 비폭력 윤리를 전개하려는 모든 시도는 결국 뭔가 옳지 않다는 느낌에 부딪히게 되는 까닭이다. 그런 부조화의 느낌은 비폭력 윤리가 우리가 살아가야 하는 세상과 맞지 않다는 생각에서 나온다. 비폭력주의의 입장을 취하면 무책임한 방식으로 방관하게 될 테고 그 결과 끝나지 않을 것 같은 세상의 전쟁 및 전쟁의 소문 앞에서 독선적이 되거나 냉담해질 것 같다. 니버 형제가 1932년에 논쟁을 벌인 문제들은 이처럼 그때만큼이나 오늘날의 상황에도 딱 들어맞는다. 그래서 나는 우리에게 주어진 대안들을 더 잘 이해하는 최선의 방법이 그들의 논증을 자세히 살피는 것이라고 생각한다.

H. 리처드 니버는 기고문을 시작하면서 일본의 침공 사태에 관해 다들 뭔가 건설적인 일을 하려고 극도로 흥분하지만 할 수 있는 일이 거의 없는 것 같다는 점을 지적한다. 결의안을 채택하고 의원들에게 서한을 쓰지만 그런 '행동'이 별다른 영향을 끼치지 못할 거라는 우울한 생각이 떠나지 않는다. 하지만 우리의 무력함에 대한 우울함은 자기기만적인 감정일 수 있다. 알다시피 아무 일도 하지 않을 때조차도 우리는 "역사의 경로에 영향을 끼치고 있기" 때문이다. "우리가 마주한 문제는 다양한 비행동 사이에서 선택하는 문제이지, 행동과 비행동 사이에서 선택하는

문제가 아니다."[3] 그러나 우리가 어떤 비행동에 참여해야 하고 그것을 어떻게 이해해야 하는지에 대한 질문은 여전히 남는다.

가령, 니버는 비관주의자의 비행동과 좌절하고 도덕적으로 분개하는 사람의 비행동은 상당히 다르다고 지적한다. 전자의 비행동은 그의 세상이 더 빨리 산산조각 나는 데 일조한다. 반면에 후자는 성난 비행동이다. 그가 문제에 개입하기를 단념한 것은 그 일이 유혈과 피해의 흐름을 격화할 뿐이기 때문이다. 따라서 그는 옆에서 지켜볼 수밖에 없지만, 분노가 계속 쌓이면 결국 양심의 가책에도 불구하고 무력으로 개입하게 될 수도 있다.

또 다른 형태의 비행동은 일본의 방식이 모든 나라의 방식이라고 믿고 위기 상황을 방관하는 보수주의자의 비행동이다. 국제 무대에서 국익은 유일한 생존 법칙이다. 그리고 이런 상황이 만들어 낼 수 있는 유일한 선은 국익의 충돌에서 나온다. 따라서 보수주의적 비행동은 무력 충돌에 개입하는 일이 특정한 국익에 부합할 기회가 생기기를 주시하며 기다리는 것이다.

공산주의자들의 비행동은 훨씬 더 심오한 희망에 근거한다. 그들의 비행동은 당장에는 할 수 있는 건설적인 일이 거의 없다고 상정한 결과이지만, 그들은 그 상황 자체가 충돌을 낳는 조건들을 제거하는 근본적 변화의 예비 단계라고 본다.

> 그렇다면 이것은 무력 충돌에 직접 들어설 기회도 아니고 자국의 이익을 추구하는 이들처럼 지켜보며 기다릴 기회도 아니다. 이것은 싸우는 집단들 안에서 공산주의 기초 조직들을 건설하는 느리고 고된 과정을 진행할 기회이다. 그 기초 조직들은 새로운 세상을 물려받을 준비를 갖추게 될 것이고, 자본주

의와 국가주의의 폐허 위에 계급 없는 국제적 공동체를 세울 수 있을 것이다. 이것은 장기적 비전과 굳건한 희망, 불간섭 행위라는 현실주의적 프로그램을 갖춘 비행동이다.[4]

그러나 니버는 아무것도 하지 않는 또 다른 방식이 있다고 지적한다. 이 방식은 신이 존재한다는 한물간 전제에 의지하고 있기 때문에 거의 실행 불가능해 보인다. 묘하게도 이 견해는 비행동에 대한 공산주의자들의 가정들을 가장 많이 공유한다. 이 믿음을 공유하는 이들은 공산주의자들처럼, 사람이 건설적인 일을 전혀 할 수 없다고 해서 어떤 건설적인 일도 이루어지고 있지 않은 것은 아니라고 본다. 공산주의자들처럼 우리 역사에는 우리가 경험하고 있는 것과 다른 세상을 궁극적으로 창조할 힘이 내재한다고 생각한다. 따라서 그리스도인들의 비행동은 공산주의자들과 다음 두 가지를 공유한다고 볼 수 있다. "일상적인 과정에서 반드시 좋은 결과가 나온다는 믿음. 그 선의 달성은 더 나은 습관들의 축적만으로 이루어질 수 없고 상당한 파괴를 불러올 혁명적 변화의 결과라는 현실주의적 통찰. 기독교적 비행동은 아무 일도 하지 않지만, 경고와 약속 모두에서 신적인 어떤 일이 이루어지고 있음을 안다."[5]

기독교적 비행동은 직접적 개입의 유효성에 대한 일정한 가정의 관점에서 볼 때만 비행동이 된다. 그리스도인들은 공산주의자들처럼 미래를 준비하는 아주 건설적인 일이 이루어질 수 있다고 믿는다. 즉, 그들은

각 나라 안에 국가주의와 자본주의 프로그램에서 떨어져 나

와 국가적·계급적 구분선을 초월하는 수준 높은 충성으로 모여 미래를 준비하는 이들의 조직을 건설할 수 있다. 이런 기독교 인터내셔널*은 오늘날 존재하지 않는데, 급진적 기독교가 아직 하나의 프로그램과 역사철학에 이르지 않았기 때문이다. 하지만 그것을 지향하는 작은 조직들이 생겨나고 있다. 로마의 제1기독교 인터내셔널은 전성기가 지났고, 제네바나 스톡홀름의 제2기독교 인터내셔널은 제2사회주의 인터내셔널의 길을 갈 가능성이 높다. 이제 제3기독교 인터내셔널이 필요하고 그럴 만한 기회도 있다.[6]

니버는 기독교적 비행동과 공산주의적 비행동의 큰 차이점도 지적한다. 그리스도인들은 비행동을 자신들의 결함과 연결지어 생각한다. 우리의 결함은 사실 침략자의 결함과 너무도 비슷하다. 미국의 그리스도인은 일본이 미국의 본을 따르고 있을 뿐이라는 사실을 인식해야 한다. 미국은 일본만큼이나 다른 국가들에게 무관심하기에 미국의 의분은 의로움과 거리가 멀다. 그래서 그리스도인들의 비행동은 회개의 길이 된다. 급진적 기독교의 비행동은

이웃을 심판하지 않는 이들의 비행동이다. 그들은 자신이 더 의롭다는 우월감을 느낄 만큼 자신을 속일 수 없기 때문이다. 그들의 비행동은 체념한 인내의 비행동이 아니라 소망이 가득

---

* 국제적 기독교의 연대를 국제적 사회주의 조직인 '사회주의 인터내셔널'에 비겨서 만든 표현.

> 하고 믿음에 근거한 인내의 비행동이다. 그것은 비전투원들의 비행동이 아니다. 그들은 비전투원이 존재하지 않고 모두가 개입하고 있으며 중국은 우리 죄와 온 세계의 죄로 인해 십자가에 못 박히고(이 용어는 아주 부정확하긴 하지만) 있음을 안다. 그것은 무자비한 자들의 비행동이 아니다. 진정한 치료 과정은 더 심오하고 더 실제적이고 집요한 힘에 의해 이루어지지만, 자비로운 사업들이 현재의 고통을 달랠 일시적 처방에 불과하다 해도 수행되어야 한다는 것을 그들은 알기 때문이다. 그러나 만약 하나님이 존재하지 않는다면, 하나님이 하늘 위에 계시고 시간 속엔 계시지 않는다면, 이 비행동은 아주 어리석은 선택일 것이다.[7]

이처럼 H. 리처드 니버에게 그리스도인으로서 아무것도 하지 않는 태도는 다름 아닌 특정한 하나님에 대한 아주 구체적인 믿음을 필요로 하는 일로 드러난다. 그런 비행동을 참을성 있게 지속할 수 있는 이유는 오로지 세상이 실제로 하나님이 정하신 경계와 그분이 들려주시는 이야기 안에 실제로 있다고 믿기 때문이다. 그분은 우리의 신실함과 부정함을 사용하여 평화의 나라가 우리 가운데 임하게 할 능력을 가지신 하나님이다. 그리스도인들에게 요구되는 평화로움은 평화의 습관을 습득하는 일, 즉 그들이 특정한 영성으로 형성되는 일과 긴밀히 이어져 있다.

이 맥락에서의 영성은 조금 낯설다. 개신교의 관점에서는 영성이라는 개념 자체가 이질적인데, 영성은 도덕적 삶이라는 중요한 사안과 별 관계가 없거나 거기에 집중하는 것을 적극적으로 방해하는 경건한 행동을 의미하는 것처럼 보이기 때문이다. 가톨릭 신자들은 영성을 평화나 정의의 문제와 직접적 연관이 전혀 없는 기도, 명상, 자기부인 같은 '영성 훈련'과 흔히 관련지어 생각한다. 하지만 우리 세계의 폭력적 대안들 앞에서 그리스도인들이 '아무것도 하지 않으려면' 무엇이 필요한지에 대한 니버의 논의는 사실 평화를 향한 헌신을 유지하는 데 필요한 영성의 개발을 위한 조언이다. 폭력 앞에서 희망을 유지하는 데 필요한 인내는 영성 훈련을 요구하고, 그 훈련은 모든 영성 훈련이 그렇듯 우리의 구체적 삶을 향한 하나님의 말씀을 더 잘 들을 수 있는 위치에 있게 되리라는 기대를 기반으로 한다.

그리스도인의 삶에 모종의 영성 이론이 불가피하다는 것은 〈센츄리〉 다음 호에서 라인홀드 니버가 동생의 입장에 답한 글에서 잘 드러난다. 라인홀드의 입장에도 일종의 영성이 들어 있었기 때문이다. 그러나 그것은 H. 니버가 권했던 인내와는 상당히 다른 전제에 근거한 영성이었다. 라인홀드에 따르면, 그런 인내를 떠받치는 소망은 사실을 적극적으로 왜곡하지 않는다 해도 기껏해야 환상에 불과하다. 라인홀드는 평화 같은 윤리적 목표들이 사회 내부와 사회들 사이에서 강제력 없이 실현될 수 있다는 동생의 생각을 순진한 희망이라고 비판하지 않는다. H. 리처드는 "역사의 사실들에 대한 현실주의적 해석"에 의하면 자신의 "도덕적 완벽주의"는 현실주의적 사회이론이 아니기에 종말론적 영역으로 완전히 보내야 한다는 것을 인정한다. 라인홀드는 이 사실을 알고 있고 따라서 기독교적 비행동에 대한 동생의 설명을 "겸손과 사심 없음을 달성하려는" 시도로 규정한다. 그런 시도의 이유는 "충분한 그리스도인들이 그것을 실현하면 역사의 경로를 바꿀 수 있어서가 아니라, 그런 영적 태도가 하나님 나라의 도래를 구하며 그분께 바치는 기도이기 때문이다."[8]

라인홀드는 이런 종말론적 견해 자체는 문제 삼지 않는다. 그도 강력한 윤리를 위해서는 적절한 종말론이 필요하다고 믿기 때문이다. 그러나 "내가 동생의 특정한 종말론을 받아들일 수 없는 이유는 그가 역사에서 벌어지는 모든 일(재난으로 가는 경향, 또 다른 세계대전, 어쩌면 세계혁명까지도)을 하나님의 계획과 동일시하다가 갑자기 믿음의 도약을 감행하여, 많은 사람이 양심의 거리낌을 느낄 만한 잔혹함과 무력을 사용하시는 하나님이 결국 순전한 사랑으로 통치될 이상적 사회를 세우실 거라는 결론에 이르기 때문이다."[9]

라인홀드 니버는 그런 믿음은 일관성이 없다고 말한다. 한 백성의 분노와 적개심이 어떻게 하나님의 도구인 동시에 종교적 거리낌을 이유로 효과적인 정치적 사용이 금지된 도구라고 말할 수 있을까? 라인홀드는 오히려 자연과 역사의 힘을 윤리적으로 사용하여 강제력을 써서 폭력을 피하는 것이 더 나을 거라고 주장한다. 인간이 인간으로 존재하는 한 그의 동생이 전제하고 소망하는 것 같은 순전한 사랑의 사회를 상상하기란 불가능하기 때문이다. 인간의 "이성과 상상력의 자연적 한계로 인해 인간은 아무런 사심이 없는 동기에서 출발한다 해도 동료들의 필요를 온전히 상상하거나 그들의 이익을 토대로 행동을 결정하지 못하게 될 것이다. 개인의 이런 한계는 국가적·민족적·경제적 집단들의 생활과 행위에 누적적 효과를 끼칠 수밖에 없다."[10]

따라서 아무런 사심 없음은 개인이 달성할 수 없고 인간 집단으로서는 절대적으로 불가능한 이상이다. 어떤 나라도 사랑의 힘으로 다른 나라를 구할 만큼 선할 수 없다. 국가 간의 관계에서 우리가 바랄 수 있는 최선은 완전한 조화나 평화를 추구하는 대신 모종의 힘의 균형이 이루어질 때까지 서로의 권리에 맞서고 이익에 맞서 조정을 추구하는 정의이다. 따라서 강제력을 쓰지 않고도 상당히 정의로운 사회를 성취할 수 있다는 모든 희망은 그야말로 환상에 불과하다. 이것이 현실에서 뜻하는 바는 "일본이 군사 침략 시도를 포기하도록 설득해야 하지만 필요하다면 강제력을 사용하여 일본의 계획을 좌절시켜야 하고, 강제를 최소한으로 줄여 그것이 폭력을 낳는 것을 방지해야 하고, 끊임없는 자기분석으로 일본 비판자들과 심판자들의 도덕적 자만을 제어해야 하고, 모든 사회적 상황 가운데 윤리적 힘이 극대화되게 하면서도 윤리적 순수성이 떨어지는 수단의 사용을 두려워하느라 윤리적 목표를 달성할 가능성을 희생시키지는 말아야 한다"라는 것이다.[11]

라인홀드 니버는 동생의 "윤리적 완벽주의와 그 종말론적 색깔"이 자신의 견해보다 복음에 더 가깝다는 것을 기꺼이 인정한다고 말한다. 그러나 그것은 순전한 사랑의 윤리로는 적절한 사회윤리를 구축할 수 없다는 지적과 다름없다. 하지만 우리는 그런 이상을 버릴 수도 없다. 우리가 성취할 수 있는 어떤 것도 그런 이상에 미칠 수 없다 해도 말이다. 오히려 적절한 수준의 사회윤리에 대해서는 이상을 견지해야 한다. 그렇지 않으면 그 윤리는 편의주의의 상대성 가운데 길을 잃고 말 것이기 때문이다. "인간 세상이 자연과 하나님, 현실과 이상이 만나는 곳으로 남아있는 한, 인간의 진보는 자연의 힘을 이상에 봉사하도록 현명하게 쓰는 일에 달려 있을 것이다."[12]

라인홀드 니버의 현실주의에 직면하면 그의 입장도 아주 명확한 종류의 영성을 수반한다는 사실을 놓치기가 쉽다. 뿐만 아니라, 그리스도인이 이 세상에서 이룰 수 있는 상대적 정의를 꾸준히 모색하게 하는 인내와 소망도 영성에서 나온다.[13] 그러나 이런 인내와 소망은 H. 리처드 니버의 그것과는 다르다. 라인홀드의 인내는 인류의 역사가 영구적 비극임을 고백해야 하는 인내이기 때문이다.

> 개인이 도모할 수 있는 최고의 이상들은 사회적·집단적 관점에서는 그가 결코 실현할 수 없다. 사랑이 역사 속 사회적 투쟁을 제한할 수는 있겠지만 결코 없애지는 못할 것이고, 사회를 완전한 사랑의 지배하에 두려고 시도하는 사람들은 십자가에서 죽을 것이다. 그리고 그 십자가를 바라보는 이들이 그것을 인간이 어떤 존재여야 마땅한지 보여 주는 동시에 역사의 과정에 휩쓸려 있는 동안만큼은 인간이 그런 존재일 수 없다는 것도 보여 주는 하나님의 계시로 보는 것은 참으로 옳다.[14]

우리 존재의 비극적 성격에 대한 라인홀드 니버의 인식은 강제력이라는 불가피하고 모호한 수단을 통해 정의를 이루기 위한 투쟁을 이어 갈 수 있도록 우리를 훈련하기 위한 시도이다. 그 노력을 지속하기 위해서는 분명 소망이 필요하지만, 니버에 따르면 그것은 역사 안에서 성취되길 바랄 수 없다. 오히려 그 소망은 그 성취가 역사 너머에 있음을 깨닫게 하고, 우리의 역사적 존재를 보다 정의롭고 덜 폭력적이게 만들려는 시도를 이어 가게 한다. 하지만 우리는 이 두 가지가 양립할 수 없는 이상임을 결코 잊어서는 안 된다. 상대적 정의를 성취하려는 시도에는 적어도 폭력의 위협(폭력을 대놓고 쓰지는 않는다 해도)이 따라오기 때문이다. 따라서 정의를 확보하기 위해 폭력을 쓰려는 사람들도 평화주의자 못지않게 비범한 영적 훈련을 받아야 한다. 그들은 자신들이 상대적 선을 성취하기를 바라며 차악을 활용한다는 사실을 결코 놓쳐서는 안 된다.

일본의 만주 침략에 미국이 어떻게 대응해야 하느냐는 이론적으로도 더는 우리의 관심사가 아니지만, 그 문제로 니버 형제가 논쟁했던 사안들은 여전히 우리 상황에 대단히 적실하다. 가령, 일본의 침략을 핵 군축으로 대체하면 니버 형제가 논쟁했던 것과 동일한 일련의 이슈들이 금세 떠오른다. H. 리처드 니버가 말한 대로, 우리는 결의안을 통과시키고 의원들에게 편지를 쓸 수 있지만 건설적인 일은 전혀 할 수 없는 것 같아서 좌절한다. 그리고 미국의 대응에 대한 질문은 건설적 활동의 결여를 어떻게 이해해야 하는가, 우리가 어떤 사람들이 되어야 비행동에 잠식되어 세상과 그 폭력을 정상적인 것으로 받아들이지 않을 수 있을까로 바뀐다. 라인홀드 니버의 관점에서 보면 그 질문은 모종의 핵 교착상태의 불가피성과 필요성을 어떻게 이해할 것인지와 우리가 어떤 사람들이 되어야 그런 무기를 보유하고 사용할 수 있는 상태에서도 비뚤어지지 않을 수 있는지를 의미할 것이다.[15]

어쩌면 무엇보다 시급한 것은 니버 형제가 제시한 문제를 어떻게 해결할 수 있느냐는 질문일 것이다. 두 입장 모두 잘 논증되었고, 기독교 전통의 중요한 측면들을 대표한다고 합당하게 주장할 수 있고, 우리의 깊은 직관 중 일부에 부응하는 것처럼 보인다. 둘 중 하나를 고르는 우리의 선택 기준은 무엇인가? 더 옳게 느껴지는 것을 고르는가, 아니면 우리가 당연시하는 직관에 맞는 것을 고르는가? 나는 이 책의 논증에 따라 H. 리처드 니버의 입장을 채택해야 우리가 나사렛 예수의 삶으로 드러난 하나님 나라에 적합한 방식으로 살 수 있다고 생각한다. 하지만 이 문제를 라인홀드 니버의 입장 대신에 H. 리처드 니버의 입장을 선택하는 문제로 보는 것은 상황을 지나치게 단순화한 생각이다. 나는 라인홀드가 암시한 것과 상당히 비슷한 영성 없이는 H. 리처드가 대표하는 입장이 보존될 수 없다고 보기 때문이다.

비극과 평화로움

그리스도인들이 구현하고 추구하는 평화는 라인홀드 니버가 생각하는 것처럼 모종의 불가능한 이상이 아니다. 그것은 완전한 조화가 아니다. 정당한 정의에 대한 모든 요구를 억눌렀으니 갈등 없는 질서도 아니다. 오히려 평화의 나라는 현존하는 실체이다. 그런 평화를 가능하게 하시는 하나님이 과거의 주권자가 아니라 우주의 현재 주인이신 까닭이다. 그런 평화는 질서의 정반대 편에 있다. 평화의 제도화는 필연적으로 무질서를 낳고 심지어 무정부 상태를 조장하기까지 하기 때문이다. 실제로 하나님의 평화는 세상을 더 안전하게 만들기보다는 우리가 극복해야 할 위험을 증가시킨다.

모든 사회질서와 제도는 정도 차는 있지만 우리 존재의 주인이 하나님이 아니라 우리 자신이라는 거짓 위에 세워진다. 우리는 무질서가 초래하는 무정부 상태와 폭력을 당연히 두려워하기 때문에 질서를 확보하기 위해 사실상 환상의 공모에 들어선다. 설령 다른 사람들을 희생해야 정상 상태와 안전을 달성할 수 있다 해도 우리는 여전히 정상 상태와 안전을 원한다. 그래서 결국 정의와 진실함은 분리될 수 없다. 정의를 향한 요구는 흔히 '현재 세상의 모습'에 대한 우리의 가정에 도전장을 던지기 때문이다.

우리의 자기기만 성향과 질서 추구 성향의 관계는 사회 전반적 구조의 관점보다는 대인관계의 수준에서 더 잘 보일 것이다. 우리는 사랑과 친밀함의 문제에서 자신과 타인을 가장 쉽게 속인다. 우리는 자신이 누구이고 무엇을 원하는지 잘 확신하지 못하는 피조물이지만, 다른 사람들의 사랑과 존중을 바란다는 것 정도는 안다. 우리는 존경 없이 살 수 없고, 존경받기 위해 다른 사람을 조종해야 한다 해도 능히 그 일을 할 것이다. 즉, 우리는 자신의 사랑과 사랑하는 사람들마저도 '이용한다.'

그러나 우리가 그렇게 하는 만큼, 타자는 물론이고 아이러니하게 우리 자신도 스스로의 기만에 기대어 살게 된다. 우리는 이런 식으로 다른 사람의 사랑과 존경을 획득했고 그 사랑을 충실히 지키고 싶어 한다. 정말이지 그 사랑은 스스로에 대해 만든 환상이 실은 진실이라는 우리의 가정을 강화하는 것 같다. 다른 사람이 그들에게 의미심장한 존재로 우리를 받아들였다는 사실이 그것을 확증해 주는 듯 보인다. 이렇게 해서 우리의 가장 깊은 도덕적 신념이 우리를 자신의 기만 속에 더 깊숙이 빠져들게 한다. 우리를 사랑하고 아끼는 사람들의 기대에 부응하려면 '그 기만들을 사실로 만들고자' 더 힘껏 노력해야 하기 때문이다.

자신의 이기심이나 냉소주의를 솔직히 인정하여 그런 기만으로부터 자신과 타인을 보호하려는 이들은 이 악순환의 특히 흥미로운 사례를 보여 준다. 그들은 자신의 이익을 무한정 추구하는 것 외에는 어떤 덕도 갖고 있지 않다고 주장함으로써 허위의 바다에서 진실함의 섬을 만들어 내려고 노력한다. 그러나 그런 전략은 실패할 수밖에 없다. 냉소주의자들은 아이러니하게도 배려하기 때문이다. 참으로 그들은 지나치게 배려하고 그 배려는 자기파괴에 가까운 자기부인을 낳는다. 아무것도 믿지 않는 그들은 자신을 불신함이라는 명예와 고결함조차 결국 불신할 수밖에 없고, 그로 인해 말 그대로 무가치한 상태가 된다.

우리가 기만에 성공하면 할수록—우리의 기만에 언제나 모종의 진실이 담겨 있다는 사실은 기만적으로 사는 데 크게 성공할 수 있다는 뜻이다—가능한 일체의 도전으로부터 스스로를 보호할 필요를 더 많이 느끼게 된다. 그래서 우리는 교제하는 친구들의 범위를 넓힐 때 아주 신중을 기한다. 우리의 환상에 도전하는 질문을 던질 만한 사람은 맞아들여서는 안 된다는 것을 본능적으로 알기 때문이다. 우리가 '교제하는 친구들'은 사실 우리 환상 하나하나를 보호하기 위해 공모한 친밀한 이들이다. 그 환상들이 우리가 아는 '평화'의 토대일 경우 공모는 더 두터워진다.

따라서 우리는 '우리가 생각하고 행동하는 방식'을 처음 접하고 그것을 친숙하게 느끼지 않는 이방인이 우리 삶에 들어오는 것을 두려워한다. 우리 자녀의 모습으로 다가오기도 하는 이 이방인은 종종 우리의 관습을 충분히 익히지 못한 나머지 우리 세상의 관점에서는 답이 없는 질문을 던진다. 우리는 그런 상황에 조롱이나 불관용으로 대처하는 법을 배워서 외부자에게 우리의 방식을 수용하지 않으면 계속 외로움을 감수해야 할 거라는 신호를 보낸다. 그리고 많은 경우 이방인들은 세상을 보는 우리 방식으로 '전향하여' 처음의 어색한 질문들은 잊어버리거나 자신들이 얼마나 무지하고 순진했는지 말해 주는 표시로만 기억하게 된다.

그러나 그들이 다음과 같은 질문을 계속 던질 수도 있다. "왜 자녀를 갖는 것이 '좋은 일'이라고 믿나요?" "자살하는 것이 뭐가 잘못인가요?" "기형의 아이를 죽이는 일이 왜 잘못인가요?" "왜 한 번에 한 사람과만 결혼할 수 있다고 생각하나요?" "먹기 위해 동물을 죽이는 것이 왜 옳은가요?" "재산을 물려받은 사람이 그렇지 못한 사람들보다 형편이 더 좋은 것이 왜 정당한 일인가요?" "왜 우리는 하나님이 한 분이라고 생각하나요?" 등등. 물론 우리는 그런 질문들에 대답을 시도할 수 있다. 각 질문에 대해 **모종의** 답변을 갖고 있기 때문이다. 그러나 우리는 이방인에게나 우리 자신에게 충분히 적합하고 설득력 있는 답변을 제시할 수 없다는 느낌에 시달린다. 그럴 때 우리가 할 수 있는 일이라곤 이방인과 그의 질문들을 제거하는 것뿐이다.

보다 친밀한 인간관계에서도 이와 동일한 과정이 일어난다. 그 과정이 덜 지적인 방식이라는 차이만 있다. 따라서 두 사람의 관계의 정직성을 시험하는 기준은 종종 한쪽이 둘 모두에게 똑같은 친구가 될 수 없는 제3자와의 우정을 시작하도록 다른 쪽이 기꺼이 허용하는지 여부에 있다. 우리의 우정은 예상하기 힘든 방식으로 우리를 변화시키고, 둘 중 한 사람이 변하면 둘의 관계도 달라지기 때문이다. 우리는 그런 변화를 두려워한다. 이방인의 존재만으로도 약탈당하는 느낌을 받는 터라 친구의 새 친구를 질투하고 시기하는 마음을 떨치기 어렵다. 일체의 친밀함과 상호 나눔을 이루는 일이 얼마나 어려운지 알기에, 우리는 이제껏 이루어 낸 친밀함이 다른 사람이 불러온 변화로 깨질지 모른다는 두려움 속에 살아간다. 따라서 점점 더 우리는 이방인으로부터 자신을(그리고 바라건대 우리와 연결된 사람들을) 보호할 수 있는 방식으로 살게 된다. 현재의 상태를 가능성 있는 상태보다 늘 선호하고, 후자가 변화를 가져올 수 있을 때는 더욱 그렇다.

그래서 우리는 질서를 사랑한다. 그 질서가 환상과 자기기만에 근거한 것이라 해도 그렇다. 우리가 평화를 원한다는 말은 곧 질서를 원한다는 의미이다. 그러므로 우리가 속속들이 비폭력적인 평화의 백성이라는 말은 가장 큰 환상과 기만이다. 다른 이가 우리의 환상을 어지럽히지 않는 한 우리는 평화롭다. 다른 이가 우리의 영역을 침범하지 않는 한 우리는 비폭력적이다. 그래서 폭력이 우리 삶에 불필요하게 여겨진다. 폭력이 날실이 되어 그 위로 우리 존재의 직물이 짜인다. 잠재된 폭력 위에 우리 삶의 질서가 세워진다.[16] 개인적 수준에서도 그렇지만, 우리의 가장 귀중한 주장들을 보호하고 향상하기 위해 조직한 '사회'로 서로를 만날 때는 그 정도가 더욱 심해진다.

폭력이 무질서에 맞서는 궁극적 무기라는 가정에 기초한 세상에서 그리스도인들이 바라고 기도하고 받는 평화는 불안을 자아낼 수밖에 없다. 그런 평화는 종종 '아무 일도 하지 않는 것'으로 보일 수 있는데, 그것이 우리 사회질서의 전제들에 근본적으로 이의를 제기하기 때문이다. 그것은 우리 존재의 궁극적 이방인이신 하나님을 환대하도록 요구하는 진리에 토대를 둔 평화이다. 하나님이 우리에게 지독한 이방인이 되신 이유는 우리가 자신의 주인인 것처럼 살기로 선택했기 때문이다. 그래서 하나님은 다른 사람들이 우리에게 그들의 이야기를 들려주는 동안 참을성 있게 기다릴 수밖에 없게 하심으로 타인에 대한 우리의 두려움을 시험하신다.

우리 자신의 힘에 관한 기만과 망상에는 해결책이 없다. 우리는 의지를 발휘하는 방식으로는 환상에서 벗어날 수 없다. 우리의 가장 큰 환상 중 하나가 바로 그런 의지를 발휘할 수 있다는 것이기 때문이다. 우리의 유일한 희망은 타인의 존재이다. 하나님은 타인을 통해 그분의 나라를 현존하게 하시고 우리는 그 나라 안에서 우리 삶을 발견하라는 초청을 받는다. 오직 이런 방식으로만 우리는 두려움이 아니라 신뢰, 폭력이 아니라 평화에 토대를 둔 자아, 이야기를 획득할 수 있다.

하지만 그런 삶이 유지되려면 공동체가 있어야 한다. 그것도 하나님이 빚으셔서 자기기만과 폭력으로 끊임없이 기우는 우리의 성향을 계속 제어할 수 있는 공동체가 있어야 한다. 라인홀드 니버가 말한 대로, 평화로움이 자라기 위해서는 다른 이들에게 그에 따르는 필연적 비극의 부담을 지우지 않으면서 그 비극을 흡수할 수 있는 공동체가 있어야 한다. 그러나 우리가 성취할 수 있는 제한적 선이 강제와 폭력을 통해서만 궁극적으로 달성 가능하다는 것을 깨닫는 데 인간 존재의 비극이 있다는 라인홀드 니버의 말은 오류이다. 오히려 그 비극은 우리 그리스도인들이 증언하는 평화가 세상을 더 위험하게 만들 수 있다는 사실에 있다. 세상은 자신의 폭력적 환상을 순순히 포기하지 않기 때문이다.[17]

따라서 그리스도인들은 우리의 확신에 따라오는 멈출 수 없는 비극 앞에서도 신실함을 유지하게 하는 영성을 갖추어야 한다. 비극을 인정하는 영성은 인내를 통해 배운다. H. 리처드 니버가 말한 대로, 우리가 세상을 '더 낫게' 만들기 위해 폭력 사용을 꺼린다는 것은 종종 기다리는 법을 배워야 한다는 의미이다. 하지만 그런 기다림은 냉소주의와 보수주의의 유혹에 저항해야 한다. 그리고 역사의 과정이 '모든 것이 다 잘 되는' 결과를 낳을 거라고 가정하는 엉터리 유토피아 사상의 유혹에도 저항해야 한다. 그리스도인들이 소망하는 대상은 '역사의 과정'이 아니라, 예수 그리스도의 십자가와 부활 안에서 역사의 종말을 이미 규정하신 하나님이기 때문이다. 그것이 우리의 믿음이다. 그런 선포 없이 비극적인 상황 앞에서의 인내는 운명에 순응하는 스토아학파적인 묵종에 불과한 것이기 십상이다.

평화로운 삶을 향한 그리스도인들의 헌신은 스토아학파적 묵종일 수 없다. 도래한 그 평화는 진실을 희생하고 안전을 약속하는 개인적·사회적 질서에 도전하기 때문이다. 그래서 하나님의 평화와 인간 존재의 비극적 특성을 직시할 필요성은 불가분 이어져 있다. 하나님의 평화는 우리가 폭력과 타협한 부분들을 흔들어 놓기 마련이고, 그렇게 되면 우리가 거짓과 공모하여 제어했던 세력들이 풀려날 위험이 있다. 하지만 하나님 나라의 맛보기인 교회는 그런 공모들에 도전하고 그로 인해 생기는 상처를 감수할 수밖에 없다. 우리가 증언하는 평화가 해와 별들을 움직이는 진리라는 것 외에 그 도전을 정당화할 다른 근거는 있을 수 없다.

이 평화가 우리에게 요구하는 또 다른 사항이 있다. 하나님의 평화가 불안을 초래하는 평화라면, 그것은 배려하는 평화이기도 하다. 그리스도인들이 세상에 관한 진실을 말하고 세상에 모종의 질서를 부여하는 세력에 도전해야 한다면, 그런 도전의 결과로 생기는 부상자들을 보살필 수 있는 백성도 되어야 한다. 우리는 혼란을 초래해 놓고 그 결과에 아무 책임이 없다는 듯 방관하는 사람들이 아니다. 아니다, 우리가 진리를 말할 수 있는 백성인 까닭은 그 진리로 피해를 본 사람들을 버리지 않기 때문이다.

어쩌면 이것이 교회가 많은 경우 삶의 어떤 지점에서 통제력을 상실했던 사람들, 거절과 혼란의 암흑에 직면했던 사람들로 구성되는 이유일지도 모른다. 그들은 우리 역사의 본질적 부분인 비극을 피할 수 없다는 사실을 잘 안다. 우리는 과거를 부인할 수 없지만, 존재의 진실에 직면했던 이들을 수용하고 보살핌으로써 우리의 과거를 받아들이고 새 의미를 부여하는 일은 가능하다. 이처럼 교회는 하나님이 삶을 열어 주신 사람들이다. 그 일은 종종 큰 대가와 함께 일어나고 그렇게 삶이 열린 사람들은 두려움과 적개심 없이 다른 사람들에게 자신을 열어젖힐 수 있다. 그들은 이방인을 하나님의 현존으로 환영하는 법을 배웠으니 환대는 그들의 거룩함의 일부이다.

기쁨과 평화로움

하지만 하나님의 평화를 향한 우리의 헌신에 따르는 비극, 그리스도인이 감지하는 비극이 세상에 대한 최종 결론은 아니다. 하나님이 임하게 하셨다고 우리가 믿는 평화가 불안을 초래한다면 그것은 기쁨과 감사의 토대이기도 할 것이기 때문이다. 우리는 폭력 앞에서 기다리도록 요구하는 인내의 소망이 더 큰 선으로 가는 모종의 수단이 아니라 선 그 자체임을 발견한다. 그 인내는 우리가 해내거나 성취하는 어떤 것이 아니라, 하나님이 우리 삶에 가능하게 만드신 것을 인정하는 자세이다. 따라서 그 인내가 폭력 앞에서 체념으로 변하도록 그리스도인들이 내버려 둔다면 그것은 잘못된 신앙이다. 우리는 스스로가 본래 폭력적인 백성이 아님을 알기 때문이다.

라인홀드 니버가 상기시키듯,

> 기독교는 비극을 넘어서 있다. 십자가에 달린 이 사람에게 눈물이 있다면 '연민과 공포'의 눈물은 절대 아니다. 십자가는 스스로와 모순되는 방식으로 생명을 드러내지 않는다. 그와는 반대로, 십자가는 생명 자체에 내재하는 결함으로 보이는 것이 실제로는 각 사람의 영혼에 있는 우발적 결함이라고, 그가 자유롭게 범하는 죄의 결함이라고 선언한다. 그가 그 사실을 깨달을 수 있다면, 자신을 위해 울 수 있다면, 회개할 수 있다면, 구원의 가능성이 있다. 소망과 믿음으로 구원받을 수 있다. 그의 소망과 믿음은 본질적 실재로서 갖는 생명의 특성과 죄악된 역사에서 드러나는 생명을 분리할 것이다.
>
> "나를 위해 울지 말라"라고 말할 수 있는 십자가 위의 이 사람은 우리 또한 자기연민의 눈물로부터 구원할 수 있다. 그가 생명에 대해 드러내는 진실은 자기연민의 눈물을 회한과 회개의 눈물로 바꾼다. 회개는 삶이나 하나님을 질책하지 않고 자기를 질책한다. 그 자기질책에서 소망과 구원이 시작된

다. 결함이 우리 안에 있고 생명의 특성에 있지 않다면, 생명은 절망적이지 않다.[18]

이처럼 우리는 회개를 통해 우리 삶이 원래 개인적으로·사회적으로 비극적인 것이 아니라 기쁨을 주는 것이었어야 함을 받아들이게 된다. 그리고 기쁨은 우리가 바라는 어떤 것이 아니라, 우리 삶 전체로 스며드는 현재의 성향이다. 그것은 모든 덕의 전제이다. 기쁨은 우리가 본래 거짓말쟁이가 아니고 폭력적이지 않고, 의당 진리를 알고 싶어 하고 자신과 이웃과, 무엇보다 하나님과 평화롭게 지내고 싶어 하는 사람들이라는 발견이다. 따라서 기쁨은 소망에서 태어난 성향이라고 할 수 있고, 그 소망은 이 세상의 폭력을 하나님의 평화로 변화시키는 일이 우리가 감당할 수 없는 임무라는 인식에 근거한다. 사실 그 일은 예수의 십자가와 부활을 통해 이미 이루어졌다. 우리의 기쁨은 하나님의 구속에 대한 확신을 가지고 기꺼이 살아가는 것 자체이다.

그리스도인의 삶에 기쁨이 중요하다고 강조하는 것이 이상하게 보일 수도 있다. 우리는 보통 기쁨을 뜻밖의 일에 대한 일시적 반응과 연결 지어 생각하기 때문이다. 우리는 기쁨이 순간적인 것에 불과하고 오래 남아 있지 않는다고 생각한다. 기쁨은 오랜 기간에 걸쳐 우리를 붙들어 줄 수 없다고 보는 것이다. 그러나 우리가 그리스도인으로서 받는 기쁨은 그런 일시적 사건이 아니다. 오히려 그것은 하나님의 평화의 나라의 말씀과 기술을 품은 사람들에게 둘러싸여 참된 고향을 찾은 데서 나온다. 그들은 기뻐하지만 그들의 싸움이 끝났다고 생각하지는 않는다. 우리 존재의 비극적 특성에 대한 그들의 인식에는 얄팍한 낙관주의나 감상벽이 끼어들 여지가 없다. 그들이 기뻐할 수 있는 것은 오히려 자신들이 적어도 올바른 싸움을 하고 있다는 확신이 있기 때문이다.

누군가는 내가 말하려는 내용이 기쁨보다는 행복에 가깝다고 생각할 수 있을 것이다. 그러나 행복은 그리스도인의 성향을 규정하기에는 너무 좁은 개념이고, 많은 경우 우리 자아가 추구하는 욕망의 만족만을 의미한다. 우리 욕망의 본질에 따라 행복감의 깊이에 차이가 생긴다는 것은 분명하다. 그러나 행복은 잘 살아 낸 인생이 가장 심오한 만족감을 얻는 경우라 해도 기쁨의 감각이 부족하다.[19] 그리스도인의 삶의 특징이 되는 기쁨은 어떤 욕망의 성취보다는 우리가 평화를 원할 뿐 아니라 평화로운 백성이 될 수 있다는 발견에서 나온다. 기쁨은 이렇듯 우리에게 선물로 다가온다. 이 선물이 아이러니하게도 우리 자신에 대해 확신하게 하고 하나님의 평화를 현재의 실재로 살아 낼 수 있게 만든다.

그렇기 때문에 우리는 행복해지려고 시도할 수는 있지만 기뻐하려고 시도할 수는 없다. 기쁨은 언제나 거의 뜻밖의 형태로 찾아온다. 종종 기쁨은 다른 상황이었다면 피하고 싶었을 일을 직시하면서 어렵고 불쾌한 일에 기꺼이 맞선 덕분에 우리 자신이 짐작도 못했던 역량을 갖고 있음을 깨달은 결과로 찾아오기도 한다. 기쁨은 우리 삶과 다른 이들의 삶을 지배할 능력을 안겨 줄 듯한 빈약한 갈대 같은 안전을 내려놓은 결과이다. 그러나 그런 내려놓음은 우리의 의지로 할 수 있는 일이 아니고, 정신없이 권력을 추구한 결과로 찾아오는 어려움과 비극이 주는 굴욕을 받아들이는 법을 배움으로써 이루어진다.

이처럼 결국 기쁨은 우리 폭력의 온상인 안전보장과 권력의 환상을 빼앗긴 결과이다. 폭력은 우리가 비폭력적이 되겠다고 한번 결정해서 '극복할' 수 있는 대상이 아니다. 비폭력의 길에 오랫동안 헌신한 이들은 자신들의 삶에 폭력이 계속해서 존재함을 증언하는데, 그중에서도 특히 중요한 것은 자신들의 '약함'으로 다른 이들을 조종하여 목적—다른 이들은 보다 공격적 방식으로 추구할 목적—을 이루고 싶은 유혹이다. 자기기만은 폭력적인 사람들 못지않게 비폭력주의자들에게도 큰 문제이다.

오히려 비폭력주의는 나의 중요성과 안전을 보장해 줄 것 같은 모든 것을 빼앗긴 상태로 지내는, 평생에 걸친 훈련을 요구한다. 그러나 아이러니하게도, 우리가 많이 잃으면 잃을수록, 기쁨의 삶을 살 가능성은 더 커진다. 기쁨은 언제나 놀랄 준비가 된 자세에서 나오는 성향이기 때문이다. 좀 더 강하게 표현하면, 기쁨은 뜻밖의 일들이 우리 삶을 지탱해 준다는 깨달음에서 오는 성향이다. 기쁘게 살아가는 법을 배우는 데 있어 가장 주목할 만한 측면은 어쩌면 친구, 배우자, 자녀 같은 우리 존재의 가장 단순하고 가장 일반적인 요소들을, 아무 권리 없는 우리에게 주어진 순전한 선물로 보는 일일지도 모른다.

이처럼 평화로움은 비극적 상황 앞에서 인내하는 법을 배우는 훈련이자 비극적인 상황 앞에서 기쁘게 사는 법을 배우는 일이기도 하다. 그리스도인의 소망은 "악이 존재 자체에 내재한다고 보지 않고 결국 선하신 하나님의 지배 아래 있다"라고 보면서 "비극을 넘어서서" 살 것을 요구하기 때문이다.[20] 이 소망이 우리에게 제시하는 것은 감상적 낙관론의 토대가 아니다. 우리는 '아무것도 하지 않는' 법을 배워야 할 것이다. 적어도 한 나라가 다른 나라를 침략하는 상황에서, 또는 핵무기 통제를 위한 미국의 '상호확증파괴' 정책의 관점에서 분명하고 건설적인 결과를 만들어 낼 행동은 하지 않는 법을 말이다. 하지만 우리는 이생에서 가능하다고 믿는 평화를 확신 있게 증언하는 사람들이 될 수 있다. 우리는 그 평화의 능력을 삶에서 느끼기 시작했기 때문이다. 이생에서 그런 기쁨이 가능하다는 것을 세상이 알 수 있는 유일한 수단은 그 기쁨을 드러내는 사람들의 '조직'이다. 그들이 없다면 이 세상에 무슨 소망이 있겠는가?

한 가지 일을 하는 은혜에 관하여

학생에게 기독교 윤리학을 소개하기 위해 쓴 책을 '영성'에 관한 논의, 특히 비극과 기쁨에 관한 논의로 마무리하는 것이 이상해 보일 수 있다. 하지만 모든 윤리는 명시적으로든 아니든, 우리 삶이 소위 선한 것과 참된 것을 구현하게 해 줄 수단을 추천하는 내용을 담고 있다. 영성의 문제를 피하는 것은 진지한 주장과는 거리가 먼 추상성을 고집하겠다는 의미이다. 그리스도인의 삶에 관한 모든 제안은 우리가 어떻게 살 수 있는지에 관련한 일군의 생각 정도가 아니라 이스라엘과 예수의 하나님께 신실하려면 어떻게 살아야 하는지에 관한 주장이다.[21]

뿐만 아니라, 내가 앞서 말한 대로 이 책에서 택한 입장은 거의 자명적이다. 우리 대부분은 비폭력적 방식으로 사는 일에 전혀 준비가 안 되어 있다고 느끼기 때문이다. 기독교적 신념이 비폭력적 삶을 요구한다는 확신이 있어도, 그런 삶을 현실로 만들 능력의 한계에 절망한다. 내가 비폭력적 삶에 따라오는 비극의 감각과 그런 삶의 결과로 나타나는 기쁨을 논의한 것은 평화롭게 사는 것이 무엇을 의미하는지 그려 보는 데 필요한 상상의 발판을 제공하기 위해서였다. 그리스도인의 삶은 선택과 결정의 문제라기보다는 우리의 감각과 감정을 인식하고 훈련하는 일이기 때문이다. 평화로운 삶의 감각과 감정이 일부 드러나면 우리는 그런 삶을 사는 법을 더 잘 알아볼 수 있을 것이다.

그러나 나는 그런 삶의 방식이 쉽게 찾아오지 않음을 여전히 예리하게 인식한다. 우리 중 누구도 우리 폭력의 깊이를 알지 못한다. 내가 지금까지 설명하려 한 것처럼, 우리 삶에서 폭력의 가능성을 모두 포기한다고 생각하면 두려워진다. 그렇게 되면 우리 삶에 대한 주도권을 잃게 될 것 같아서이다. 참으로, 그것은 우리가 자아를 갖게 해 주는 바로 그것을 포기하라는 말인 것 같다.

그러나 어쩌면 그것이 바로 우리가 어디서 출발할 수 있는지 알아내는 데 필요한 단서일지도 모른다. 그동안 우리는 도덕적이 되려면 '세상의 문제들'을 다룰 방법을 찾아내야 한다고 생각하도록 배웠다. 우리는 세계 기아를 다룰 방법을 찾아야 하고, 세계의 정의를 보다 온전히 제도화할 방법을 발견해야 한다. 우리가 미국에서 누리는 '자유'를 모든 사람에게 확대할 방법을 찾아야 한다. 그러나 그런 어마어마한 도전들 앞에서 우리는 아무것도 할 수 없다고 느낀다. 우리는 어디서부터 시작해야 할까? 정상에서 권력을 획득함으로써? 설령 거기서 출발한다 해도 그런 권력으로는 충분하지 않음을 알게 된다. 세계의 기아를 완화하기 위한 모든 조치는 세계 질서를 유지하기 위해 설계된 다른 외교정책과 균형을 이루어야 하기 때문이다.

권력의 획득은 우리의 출발점이 아니다. 세상 권력자들이 그들의 일을 하도록 자원을 제공하는 폭력은 우리 각자의 영혼 안에 놓여 있다. 우리는 이 사실을 기억해야 한다. 이것은 우리가 먼저 마음을 바꾸어야 더 넓은 구조적 문제들을 볼 수 있다는 뜻이 아니다. 참으로 그것은 잘못된 이분법이다. 우리 마음도 더 넓은 구조 안에 들어 있기 때문이다. 폭력이 우리 영혼 안에 있다는 사실은 내가 모든 것을 다할지 아무것도 안 할지 생각할 필요가 없음을 의미한다. 진짜 문제를 '해결하려는' 시도가 나의 출발점이 될 필요가 없다. 대신에 나는 나 자신 및 다른 사람들을 하나님의 평화로 이끄는 데 도움이 될 한 가지 일을 하는 데 시간을 낼 수 있다.

데이비드 버렐이 지적한 대로,

> 우리 자신의 이야기에 편입될 수 있을 만큼 작은 규모의 조치들을 취하지 않으면, 복음이 어떻게 '적용되는지' 놓치기 쉽다. 하지만 우리 삶의 패턴이 정말로 바뀌기 시작하면, 그것을 우리 자신과 지인들에게 설명할 수밖에 없을 것이다. 그 내용이 우리 이야기의 일부가 되면, 성경의 이야기들이 우리 이야기를 어떻게 만들어 가는지 알아보는 데도 도움이 될 것이다. 건설적 반응과 이념적 반발의 차이는 정의상 전자는 우리 삶의 패턴을 바꾸고 후자는 '그것'을 비난한다는 것이다.[22]

모든 것을 하려고 애쓰는 대신에 자신에게 적용하여 삶을 바꾸는 한 가지 일을 하면, 하나님의 평화의 나라로 더 깊숙이 이끌려 가게 된다. 그 '한 가지 일'은 우리에게 익숙한 폭력의 세계에서 벗어나 상상력이 자유를 얻고 우리가 할 수 있는 또 다른 일을 찾아내게 하는 데 충분하기 때문이다. 예컨대 우리는 한 교회의 일원이 됨으로써 우리가 우리나라와 연결된 것보다 더욱 심오한 방식으로 다른 나라들의 여러 교회와 연결되어 있음을 발견할 수 있다. 우리가 장소에 매이지 않고 항상 움직이는 백성과 연결되어 있음을 깨달으면 '이동'은 가능한 일, 또는 필요한 일이 된다.

수행의 본이 되는 사람들과 성인들은 종종 전혀 이동하지 않았는데, 그로 인해 부족한 것은 없어 보인다는 반론이 가능할 것이다. 그러나 그것이 바로 요점이다. 수덕 훈련은 한 장소 안에서 이동하는 법을 배우는 방식이기 때문이다. 기다리는 법, 자신과 안식하는 법, 친구가 되고 사랑을 받을 기회를 만드는 법을 배우는 것은 모두 세상이 정상이라고 말하는 상태에서 벗어나기 위한 수덕 훈련들이다. 이 훈련들을 통해 우리는 폭력의 세계에서 서서히 빠져나와 평화로운 백성의 삶이 얼마나 흥미로울지 상상할 수 있게 된다.

어쩌면 우리를 폭력의 세계에 가장 강력히 붙들어 두는 것은 비폭력의 세계에는 지루함이 끊임없이 이어질 거라는 두려움일지 모른다. 우리는 갈등을 필요로 하고 그것을 즐기며, 갈등에는 폭력이 수반된다고 생각한다. 비폭력의 세계로 들어가려면 우리의 상상력이 변화되어야 한다. 우리는 하나님이 제안하시는 평화에 얼마나 신나는 모험이 따라오는지 봐야 한다. 그러나 우리는 지금 여기서, 우리 자신 안에서와 친구들과의 관계에서 그 평화를 보는 것 이상으로 경험한다. 하나님이 성령을 통해 그분의 평화를 현존하는 실재로 만드셨다는 확신이 있기 때문이다. 그래서 우리는 H. 리처드 니버가 말한 대로, 각 나라 안에 국가나 계급보다 더 높은 충성심으로 한데 뭉치는 조직들—사실 하나님의 인터내셔널이다—을 건설하는 데 시간을 낼 수 있다.

핵 절멸 직전에 있는 세계에서 이것만으로는 충분하지 않다는 반론이 가능할 것이다. 우리는 그보다 더 많은 일을 해야 한다. 그러나 버렐이 상기시키는 바를 다시 한번 살펴보면,

> 〔성경은〕 우리에게 뭔가를 **성취하라**고 명령하지 않는다. 오직 시인만 할 수 있는 방식으로 하나님과 그분 백성이 맺은 언약의 범위를 요약하는 시편 기자는 한 가지 주제를 되풀이한다. 하나님의 **성취들**, 우리를 위한 그분의 위대한 일들을 자주 큰 소리로 말해야 한다는 것이다. 그러면 우리는 무엇을 해야 할까? 우리는 신실하라는 요구를 받는다. 하나님이 신실하신 것처럼 말이다. 하나님이 그분의 선지자들을 통해 우리에게 보여 주실 방식에 신실해야 한다. 예수께서는 요한복음의 고별설교에서 이와 비슷한 생각을 드러내시면서 제자들에게 그들이 그분을 선택한 것이 아니라고 상기시키신다. "내가 너희를 택하여 세운 것이다. 그것은 너희가 가서 열매를 맺어, 그 열매가 언제나 남아 있게 하려는 것이다"(요 15:16, 새번역).…또한 이 말씀은 직전에 나왔던 놀라운 진술의 의미를 설명하는 것이기도 하다. "이제부터는 내가 너희를 종이라고 부르지 않겠다.…나는 너희를 친구라고 불렀다"(요 15:15).

예수의 친구인 우리는 위대한 일을 성취하여 스스로를 증명해야 하는 상황에서 해방된 자들이다. 우리는 이미 친구로

받아들여졌다. 하지만 우정에 합당한 반응까지 면제되지는 않는다. 우리는 서로의 신뢰에 부응하는 존재가 되어야 한다. 열매를 맺는 것은 뭔가를 하는 일보다는 어떤 것이 되는 일에 가깝다. 하지만 그 결과는 구체적일 뿐만 아니라 다른 이들에게 유익하다. 열매를 맺는 것은 우리 자신을 다른 이들을 위한 선물로 내어놓는 일이다. 예수께서 하셨던 것처럼, 예수께서 그런 분이신 것처럼.[23]

이것이 한 가지 일을 하는 은혜이다. 그러나 그 한 가지 일은 우리 존재의 진리와 우주의 광대한 심연을 지탱하는 능력에 의지하여 행하는 일이다. 우리가 그 일을 하는 것은 효과적이라서가 아니라, 그것만이 참되기 때문이다.

역자 후기

현실주의와 이상주의, 그 경계에 대하여

현실주의와 이상주의의 도치

《대한민국의 설계자들: 학병세대와 한국우익의 기원》의 주인공은 학병 세대이다. 1920년대 전후로 태어나 친일을 하지 않은 우익 지식인들이다. 이 책은 친일로부터 자유롭고 남쪽을 선택한 양심적 우익이 대한민국을 만든 이들이라고 규정하고 그들을 추적해 나간다. 이 책에서 가장 기억에 남는 부분은 국가주의 철학에 반대한 유영모와 함석헌의 이상주의를 두고 '거멀못'을 말하는 대목이다.

거멀못은 '나무 그릇 따위의 터지거나 벌어진 곳이나 벌어질 염려가 있는 곳에 거멀장처럼 겹쳐서 박는 못'을 말한다. '이상주의'를 주장하는 사람들은 한 사회가 나락으로 떨어지지 않게 하는 거멀못 역할을 감당했다는 것. 이상주의자들이 오히려 지극히 현실적인 역할을 감당한 셈이다. 그에 반해, 현실을 직시한다고 자처한 국가주의자들은 오히려 국가에 이용당하고 국가의 이데올로그로 전락했고, 그리하여 자신의 입장을 구차히 변명하고 현실과 이론의 차이를 절감해야 했다. 지독한 아이러니가 아닐 수 없다.

현실에 배신당한 대한민국 국가주의자들의 현실주의와 사회의 거멀못이라는 현실적 역할을 감당했던 이상주의. 이 아이러니에서 나는 '현실', '현실주의'라는 말이 일의적인 것이 아님을 떠올리게 된다. 이 책의 저자 하우어워스 식으로 말하면 현실이라는 것이 기정사실로 주어져 있는 것이 아니라 특정한 공동체에 근거한 내러티브로 파악되는 것이기에 더욱 그렇다.

이 책은 내가 번역하는 스탠리 하우어워스의 세 번째 책이다. 세계적인 신학자인 그의 사상, 특히 그의 평화주의를 대할 때마다 대단히 설득력 있다고 느끼다가도 결국, 그것이 현실을 직시한 것인가, 현실적인가 하는 의문에 거듭 직면한다. 그리고 그런 의문과 더불어 그 의문 자체도 비판적으로 돌아보게 된다. 과연 '현실주의'를 주장하는 이들이 말하는 '현실'이란 무엇이며, 어떻게 하는 것이 현실을 직시하고 대처하는 것인가? 이 책에서 나는 그런 근본적인 문제 제기를 발견한다.

하우어워스가 말하는 《평화의 나라》

스탠리 하우어워스는 1983년에 나온 《평화의 나라》에 대해 2010년에 쓴 회고록 《한나의 아이》(홍종락 역, IVP)에서 이렇게 쓴 바 있다.

《평화의 나라》에 전부 다 '들어 있지' 싶다. 이후에 내가 말한 내용의 대부분이 그 책에 이미 담겨 있다.…복음의 종말론적 성격을 무시하지 않을 때 그것은 변화를 일으킨다.…나는 요더의 도움에 힘입어 하나님이 세상의 문화적 포로 상태…로 있던 교회를 자유롭게 해 주셨다는 사실을 볼 수 있었다. 나는 《평화의 나라》에서 이 자유에 따라오는 바를 성찰하려 했고, 그 과정에서 그리스도인들의 '정치적 책임', 자녀를 가질 의향, 결혼관, 의료를 매개로 한 죽음과 서로를 보살피는 문제에 대한 생각, 의료 자체에 대한 이해 등을 어떻게 바라보아야 하는지 새롭게 생각하게 되었다. 이 주제들에 대한 우리의 질문을 전부 새롭게 바라보게 하고자, 나는 우리가 내놓을 대답은 모두 우리 존재의 우연적contingent 성격을 이해한 상태에서 나오는 것이어야 한다고 강조했다.

우리의 삶이 우연적이라는 말은 우리의 통제를 벗어나 있다는 의미이다. '통제를 벗어난' 상태는 《평화의 나라》 및 내 저작의 상당 부분을 관통하는 중심 이미지이다.…통제하지 못하는 상태로 사는 법을 배우는 것, 절박한 안전 욕구 때문에 우연성을 버리거나 체제에 순응하지 않는 법을 배우는 것이 대안을 발견하는 방법이다. 그 외의 방법으로는 대안을 찾을 수 없을 것이다.

바로 이어서 그는 "통제하지 못하는 상태는 니버식 현실주의의 대안이 된다"라고 말한다. 현실주의는 당장의 추세, 기존의 상식과 판단, 약육강식, 경쟁주의 등이 전부라고, 그것이 유일한 '현실'이라고 주장한다. 거기서 벗어날 길은 없는 것처럼 보인다. 그런데 하우어워스는 삶이 "통제를 벗어난 우연적인" 것이라고 주장한다.

하우어워스는 세상의 주인이 하나님이라고 믿는 사람, 예수 그리스도 안에서 하나님의 결정적 자기계시가 이루어졌다고 믿는 사람에게 가능한 유일한 선택이 폭력을 내려놓고 예수님을 따라가는 것이라고 말한다. 그런데 그에 따르면 "예수님을 따르는 것은 결과를 예상하거나 보장할 수 없다는 뜻"이다. (이것이 바로 '보이는 것이 아니라 믿음으로 사는 것'이겠다.) 그렇게 살면 곧 망할 수밖에 없을 것 같은데, 물론 망할 수도 있지만(다른 길로 가도 역시 망할 수 있다!) 그렇게 생각되는 것은 "'현실주의'가 상상력을 닫아 버렸기" 때문에 다른 길이 보이지 않아서 그런 것일 수도 있다. 그래서 그는 이 책 곳곳에서 윤리에 대해 근본적으로 생각하는 방식을 보여 주고 그와 관련하여 당연하게 여기던 생각의 전제들을 폭로하고 뒤집고 흔든다.

인내와 소망

하우어워스가 주장하는 입장이 성경의 정신을 얼마나 잘 담아내고 있는지에 대해 모두가 동의할 수는 없을 것이다. 하지만 그가 자신이 천명한 윤리적 입장과 태도에 충실하고자 힘썼던 것만은 분명하다. 그가 27년 후에 쓰게 되는 회고록과 이 책을 함께 읽으면 이후 그가 어떤 인생을 살아가고 자신의 신념에 충실하고자 분투하는지 발견하고 가슴 뭉클해지는 경험을 하게 될 것이다.

특히 '통제를 벗어난' 상태가 오히려 상상력을 펼치고 새로운 대안을 찾을 수 있다는 멋진 신학적 교훈에 대해 말한 회고록의 바로 다음 대목에서 그는 정신질환을 앓는 아내 앤과의 삶을 소개한다. 이론에서 현실로 넘어오는 그 대목은 이렇게 시작된다. "그러나 불행히도 그 교훈을 앤과 함께하는 내 삶에 적용할 수 있을 것 같지는 않았다. 그녀의 병은 너무나 현실적이었다." 아, 여기 다시 나오는 '현실적'이라는 말은 얼마나 정직한지, 그리고 비극적인지.

그의 회고록에서 많은 부분을 차지하는 앤과의 결혼생활은 그에게 기독교 윤리학이 남에게 가르치면 족한 이론적 문제가 아니었음을 확인하게 해 준다. 그는 자신이 배우고 깨치고 가르치고 저술한 내용이 과연 자신의 현실에서 실천 가능한 것인지 삶에서 직접 경험하고 검증해야 할 또 한 사람의 신앙인이었다. 자신이 학생들에게 가르친 내용에서 본인도 힘을 얻어야 했고, 실제로 그랬던 것 같다. 그것은 그가 믿었던 입장이자, 그가 의지하고 살았던 신앙의 고백이었다.

그런 그였기에 그가 이 책에서 기독교의 중심적 덕으로 중요하게 다룬 인내와 소망은 그의 삶에서도 너무나 중요했을 것으로 짐작할 수 있다. 어디 그에게만 그렇겠는가. 그것은 팬데믹 시기를 사는 우리 모두에게도 동일하게 필요한 덕일 것이다. 《덕과 성품》(홍종락 역, IVP)에서 하우어워스가 대자에게 전한 소망에 관한 조언은 본인의 경험에서 나온 것이요, 우리에게도 유효한 조언이 될 것이다.

소망은…우리가 인내를 제대로 배우면 소망을 주는 이야기의 일부가 되는 어려운 일이 가능하다고 믿는 습관이다.…소망을 품은 사람은 즉흥적 대처 능력을 배워서 창의적인 방식으로 어려움에 맞선단다. 즉흥적 대처 능력을 키우려면, 계속 나아갈 길이 있는지 분명하지 않을 때도 계속 나아가는 법을 배웠던 선조들의 이야기에 주목함으로써 소망의 기술을 배워야 해.…물론, 우리가 세상을 통제하고 있다는 생각은 줄곧 망상이었어. 그 망상이 깨진 시대에 사는 우리는 행운아라고 할 수 있지. 그러니까 그리스도인으로 살아남으려면 이제라도 서로를 필요로 하는 법을 배워야 해.

주

추천 서문

1. John D. Barbour, "The Virtues in a Pluralistic Context", *Journal of Religion* 63 (1983), 178.
2. *Summa Theologiae* 2.-2. 182; 참고. *Aquinas: God and Action* (Notre Dame, Ind.: University of Notre Dame Press, 1979), 165-167에 나오는 나의 해설.

1장 파편화되고 폭력적인 세상에서의 기독교 윤리

1. 이런 식으로 문제를 표현하는 것 자체가 오해의 소지가 있다. 한정어가 붙어야 한다고 주장하는 것이 '윤리학'은 한정어가 붙기 전에도 식별 가능한 활동이라고 가정하는 것처럼 보이기 때문이다. 종교 전통의 경우에는 분명히 그렇지 않지만 서구 철학 전통은 '윤리학'이 선에 대한 탐구와 분석이라는 비교적 일관성 있는 설명을 전개했다. 하지만 서구 철학 전통의 특징인 심각한 내부적 의견 차이는 윤리학을 하나의 통합적 학문으로 만들려는 일체의 시도를 무위로 돌린다.
2. 따라서 미국의 여러 대학과 대학교에서 의료윤리, 기업윤리, 법윤리, 직업윤리 과목이 개설되는 흥미로운 현상이 나타나고 있다. 그것 자체는 나쁜 일이 아니지만, 그 과목들이 다양한 활동에 적절한 '윤리'를 제공하는 척 가장할 수는 없다. 그런 수업이 수강자들의 '윤리적' 행동을 보장할 수 없다는 점도 분명하다. 그것은 선의가 부족해서가 아니라 '윤리학'의 의미 자체가 본질적으로 논란이 있는

개념이기 때문이다.

3. 난문제 윤리학에 대한 비판으로는 다음 책에 실린 에드먼드 핀코프Edmund Pincoffs의 "Quandary Ethics"를 보라. *Revisions: Changing Perspectives in Moral Philosophy*, ed. Stanley Hauerwas and Alasdair MacIntyre (Notre Dame, Ind.: University of Notre Dame Press, 1983), pp. 92-111.
4. Alasdair MacIntyre, *After Virtue* (Notre Dame, Ind.: University of Notre Dame Press, 1981), p. 1. 《덕의 상실》(문예출판사).
5. 앞의 책, p. 2. 매킨타이어의 중요한 책에 대한 보다 긴 분석을 원한다면 다음 저널에 실린 나와 폴 와델Paul Wadell의 서평을 참고하라. *The Thomist* 46/2 (April 1982), pp. 313-322.
6. Peter Berger, *The Heretical Imperative* (Garden City, N.Y.: Anchor Press, 1979).
7. 앞의 책, p. 25. 나는 버거의 분석이 매력적이라고 생각하지만, 그의 방법론적 전제 중 일부, 이를테면 '설득력 구조' 개념에는 동의하지 않는다.
8. MacIntyre, *After Virtue*, p. 22.
9. 앞의 책, p. 30.
10. Immanuel Kant, *Foundations of the Metaphysics of Morals* (New York: The Liberal Arts Press, 1959), p. 39.
11. Aristotle, *The Nichomachean Ethics*, trans. Martin Ostwald (Indianapolis: Bobbs-Merrill, 1962), 1094b15-27.
12. 이 문제에 대한 논의는 다음을 참고하라. *Religion and Morality*, ed. Gene Outka and John Reeder (Garden City, N.Y.: Anchor Press, 1973).
13. 존 콜먼John Coleman은 최근에 나온 아주 훌륭한 책 *An American Strategic Theology* (New York: Paulist Press, 1982)에서 이 긴장의 사례를 보여 준다. 콜먼은 가톨릭교가 미국의 정치체제에 기여하기 위해서는 잘 훈련된 공동체를 유지할 필요가 있지만 미국의 가톨릭 신자들이 미국 사회에 동화되는 정도만큼 그 훈련의 토대가 훼손된다는 사실을 대부분의 사람보다 잘 파악하고 있다.
14. 나는 종교적 믿음과 실천을 이해하는 데 있어서 신앙의 중요성을 부인하지 않는다. 관련 사례로 Wilfred Smith, *Faith and Belief* (Princeton, N.J.: Princeton University Press, 1979)와 이 책에 대한 데이비드 버렐David Burrell의 통찰력 있는 서평 "Faith and Religious Convictions: Studies in Comparative Epistemology", *Journal of Religion* 63 (1983), 64-73를 보라. 내가 반대하는 것은 현대 신학이 자체의 신학적 기획을 변명조로 다루는 경향이다. 현대 신학은 신앙이 인간 경험의 불가피한 측면이므로 종교적 신념도 참이든 아니든 불가피하다는 것을 보이려고 시도하면서 그런 경향을 드러낸다.
15. 예를 들면 다음을 보라. *The Significance of Atheism* by Alasdair MacIntyre and Paul Ricoeur (New York: Columbia University Press, 1969).
16. 레싱은 이렇게 말한 바 있다. "어떤 역사적 진실도 증명될 수 없다면, 역사적 진실로는 그 무엇도 증명할 수 없다. 즉, 역사의 우연적 진리들은 이성의 필연적 진

리의 증거가 결코 될 수 없다." 그리고 물론, 우리는 이성의 필연적 진리만이 참된 도덕을 지탱해 줄 수 있다고 생각한다. 우리는 레싱처럼 거의 모든 "이성의 필연적 진리"가 근본적으로 흥미롭지 않거나 환상에 불과하다는 것을 보지 못한다. "On the Proof of the Spirit and of Power", in *Lessing's Theological Writings*, translated with an Introduction by Henry Chadwick (London: Adam and Charles Black, 1956), p. 53.

2장 한정된 윤리: 기독교 윤리학의 내러티브적 특성

1. Bernard Williams, *Morality: An Introduction to Ethics* (New York: Harper & Row, 1972), pp. 29-39.
2. 앞의 책, p. 29.
3. 앞의 책, p. 11. 유사한 논증으로는 내가 쓴 다음 논문을 보라. "Learning to See Red Wheelbarrows: On Vision and Relativism", *Journal of the American Academy of Religion* 45 June 1977), 644-655.
4. Williams, *Morality*, pp. 3-4.
5. David Solomon, "Rules and Principles", *Encyclopedia of Bioethics*, Vol. I, ed. Warren Reich (New York: The Free Press, 1978), pp. 407-413를 보라. 규칙 및 규칙과 덕의 관계에 대한 분석은 G. J. Warnock의 *The Object of Morality* (New York: Methuen, 1971)를 보라.
6. 알래스데어 매킨타이어Alasdair MacIntyre의 *After Virtue* (Notre Dame, Ind.: University of Notre Dame Press, 1981), p. 12를 보라.
7. 이를테면, 윌리엄 프랑케나William Frankena는 광범위한 영향을 끼친 책 *Ethics*에서 "나(또는 우리)는 무엇을 해야 마땅한가?"가 주요 질문이라고 단순히 가정한다. *Ethics*, 2nd ed. (Englewood Cliffs, N.J.: Prentice-Hall, 1973), p. 12.
8. 이를테면, 다음 저널에서 프랑케나와 내가 나눈 대화를 보라. *Journal of Religious Ethics* 3 (Spring 1975), 27-62.
9. 이 대안들에 대한 보다 온전한 설명을 원한다면 프랑케나의 *Ethics*, pp. 14-20를 보라.
10. 예를 들면, 폴 램지Paul Ramsey가 그의 다음 책에서 언약을 강조한 것을 보라. *The Patient as Person* (New Haven: Yale University Press, 1969).
11. 조지프 플레처Joseph Fletcher의 *Situation Ethics* (Philadelphia: Westminster Press, 1966)는 지나친 단순화에도 불구하고 여전히 이 입장의 고전적 진술로 꼽힌다. 물론 램지는 자신의 저서를 시작하면서 사랑을 기독교 윤리학의 최우선 개념은 아니라도 중심 개념 정도로는 강조한다. 하지만 그는 자신의 입장을 플레처의 입장과 구분하기 위해 '규칙 원칙적 사랑'이라는 어설픈 개념적 장치를 쓸 수밖에 없었다. 램지의 다음 책을 보라. *Deeds and Rules in Christian Ethics* (New York:

Charles Scribner's Sons, 1967), pp. 117-144. 램지는 처음부터 거론했던 언약적 신설성이라는 주제를 이후의 저작에서 발전시켜서 그의 기본적 통찰을 보다 더 적절히 표현해 냈다.

12. 이에 관한 사례로, 앤터니 필립스Anthony Phillips가 다음 책에서 십계명을 다룬 대목을 보라. *Ancient Israel's Criminal Law* (New York: Schocken Books, 1970).
13. MacIntyre, *After Virtue*, p. 135. 163쪽 이하의 논의도 보라.
14. 신학에서 내러티브의 위치에 대한 보다 충실한 분석은 다음 책을 참고하라. Michael Goldberg, *Theology and Narrative: A Critical Introduction* (Nashville: Abingdon, 1982).
15. 신조들은 종종 이 이야기에 대한 다양한 설명을 구분하려고 시도한다. 따라서 신조들은 어느 설명이 부족한지 파악하는 데 도움이 되는 비판적 지침의 역할을 한다. 그러나 신조들은 그것이 단일한 이야기인 것처럼 **하나의** 이야기를 결정하지는 않고, 하나님께 신실하려는 시도 가운데 우리가 마땅히 제대로 주목해야 할 이야기들을 표시해 준다.
16. Kenneth Schmitz, *The Gift: Creation* (Milwaukee: Marquette University Lectures, 1982), PP. 47-48. 슈미츠는 이 요점을 활용하여 우리 존재의 선물과 같은 성격이 무로부터의 창조 교리에 달려 있다고 시사한다.
17. Schmitz, p. 56.
18. 이 주장들을 구분하는 데 필립 푸버트Philip Foubert의 신세를 졌다.
19. 예를 들면, 폴 리쾨르Paul Ricoeur는 통찰력 있게 이렇게 주장한다. "성경의 어떤 내러티브도 내러티브로만 작용하지 않는다. 성경 내러티브의 신학적 의미뿐 아니라 원래의 종교적 의미까지도 다른 담론 양식과 혼합된 텍스트에서 나온다. 나는 다른 지면에서 토라 안의 내러티브와 율법 사이의 깨질 수 없는 결합을 강조한 바 있다. 율법은 내러티브를 교훈으로 바꾸고 내러티브는 율법을 선물로 변화시킨다. 그런가 하면, 우리는 히브리 전통이 예언과의 변증법적 관계 덕분에 신비주의적 이데올로기가 되지 않았음을 인정하게 된다. 한편으로, 예언은 내러티브 안에서 성취되지 않은 약속—이 약속은 과거의 이야기가 미래를 향하게 만든다—의 잠재력을 드러낸다. 반면에 내러티브는 여러 이미지와 모형으로 '새' 시대를 향한 종말론적 선취를 제시한다. 미래를 예상하기 위해 과거 이야기를 모형론적으로 활용하는 것은 평범한 스토리텔링에서는 잘 볼 수 없는 의미심장함을 내러티브 자체에 부여한다. 뿐만 아니라, 우리는 지혜문학이 내러티브 자체에 깊은 영향을 미쳐 내러티브 안에 지혜로운 격언의 특징인 영속성의 흔적을 남기는 것도 고려해야 한다. 지혜문학을 통한 내러티브의 이런 변화에다 다가올 시대의 선취를 위한 과거 이야기의 모형론적 사용까지 더해지면 성경의 내러티브는 대중적 스토리텔링의 흐름에서 벗어나게 된다. 끝으로, 예배 가운데 내러티브를 재연하는 것과 찬양과 탄식과 참회의 시편을 통해 내러티브를 이야기하는 것은 담론의 내러티브 양식과 비내러티브 양식의 복잡한 얽힘을 완성한다. 담론 양식들의 전 범위는 이렇게 스토리텔링과 찬양의 양극단 사이에서 펼쳐진다고 볼 수 있

을 것이다. 신앙의 내러티브적 표현과 비내러티브적 표현 사이의 이 변증법은 신약성경 책들에서 약화되지도 단순화되지도 않는다. 오히려, '새로운 발화'—에이모스 와일더Amos Wilder의 표현—가 새로운 것과 낡은 것, 이미와 아직 같은 새로운 양극성을 만들어 내고, 여기서 생기는 긴장이 신약성경 내러티브에 특별한 스타일을 부여한다. 이 긴장은 전적인 케리그마적 신앙 표현과 복음서 전통의 확장된 내러티브를 비교할 때 선명히 드러난다. 복음서 전통 안의 선포와 내러티브의 관계는 구약성경의 찬양과 서술의 양극성이 신약성경 안에서 회복된 것으로 보일 수 있다." "Toward a Narrative Theology", 1982년 봄 Haverford College 강연문, pp. 16-17.

20. 히브리 성경의 내러티브 성격과 기술에 관한 비범한 해설로는 다음을 보라. Robert Alter, *The Art of Biblical Narrative* (New York: Basic Books, 1981). 올터는 이스라엘의 유일신론과 히브리 성경에서 표현된 내러티브 기술 사이에 본질적 연관성이 있다고 주장한다. 유일신론의 필연적 창조물이 바로 의도적 활동의 표현이 필요해지는 공간이기 때문이다. 유일신론이 성경의 하나님 관념의 특징이라는 올터의 주장이 과장되긴 했지만, 내가 볼 때 그의 본질적 논점은 옳은 것 같다.
21. Reinhold Niebuhr, *The Nature and Destiny of Man* (New York: Charles Scribner's Sons, 1957), pp. 178-179. 《인간의 본성과 운명》(종문화사).

3장 역사적이라는 것에 관하여: 행위주체성, 성품, 죄

1. 현대 윤리학은 자유를 강조하느라 도덕적 삶에서 인간 본성의 중요성을 대체로 소홀히 했다. 하지만 특히 욕망의 형태로 나타나는 우리의 본성이야말로 도덕적이 되라고 우리를 압박한다. 이를테면 음욕은 분명 혼란스럽겠지만, 음욕으로 인해 우리는 어떤 것에 관심을 갖는 삶의 방식에 들어서게 될 수 있다. 그러므로 음욕은 우리에게 없어서는 안 되는 소중한 자원이다.
2. 콘래드가 《노스트로모*Nostromo*》에서 묘사한 마틴 데쿠드의 모습은 이 측면에서 그가 가장 설득력 있게 그려 낸 초상화 중 하나이다.
3. Frithjof Bergmann, *On Being Free* (Notre Dame, Ind.: University of Notre Dame Press, 1977), p. 57. 이번 장의 논증은 버그먼의 분석에 많은 신세를 졌는데, 내용을 보면 그 이유를 분명히 알 수 있을 것이다.
4. Aristotle, *Nichomachean Ethics*, trans. Martin Ostwald (Indian apolis: Bobbs-Merrill, 1962), 1114b1-7.
5. Stanley Hauerwas, *Character and the Christian Life* (San Antonio Trinity University Press, 1975), p. 115.
6. Gene Outka, "Character, Vision, and Narrative", *Religious Studies Review* 6/2 (April 1980), p. 112.

7. Alasdair MacIntyre, *After Virtue* (Notre Dame, Ind.: University of Notre Dame Press, 1981). p. 202.
8. Timothy O'Connell, *Principles for a Catholic Morality* (New York: Seabury, 1978), p. 59.
9. 앞의 책, p. 60.
10. 앞의 책.
11. 앞의 책, p. 62.
12. 앞의 책, p. 63.
13. 앞의 책, p. 64.
14. 앞의 책, p. 65.
15. 내가 볼 때 찰스 테일러Charles Taylor의 *Explanation of Behavior* (Atlantic Highlands, NJ.: Humanities, 1964)는 이러한 논점을 여전히 가장 잘 옹호한 저작 중 하나이다.
16. Richard Bondi, "Fidelity and the Good Life", 박사학위 논문: University of Notre Dame, 1981, p. 162. 나는 성품과 행위주체성의 관계에 대한 나의 이전 정식화들에 대한 본디의 비판에 도움을 받았다.
17. MacIntyre, *After Virtue*, p. 204.
18. 앞의 책, p. 206.
19. 앞의 책, p. 207.
20. 도널드 에반스Donald Evans는 저서 *Struggle and Fulfillment* (Philadelphia: Fortress, 1981)에서 우리 삶에 불신이 만연한 데 대한 특히 설득력 있는 설명을 제시했다. 리처드 본디와 내가 쓴 다음 논문은 에반스의 입장을 인정하면서도 비판적으로 바라본 개관이다. "Language Experience, and the Life Well-lived: A Review of the Work of Donald Evans", *Religious Studies Review* 9/1 (January 1983), pp. 33-37.
21. O'Connell, *Principles for a Catholic Morality*, p. 71.
22. 교만과 나태에 대한 칼 바르트Karl Barth의 설명은 현대 신학에서 독보적이다. 바르트의 올바른 논증에 따르면, 우리의 죄가 어떤 종류의 교만과 나태인지는 예수의 참된 겸손과 하나님의 메시아로서 수행한 그분 사역의 관점에서만 드러날 수 있다. 그의 *Church Dogmatics*, IV/1 trans. G. M. Bromiley (New York: Charles Scribner's Sons, 1956), pp. 413-478와 *Church Dogmatics*, IV/2, trans. G. M. Bromiley (Edinburgh: T. & T. Clark, 1958), PP. 378-498를 보라. 《교회교의학》(대한기독교서회).

4장 도중에 시작함에 관하여: 본성과 이성, 신학적 윤리학의 과제

1. 가톨릭 도덕신학의 전개를 다룬 좋은 역사서는 아직 나오지 않았다. 가톨릭 도

덕신학에 대한 비판은 상당 부분 근거가 있지만, 비판자들은 흔히 가톨릭 도덕신학의 실천 자체보다 희화화된 모습을 공격한다. 여기에는 가톨릭 도덕신학이 흔히 희화화된 형태로 제시되는 것이 부분적인 원인으로 작용했다. 가톨릭 도덕신학에는 더 풍성한 활동을 서술할 수단이 없기 때문이다. 도덕신학의 간략한 역사는 다음을 보라. Timothy O'Connell, *Principles of Catholic Morality* (New York: Seabury, 1978), pp. 10-19. 제임스 거스탑슨James Gustafson의 *Protestant and Roman Catholic Ethics* (Chicago: University of Chicago Press, 1980)는 가톨릭 윤리학과 프로테스탄트 윤리학 사이의 문제들을 이해하는 데 대체 불가의 자료이다.

2. 예를 들어 Karl Barth, *Church Dogmatics*, II/2 (Edinburgh: T. & T. Clark, 1961)를 보라. 여기서 바르트는 "윤리학의 일반적 개념이 죄의 개념과 정확히 일치한다" (p. 518)라고 주장한다.
3. 개신교의 기독교 윤리학 발전을 보다 자세히 다룬 자료는 다음 논문을 보라. "On Keeping Theological Ethics Theological" in *Revisions: Changing Perspectives in Moral Philosophy*, ed. Stanley Hauerwas and Alasdair MacIntyre (Notre Dame, Ind.: University of Notre Dame Press, 1983), pp. 16-42.
4. 참으로, '성경적 윤리'라는 구절 자체가 '성경신학'만큼이나 오해의 소지가 있다. 두 표현 다 성경이 갖고 있지 않은 통일성을 의미하기 때문이다. 다음 자료는 성경의 다양성이 신학적으로 갖는 중대한 의미를 보여 주려는 중요한 시도이다. Paul Hanson, *The Diversity of Scripture: A Theological Interpretation* (Philadelphia: Fortress Press, 1982).
5. 《신학대전》의 구조에 대해서는 다음을 보라. M. Dominigu Chenu, O.P., "Introduction to the Summa of Saint Thomas", in *Theorist Reader: Texts and Studies* (Washington, D.C.: The Thomist Press, 1958).
6. 나는 이 문제를 이런 식으로 표현하는 법을 줄리언 하트Julian Hartt에게 배웠다. 특히 그의 *Christian Critique of American Culture* (New York: Harper & Row, 1967)를 참고하라. 기독교적 확신의 실천적 본질을 강조하는 것은 거기에 형이상학적 주장들도 포함된다는 사실을 부인하는 것이 아니다. 신학적 주장들은 분명히 실재에 대한 형이상학적 묘사—이를테면, 세계는 유한하다—를 포함한다. 하지만 나는 언어의 실천적 본질을 강조함으로써 유한성이 존재론적인 주장만이 아니라 도덕적 주장이기도 함을 상기시키고 싶다.
7. "Decree on Priestly Formation", *Documents of Vatican II*, ed. Walter Abbott (New York: American Press, 1966), p. 452.
8. O'Connell, *Principles for a Catholic Morality*, pp. 39-40.
9. 앞의 책, p. 40. 오코넬을 지목하여 비판하는 것이 불공평한 처사라고 느끼는 이들도 있을 것이다. 그는 특히 가톨릭 신자들 사이에서 널리 공유되는 입장을 대변할 뿐이기 때문이다. 하지만 내가 오코넬에게 집중한 이유는 다른 많은 이가 암시하거나 혼란된 방식으로 말한 것을 그가 너무나 잘 표현해 냈기 때문이다. 게다가 그의 책이 인기가 좋은 것을 보면 많은 이들이 그의 입장을 옳게 여긴다

는 것을 알 수 있다. 그러므로 나와 그의 차이점을 진술하는 일은 중요하다.

10. 앞의 책, pp. 20-29.

11. 앞의 책, p. 35(저자 강조). 이런 오코넬의 주장은 현대 신학에서 많은 이들이 공유하고 있다. 그의 주장대로라면 예수는 '타인들을 위한 사람', 또는 '자기를 내어주는 사랑'의 패러다임이 된다. 그러나 이 주장은 예수의 죽음을 이해하기 극도로 어렵게 만든다는 문제점이 있다. 그분은 그저 자기를 내어주기 원해서 죽음당한 것이 아니었기 때문이다. 로마인들(과 일부 유대인들)은 그분을 정치적 위협으로 여겼다. 예수를 '그리스도 같은 인물' 또는 하나님의 영원한 자비하심의 본보기로만 강조하면 복음서의 종말론적 틀을 잃어버리게 된다. 종말론적 틀이 없는 예수의 하나님 나라 설교는 이해 부득의 말이다.

12. 특히 찰스 쿠란Charles Curran은 소위 "창조, 죄, 성육신, 구속, 부활의 운명이라는 기독교의 5중 신비"를 고립시켜 이 추상 개념들에 치우치는 경향이 있다. *Moral Theology: A CONtinning Journey* (Notre Dame, Ind.: University of Notre Dame Press, 1982), p. 38. 커란은 이 추상 개념들의 의미가 선명하다고, 신학자의 기본 과제는 어떤 것을 강조하느라 다른 것을 희생시키는 일이 없게 하는 것이라고 가정하는 듯하다. 따라서 그는 이렇게 말하기도 한다. "일부 개신교 신학자들은 창조의 선함을 부인한다." p. 39. 그러나 문제는 창조나 죄라는 말이 무엇을 의미하는가, 그런 개념이 기독교 전통을 통해 어떤 식으로 이해 가능해지는가, 하는 것이다. 쿠란은 이 용어들을 생명력 없는 추상개념으로 바꾸는 방식으로 사용한다.

그렇다고 해서 '자연(본성)'이 신학적 숙고의 본질적 범주라는 사실을 부인하는 것이 아니다. 그러나 자연이 자율적 윤리를 지탱할 만큼 충분한 위상을 갖고 있다는 의미도 아니다. 하나님이 우리를 그분의 은총을 받을 수 있도록 창조하신 만큼 우리는 '자연적' 존재이다. 따라서 우리는 본성상, 즉 하나님의 뜻으로 하나님으로부터 독립한 존재들이다. 하지만 우리의 본성은 불완전하게 남아 있을 수밖에 없다. 본성상 우리는 자충족적인 존재가 아니기 때문이다. 신학적 개념으로서의 본성은 언제나 모호할 것이다. 그것은 신학적 사색을 위해 필요하지만, 그 자체로 이해 가능하게 표현하거나 분석할 수 없기 때문이다. 이 문제를 이렇게 정리하게 된 것은 니콜라스 래쉬Nicholas Lash 교수 덕분이다.

13. 흥미롭게도, 보편적 윤리를 뒷받침하기 위해 창조-구속, 자연-은총을 주된 범주로 삼을 때 폭력을 기독교적 행동의 적법한 형태로 정당화하는 경향이 발생한다. 그리스도인들은 '창조(창조세계)'에 책임을 져야 하고 그것을 위해 폭력의 사용도 마다해선 안 된다는 주장이 나오기 때문이다. 게다가, 성취된 '구속'은 예수의 생애 및 가르침과 분리해서 설명하는 이상이 되어 버린다. 그래서 예수의 구속을 인정하긴 하지만 그분의 가르침을 우리 삶을 인도하는 지침으로 진지하게 받아들이지는 않게 된다. 그러나 예수의 '구속'은 그분의 가르침과 동떨어진 것이 아니다. 예수의 가르침을 진지하게 받아들이지 않으면 그분이 주시는 구속의 의미를 알 수 없기 때문이다.

14. Joseph Fuchs, "Is There a Specifically Christian Morality?" in *Readings in Moral*

Theology, No. 2: The Distinctiveness of Christian Ethics, ed. Charles Curran and Richard McCormick (New York: Paulist Press, 1980), pp. 5-6.

15. 앞의 책, p. 7.
16. 앞의 책, p. 8.
17. 앞의 책, p. 15.
18. Richard McCormick, "Does Faith Add to Ethical Perception", in *Readings in Moral Theology, No. 2: The Distinctiveness of Christian Ethics*, ed. Charles Curran and Richard McCormick, p. 169.
19. 예를 들면, 리처드 뉴하우스Richard Neuhaus의 진술에 대해 내가 다음 논문에서 쓴 답변을 보라. "Christianity and Democracy" in the *Center Journal* 1/3 (Summer 1982), pp. 42-51.
20. McCormick, p. 157.
21. 이것은 대부분의 기독교 조직신학이 대체로 간과한 주제이다. 존 하워드 요더John Howard Yoder는 교회-세상 범주의 중요성과 우위성을 재확립하는 데 누구보다 큰 몫을 했다. 그 사례로 다음을 보라. Yoder, *Christian Witness to the State* (Newton, Kansas: Faith and Life Press, 1977). 《국가에 대한 기독교의 증언》(대장간).
22. 원수를 용서하라는 명령은 기독교 윤리학이 인간의 윤리학이라는 주장이 얼마나 오도된 것인지 가장 도발적으로 상기시킬 것이다. 인간의 윤리학은 정당방위(자기방어)의 적법성이라는 가정 위에 세워져 있다. 생존을 도덕원리의 원천으로 정당화하는 자연법 윤리학의 대부분의 설명도 마찬가지이다. 반면에 기독교 윤리학은 그 '욕구'를 심각하게 한정한다.
23. Alasdair MacIntyre, *After Virtue* (Notre Dame, Ind.: University of Notre Dame Press, 1981), p. 197.
24. 앞의 책, p. 205.
25. McCormick, p. 157.
26. Gerald Hughes, *Authority in Morals* (London: Heythrop College, 1978), pp. v-vi.
27. 앞의 책, p. 5(저자 강조).
28. 예를 들면, 다음 논문에 나오는 데이비드 버렐의 유비적 논증에 대한 설명을 보라. "Argument in Theology: Analogy and Narrative" in *New Dimensions in Philosophical Theology*, ed. Carl Raschke (Chico, Calif: Scholars Press, 1982). 버렐은 이렇게 주장한다. "유비적 표현이 모호한 표현과 다른 점은 체계적인 쓰임에 있다. 즉, 유비적 표현은 얼마나 많은 쓰임이 한 가지 표현과 연결될 수 있는지 보여 준다. 우리는 사례를 하나 드는 것으로 간단히 그것을 해낸다. 하지만 일반적으로 사례는 보여 주기—유치원에서 하는 '자기 물건 소개하기'처럼—가 아니라 서술로 제시되기 때문에, 우리가 사례를 들 때 실제로 하는 일은 이야기를 들려주는 것이다."

    내러티브와 형이상학의 관계에 대한 극도로 섬세한 설명을 원한다면 다음 논문을 보라. Nicholas Lash, "Ideology, Metaphor, and Analogy", in *The*

Philosophical Frontiers of Christian Theology, ed. B. Hebblethwaite and S. Sutherland (New York: Cambridge University Press, 1982).

29. Gilbert Meilaender, "Against Abortion: A Protestant Proposal", *The Linacre Quarterly* 45 (May 1978), 169.

30. '신명론divine command theory'의 타당성 또는 부당성에 관심 있는 이들은 어떤 이유에서인지 이 단순한 사실을 한사코 무시한다.

31. Stanley Hauerwas, *Vision and Virtue: Essays in Christian Ethical Reflection* (reprint, Notre Dame, Ind.: University of Notre Dame Press, 1981), p. 2.

32. 여기서 제기된 사안들은 해석학에 대해 내가 제시할 수 있는 것보다 훨씬 더 충실한 논의를 요구한다는 사실을 나는 뼈저리게 인식한다. 다음 자료는 내가 많이 공감하는 입장이다. Charles Wood, *The Formation of Christian Understanding: An Essay in Theological Hermeneutics* (Philadel. phia: Westminster Press, 1981). 내가 볼 때 정경성canonicity의 본질에 대한 우드의 논의는 특히 유익하다. 가령 그는 이렇게 제안한다. "정경의 형식 자체가 그 기능 방식에 대해 뭔가를 말할 수도 있다. 성경 정경을 하나의 전체로 바라볼 때, 거기서 내러티브 요소가 보여 주는 두 가지 중요성을 간과하기는 어렵다. 첫째, 창조부터 새 창조에 이르는 전체의 연대기적 흐름에는 종종 '구원 역사'로 불리는 다양한 사건과 상황이 포함된다. 둘째, 많은 분량을 차지하는 내러티브 부분이 한데 뒤섞여 나머지 부분들을 위한 맥락을 제공한다. 그래서 내러티브가 아닌 부분들도 진행 중인 이야기에서 한 자리를 차지할 뿐 아니라 다른 자료들—비유, 찬송, 기도, 요약, 신학적 해설—이 다양한 방식으로 작용하여 독자들이 전체 이야기를 파악하고 그 이야기의 일부로 살아갈 수 있게 한다. 정경의 이런 전반적인 내러티브적 성격과 하나님의 말씀이라는 그 명칭은 정경을 하나님이 '저자'인 이야기로 해석할 수 있음을 말해 준다. 그 이야기 안에서 실제 사건과 인물들이 하나님 및 하나님의 뜻과 맺는 관계가 밝히 드러난다. 그 이야기는 마침내 모든 사람과 사건을 포함하고 연관 짓고, 그 이야기가 하나님의 성령의 능력으로 전해지고 들려질 때 하나님 그분의 확정적인 자기 노출의 도구가 된다. 하나님은 그 이야기의 주인공이시므로 이야기가 펼쳐질 때 우리는 하나님이 누구신지 이해하게 된다. 또 하나님은 이야기의 저자이시므로 이야기가 드러내는 내용은 곧 하나님이 자신에 대해 밝히시는 내용이다. 우리는 그 이야기의 배후와 안에 계시는 하나님을 알게 된다. 이렇게 이해된 정경은 그리스도인 증언의 표준으로 받아들여지는데, 다른 진술을 시험할 수 있는 샘플 진술들을 제공하거나 다른 모종의 이상을 제공하기 때문이 아니라, 우리 공동체가 어떤 분의 말씀을 짊어지고 있는지 그분의 정체성을 상기시켜 주기 때문이다"(pp. 100-101).

33. 이 제안을 보다 온전히 전개한 논문으로는 다음을 보라. Patrick Sherry, "Philosophy and the Saints", *Heythrop Journal* 18 (1977), 23-37.

5장 예수: 평화의 나라의 현존

1. 한 가지 사례만 들자면 A. E. Harvey, *Jesus and the Constraints of History* (Philadelphia: Westminster, 1982), p. 84를 보라.
2. 예수께서 하나님 나라를 강조하신 것 자체가 전례 없던 일은 아니었다. 이 점은 션 프레인Sean Freyne이 제시한 바 있다. "사도행전 5장 33-39절에 따르면, 바울의 스승이었던 가말리엘 1세 같은 영향력 있는 바리새파 율법사는 새로운 운동이 제 길을 가는 것을 지켜보고 그것이 하나님으로부터 나왔다는 주장을 증명할 기회를 줄 의향이 있었다. 쿰란의 의의 교사와 그의 추종자들은 그들의 공동체에서 새로운 시대의 현존을 분명히 경험했고, 그것을 '하나님이 다메섹 땅에서 이스라엘과 영원히 세우신 언약'이라고 묘사했다. 1세기 전체에 걸쳐 일련의 열심당 지도자들이 자신을 앞으로 악에 맞서 최후의 성전을 벌일 메시아적 인물로 내세웠다.…그렇다면 하나님의 왕적 통치가 현재 이루어지고 있다는 선포는 거기에 마지막 단계라는 말을 덧붙인다 해도 그 자체로 놀랄 만큼 새로운 것은 아니었다." *The World of the New Testament* (Wilmington, Del.: Michael Glazier, 1980), p. 139.
3. 복음서 분석에 기독론의 언어를 쓰는 일에 대한 게자 버미스Geza Vermes의 경고를 보라. Geza Vermes, "The Gospels without Christology", in *God Incarnate: Story and Belief*, ed. A. E. Harvey (London: SPCK, 1981), pp. 55-68. 이 주장에 대한 분명한 반증이 바울서신이라는 반론이 있을 수 있다. 하지만 나는 바울서신이 복음서처럼 예수의 생애에 대한 자세한 내용을 제공하진 않지만, 사실은 그런 세부 내용을 전제하고 있다고 본다. 게다가 바울의 구원론, 종말론이야말로 탄생부터 부활에 이르는 예수의 생애를 그 구원론의 정합성에 필수적인 것으로 만드는 하나님의 이야기이다.
4. Athanasius, *The Incarnation of the Word of God* (New York: Macmillan, 1946), p. 34.《말씀의 성육신에 관하여》(죠이북스).
5. 교부적 성육신 이해에 대한 이 해석에 대해서는 로완 그리어Rowan Greer 박사의 신세를 졌다.
6. E. J. Tinsley, *The Imitation of God in Christ* (London, S.C.M. Press, 1960), p. 31.
7. 앞의 책, p. 35.
8. 앞의 책, p. 55.
9. 여기서 틴슬리는 H. H. 롤리Rowley의 *The Unity of the Bible*, p. 25를 인용하고 있다.
10. 앞의 책, p. 61.
11. 앞의 책, pp. 86-87. 예수와 이스라엘의 연속성을 크게 강조하는 것이 이 책의 중심 주제인 비폭력의 관점에서 오해의 소지가 있다고 느낄 수 있을 것이다. 히브리 성경의 전쟁과 폭력 묘사는 많은 이들이 갖고 있는 조악하지만 여전히 강력한 그림을 지금도 뒷받침하고 있기 때문이다. 그 그림에 따르면 구약의 하나님은 진노와 복수의 신인 반면, 신약의 하나님은 자비와 사랑의 신이다. 하지만 이런 하

나님 상을 갖고 있는 사람들은 아이러니하게도 기독교의 전쟁 승인을 정당화하기 위해 흔히 히브리 성경에 호소한다. 히브리 성경의 전쟁에 대한 그들의 이런 이해에 도전하려는 시도는 이 책의 범위를 넘어선다. 하지만 밀라드 린드Millard Lind의 *Yahweh Is a Warrior: The Theology of Warfare in Ancient Israel* (Scottsdale, Pa.: Herald Press, 1980)은 이런 견해를 주석적으로 의심스럽게 만드는 논증을 신중하게 전개한다. 린드는 이렇게 주장한다. "전사 야웨는 자기 백성의 군대를 통해서가 아니라 기적을 통해 싸우셨다. '너희의 칼이나 너희의 활로써 이같이 한 것이 아니며'(수 24:12). 기적이라는 말이 의미하는 것은 이스라엘의 통제를 벗어난, 어떤 인간 행위 주체의 조작을 넘어선 구출 행위이다. 당시에는 이 확신이 너무나 강했기에 야웨의 행위 다음에 때때로 이어진 이스라엘의 전투는 중요하지 않다고 여겨질 정도였다. 믿음은 국가 방어에 있어서 이스라엘이 군인과 무기가 아니라 야웨의 기적에 의존해야 한다는 것을 의미했다. 야웨의 역사役事에서 인간 행위자는 전사가 아니라 선지자였다"(p. 23).

12. John Howard Yoder, *The Original Revolution* (Scottsdale, Pa.: Herald Press, 1971), pp. 1-32. 요더는 이렇게 주장한다. "회개는 후회가 아니라 다르게 생각하는 것이다. 개신교, 특히 복음주의 개신교는 모든 개인이 온전한 인식을 갖고 진실하게 진정성 있는 선택을 내리도록 도우려 한다. 그러다 보니 하나님 나라 자체를 그 나라의 혜택과 혼동할 위험이 끊임없이 존재한다. 누군가가 회개할 때, 누군가가 돌이켜 새로운 삶의 방식으로 예수를 따르기로 선택할 때, 그의 목적 없던 삶에 뭔가 변화가 생길 것이다. 그분과 친교를 나누게 되면서 외로움도 어느 정도 해소될 것이다.…그래서 불트만이나 그레이엄 같은 이들이 '복음전도'를 통해 자아의 회복, 불안과 죄책감으로부터의 자유를 선포한 것은 잘못된 일이 아니다.…그러나 그 모든 것은 복음이 아니다. 그것은 그저 덤이요, 고기를 사면 딸려오는 포장지일 뿐이다. 하나님 나라와 그의 의를 먼저 구하면 따로 생각하지 않아도 그 '모든 것'이 더해질 것이다."
13. Donald Mickie and David Rhoads, *Mark As Story* (Philadelphia: Fortress Press, 1982), p. 109.
14. 앞의 책, p. 111.
15. 핵전쟁으로 모든 생명이 죽을 수 있다는 현재의 우려로 인해 우리 상황은 몇 가지 면에서 초기 그리스도인들의 상황과 비슷하다. 이에 대해서는 나의 다음 논문을 보라. "Eschatology and Nuclear Disarmament", *NICM Journal* 8,1 (Winter 1983), pp. 7-16.
16. Harvey, *Jesus and the Constraints of History*, pp. 71-72.
17. 앞의 책, p. 91. 하비는 이렇게 주장한다. "신약성경 학자들은 마침내 하나님 나라에 대한 예수의 말씀이 환원 불가능하게 미래적인 동시에 환원 불가능하게 현재적이라는 데 합의한 듯 보인다. 그들은 '이미'와 '아직' 사이의 긴장 지점에 대해 말하곤 한다. 실제로, '하나님의 나라'라는 문구가 쓰일 때마다 이런 종류의 긴장이 나타나는 것은 불가피한 일이다. '하나님의 나라'는 하나님이 실제로 왕이시

라는 사실 진술에 대응하는 추상명사일 뿐이고, 그 사실 진술 자체가 현재와 미래 사이의 동일한 긴장을 담고 있기 때문이다. 신자라면 하나님이 지금 여기서 왕이시라는 사실을 누구도 감히 부인할 수 없을 것이다. 그러나 하나님이 지금 완전히 왕이신지, 우리가 아는 세상이 그 왕권의 완벽한 패러다임인지 물으면, 성경을 믿는 전통에 서 있는 신자는 어떤 의미에서는 하나님이 아직 왕이 아니시라고 말할 수밖에 없을 것이다. 하나님의 피조물은 아직 그분의 나라를 보편적으로 인정하지 않는다.…이미와 아직 사이의 긴장은 학술적인 긴장일 뿐, 현실 경험에서도 예수의 가르침에서도 그에 대응하는 긴장은 존재하지 않는다."

18. John Riches, *Jesus and the Transformation of Judaism* (London: Darton, Longman & Todd, 1980), pp. 93-94. 성전 전통을 이렇게 이해하는 입장에 대한 보다 충실한 설명은 린드를 보라.
19. Riches, *Jesus and the Transformation of Judaism*, p. 95.
20. Harvey, *Jesus and the Constraints of History*, p. 86.
21. 앞의 책, p. 51.
22. 당대 다양한 형태의 유대교와 예수의 연속성 및 불연속성 문제는 쉽게 풀리지 않는다. 분명 예수의 메시지 대부분은 이스라엘이 자신들과 하나님의 관계에 관해 알고 있던 내용과 연속성이 있었다. 결정적인 차이는 그 관계가 이제 이 사람 예수의 삶을 중심으로 이루어진다는 것이었고, 그로 인해 예수께서는 당대의 다양한 집단과 그때까지와는 상당히 다른 방식으로 갈등하게 되었다는 것이다. 션 프레인의 말을 들어보자. "예수께서는 하나님의 왕적 통치, 아버지로 정의되는 하나님의 임재를 본인의 삶과 인격 안에서 모든 이가 경험할 수 있게 되었다고 주장하셨다. 그럼으로써 하나님의 임재와 사람들이 그것을 경험하는 일을 통제하기 위해 유대교 안에서 고안된 다양한 체계의 근간을 흔드셨다. 바리새파, 사두개파 같은 파당들이 팔레스타인 사람들의 실생활에서 가졌던 권력의 근원, 그리고 에세네파와 열심당 같은 집단들이 갈망한 권력의 근원도 바로 그 체계 안에 있었다. 예수의 주장은 기존의 모든 집단과 그들의 프로그램을 벗어나 독립적으로 하나님께 나아가는 방법, 또는 하나님이 사람들에게 오시는 대안적 방법을 제시한 것이었고, 사람들이 그것을 매력적이라고 여기는 만큼, 그분은 그 집단 하나하나와 그들 철학의 존재 이유를 분명하게 공격한 것이었다. 그들은 하나님이 그분의 백성에게 주신 최종적이고 돌이킬 수 없는 약속의 이름으로 그 일이 이루어지는 것을 참을 수 없었다." *The World of the New Testament*, p. 140.
23. Riches, *Jesus and the Transformation of Judaism*, p. 106 24. John Yoder, *The Original Revolution*, p. 42.
24. John Yoder, *The Original Revolution*, p. 42.
25. 용서와 우리 역사를 이야기할 능력 사이의 관계에 대한 설명으로는 다음을 보라. 종종 간과되었지만 고전적인 내용이다. H. R. Niebuhr, *The Meaning of Revelation* (New York: Macmillan, 1960), pp. 82-90.
26. Rowan Williams, *Resurrection* (London: Darton, Longman & Todd, 1982), p. 49.

27. 앞의 책, p. 85.

6장 섬기는 공동체: 기독교 사회윤리학

1. 이 견해의 고전적 진술은 여전히 G. H. Mead, *Mind, Self, and Society* (Chicago: University of Chicago Press, 1934)이다. 자기주체성 개념을 보존하면서 이 통찰을 재진술하려는 최근의 시도로는 다음을 보라. Howard Harrod, *The Human Center: Moral Agency in the Social World* (Philadelphia: Fortress Press, 1981).
2. 사람들이 잘 인식하지 못하지만, 권위에 대한 이런 이해와 덕들의 통일성 문제 사이에는 중대한 관계가 있다. 나는 덕들이 개인에 대해서이든 공동체에 대해서이든 통일성을 이룬다고 믿지 않는다. 덕들을 도출하거나 정돈할 단일 원리가 존재하지 않기 때문이다. 그러므로 좋은 공동체 안에서도 차이나 잠재적 갈등을 배제할 수 없다. 참으로, 다양한 덕들과 그에 상응하는 삶이 있어야만 교회는 '성경'을 구성하는 다면적 이야기에 충실하기 위한 자원을 갖출 수 있다.
3. John Howard Yoder, *The Original Revolution* (Scottsdale, Pa.: Herald Press, 1971), p. 116.

   '세상'이라 불리는 실재는 더없이 복잡한 현상이 분명하다. 신약성경에서 세상은 하나님의 뜻을 묻지 않은 채 조직되고 작용하는 질서를 가리키는 데 자주 쓰인다. 이것은 요한문서에서 특히 자주 보인다. 하지만 그럼에도 세상은 하나님의 사랑의 대상으로 서술되고(요 3:16) 요한일서조차도 예수를 "세상의 구주"(4:14)라고 부른다. 그러므로 요한문서에서도 세상은 하나님의 임재 및/또는 선한 질서가 완전히 결여된 곳으로 묘사되지는 않는다. 여기서의 큰 문제이자 유혹은 우리가 요한이 서술하는 내용에 상응하는 실증적 주제, 즉 정부, 사회 등을 분명히 안다고 가정하는 것이다. 그렇기 때문에 나는 요더가 교회와 세상을 구분하는 기준을 존재론적 질서나 기관이 아니라 행위자들에게 두는 것이 아주 지혜로운 일이라고 생각한다. 그렇게 하면 다음의 사실이 분명해진다. (1) 교회와 세상의 구분은 모든 행위자 안에 있기 때문에 교회와 자신을 명시적으로 동일시하는 이들도 자기 의를 내세울 근거가 전혀 없다. (2) 많은 이들이 폭력 같은 '불가피한 일들'을 '세상' 됨의 핵심적인 부분으로 받아들여야 한다고 주장하는데, 이런 상황이 된 것은 오로지 우리의 불충함 때문이다. 따라서 세상이 하나님의 구속받은 대상답게 그 본성에 충실하면 폭력에 의지하지 않고도 질서가 잡히고 잘 다스릴 수 있다.
4. 여기서 나는 H. R. 니버Niebuhr의 연구를 활용하고 있다. 특히 그의 책 *The Responsible Self* (New York: Harper & Row, 1963)를 보라.
5. 제임스 거스탑슨의 *Treasures in Earthen Vessels* (New York: Harper & Row, 1961)는 여전히 '자연적' 기관으로서의 교회에 대한 최고의 분석을 제시한다. 뿐만 아니라, 너무나 자주 무시되는 거스탑슨의 *The Church as Moral Decision-Maker*

(Philadelphia: Pilgrim Press, 1976)는 규범적 방향에서 이 통찰을 발전시키는 데 있어서 특히 중요하다.

내가 옹호하려는 일반적 입장은 칼 바르트가 잘 요약해 놓았다. "기독교 공동체가 시민사회의 건설과 활동과 유지에 결정적으로 기여할 수 있는 바는 독특한 질서를 갖춘 공동체를 건설하고 구성하는 형태로 시민사회와 모든 인간사회를 향해 증언하는 내용에 담겨 있다. 기독교 공동체는 세상의 주이자 구주이신 예수 그리스도와 하나님 나라의 평화, 자유, 기쁨을 세상에서 직접적으로 설명할 수 없다. 그 공동체 자체가 다른 모든 집단과 마찬가지로 그분을 드러내는 방향으로 움직이는 인간 집단일 뿐이기 때문이다. 그러나 기독교 공동체는 다른 집단들 사이에 있으면서 예수 그리스도 안에서 지상에 이미 세워진 하나님 나라의 법을 주위 세상에 상기시키고 그 나라가 미래에 나타날 거라고 약속하는 존재가 될 수 있고 되어야만 한다. 다른 인간 집단들이 깨닫든 깨닫지 못하든, 기독교 공동체가 실질적으로 그들에게 보여 줄 수 있고 보여 주어야 할 것은 인간 상황의 큰 변화에 근거한 질서가 지상에 이미 존재한다는 것과 세상은 그 질서의 발현을 향해 나아가고 있다는 것이다." Karl Barth, *Church Dogmatics*, IV/2, trans. G. W. Bromiley (Edinburgh: T. & T. Clark, 1958), p. 721. 몇 쪽 뒤에서 바르트는 이렇게 말한다. "만약 기독교 공동체가 예수 그리스도 안에서 성취된 인간 성화의 범위가 그 자체와 신자들의 모임으로만 제한된다고 생각하고 교회의 벽 바깥으로는 *extra muros ecclesiae* 그에 상응하는 결과를 만들어 내지 못한다면, 그것은 주님에 대한 그들의 고백을 정면으로 부정하는 일이 될 것이다"(p. 723).

교회가 자연적 기관이라고 해서 교회가 자신이 속한 사회에 요구하는 바가 줄어드는 것은 전혀 아니다. 그런 요구 중 가장 중요한 것은 복음을 자유롭게 선포하게 해 달라는 것이다. 이 주장의 적법성을 원칙적으로 인정할 수 없을 만큼 하나님의 보살핌에서 멀리 떨어져 있는 사회나 국가는 없다. 물론 '자유'의 형태는 다양할 수 있지만, 교회에 필요한 자유를 교회나 종교의 특별한 법적 지위로 변형시킨 사회에서는 그런 지위 때문에 흔히 교회가 자의로 자유를 상실하는 결과가 나타난다. 그러므로 자유를 바라는 교회의 요구는 사회를 향한 요구라기보다는 사회가 그들의 '자유'를 흥미롭게 바라볼 만큼 충분히 구별되는 백성이 되어야 한다는, 교회에 부과되는 요구라고 할 수 있다.

6. James Gustafson, *Christian Ethics and the Community* (Philadelphia: Pilgrim Press, 1971), pp. 153-163. 모든 인간관계가 모종의 신뢰감을 요구하고 낳는다는 사실은 덕을 내러티브적으로 해석해야 하는 이유를 보여 준다. 내러티브 없이는 우리의 선함을 위해 필요한 기술들이 우리의 가장 파괴적인 역량을 북돋우는 데 쓰일 수 있기 때문이다. 그것을 감지하면 우리는 너무도 자주 누구도 그 무엇도 신뢰하지 않으려 하고 그 결과 가장 억압적인 독재자인 자기 자신에게 종속되고 만다.
7. 따라서 존 하워드 요더는 이렇게 주장한다. "어떤 경우건 폭력의 포기가 폭력의 수용보다 낫다. 그러나 예수께서 포기하셨던 것은 무엇보다 폭력이 아니라, 타인

의 존엄을 침해하도록 이끄는 강박성이다. 이것은 폭력적 수단을 쓰지 않고도 적법한 목적을 다 달성할 수 있다는 말이 아니다. 적법한 수단으로 적법한 목적을 달성할 수 없을 때 적법한 목적을 기꺼이 포기하는 자세 자체가 어린양의 승리의 고난에 참여하는 일이라는 것이다." *The Politics of Jesus* (Grand Rapids, Mich.: Eerdmans, 1972), pp. 243-244.《예수의 정치학》(IVP).

8. John Howard Yoder, *The Original Revolution*, p. 121. 이것을 마이클 노박Michael Novak이 핵군축 문제에서 가톨릭 주교들을 비판한 내용과 비교하는 것은 유익하다. Novak은 노골적으로 이렇게 주장한다. "기독교 신앙은 우리에게 기적에 의지하라고 가르치지 않는다." "Making Deterrence Work", *Catholicism in Crisis* 1/1 (November 1982), p. 5.
9. 이 문제를 이렇게 표현하는 방식을 나는 폴 반 뷰렌Paul Van Buren의 *Discerning the Way* (New York: Seabury Press, 1980)에서 빌려왔다.
10. 같은 맥락에서 윌리엄 윌리몬William Willimon은 이렇게 말한다. "주의 만찬은 '성화시키는 규례', 즉 하나님의 능력 주시고 함께하게 하시고 믿음 주시고 자라게 하시는 은혜가 우리에게 필수적이라는 것과 그것을 지속적으로 누릴 수 있음을 보여 주는 상징이다. 우리 삶에서 지속적인 하나님의 활동이 가능하게 하는 이런 도구가 우리 성품을 형성하고 성화시킨다. 성화는 우리가 하나님의 형상으로 빚어질 때만 우리 삶을 의미 있게 여기겠다는 의지이다. 바울에 따르면 그 형상은 언제나 교회적이고 사회적이고 공동체적이다. 우리는 성도가 되라는 이 부름에 주목하고 응답하면서 이 은혜가 우리의 생각, 감정, 시각, 행동을 한정하는 것을 발견한다. 이렇게 해서 우리는 은혜로 한정되지 않는 사람들과는 다른 방식으로 세상에 참여하는 특징적인 사람들이 된다. 세상을 보는 타고난 자기중심적, 자율적 방식에서 서서히 벗어나 마침내 우리의 고백에 걸맞은 존재가 된다. 우리는 다르다." *The Service of God: How Worship and Ethics are Related* (Nashville: Abingdon Press, 1983), p. 125.
11. Enda McDonagh, *Doing the Truth: The Quest for Moral Theology* (Notre Dame, Ind.: University of Notre Dame Press, 1979), pp. 40-57.
12. Vincent Donovan, *Christianity Rediscovered* (Maryknoll, N.Y.: Orbis Books, 1982), p. 125. 필립 푸버트 덕분에 나는 도노반의 이 매력적인 책에 주목할 수 있었다.
13. Donovan, p. 127.
14. Enda McDonagh, *Church and Politics* (Notre Dame, Ind.: University of Notre Dame Press, 1980), p. 27.
15. Yoder, *The Original Revolution*, pp. 165-166. 민주주의의 신학적 지위에 대한 요더의 좀 더 충실한 분석으로는 다음을 보라. "The Christian Case for Democracy", *Journal of Religious Ethics* 5 (Fall 1977), 209-224.
16. McDonagh, *Church and Politics*, p. 34.
17. 맥도너가 국가와 사회를 구분하는 일의 중요성을 강조한 것은 참으로 옳다. 이 구분이 보다 정의로운 사회질서를 확보하는 데 결정적인 것으로 입증되었음이

분명하기 때문이다. 뿐만 아니라, 국가와 사회의 구분—즉, 사회는 국가라는 통치기관보다 더 기본적인 도덕적 실재이기에 국가가 사회에 종속되고 봉사해야 한다는 가정—이 로마제국의 권위에 기독교인들이 도전한 결과라고 생각할 합당한 근거가 있다. 하지만 그렇다고 해서 이론적으로 '제한적' 국가를 주장하는 사회질서가 그렇지 않은 사회질서보다 교회에 더 유리하다는 결론을 내릴 수는 없다. 우리의 자유를 '국가의 통제'에서 보호하겠다고 주장하는 국가만큼 우리의 충성을 확보하는 데 관심을 갖는 국가도 없기 때문이다. McDonagh, 앞의 책, pp. 29-39를 보라.

18. 앞의 책, p. 69.
19. 그리스도인들이 한 사회의 정부에 어느 정도나 참여할 수 있는지는 원칙적으로 결정할 수 없고 개별 사회와 정부의 특성 및 본질에 달려 있다. 대부분의 정부 기능은 심지어 군사정부 안에서도 강압과 폭력에 의존하지 않는다. 그러므로 일부 사회에서는 경찰, 교도소장 등이 되는 일도 가능할 것이다. 하지만 중요한 것은 사회가 폭력에 의존하지 않고도 정의로울 수 있는 정부를 가능하게 만드는 사람과 기관을 키워 내도록 그리스도인들이 돕는 것이다.

7장 내러티브적 기술로서의 결의론

1. Mary Douglass, *Purity and Danger: An Analysis of Concepts of Pollution and Taboo* (London: Routledge and Kegan Paul, 1966), p. 39. 폴 램지도 그의 논문 "Abortion: A Review Article", *The Thomist* 37/1 (January 1973), p. 203에서 누에르족에게 관심을 기울인다.
2. 참으로, 이런 시각에서 볼 때 중요한 문제는 우리가 한 백성으로서 어떤 난문제를 가져야 마땅한가 하는 것이다. 덕스러운 사람들은 난문제에서 자유롭지 않다. 그리고 그들이 특정한 종류의 난문제에 직면하는 것은 그들이 특정한 종류의 백성이라는 사실의 결과로 나타나는 일이다.
3. Alasdair MacIntyre, "Theology, Ethics, and the Ethics of Medicine and Health Care", *Journal of Medicine and Philosophy* 4/4 (December 1979), p. 437.
4. 이처럼 아리스토텔레스는 정의로운 사람들이 행동하는 방식으로 행동함으로써 우리가 정의로워진다고 말한다. *Nichomachean Ethics*, trans. Martin Ostwald (Indianapolis: Bobbs-Merrill, 1962), 1105a25-1105b10.
5. 아이리스 머독Iris Murdock이 어디서 이 말을 했는지는 확실치 않지만, 그녀가 이 문장을 쓴 것은 분명하다. 특히 그녀의 *The Sovereignty of Good* (New York: Schocken Books, 1970)을 보라. 《선의 군림》(이숲).
6. John Howard Yoder, "What Would You Do If?" *Journal of Religious Ethics* 2/1 (Fall 1974), pp. 82-83.
7. 앞의 책, p. 86.

8. 앞의 책, p. 87.
9. 앞의 책, p. 90.
10. 앞의 책, p. 94.
11. 앞의 책, pp. 96-97.
12. 앞의 책, p. 99.
13. 앞의 책, pp. 100-101.
14. 앞의 책, p. 101.
15. 모어의 인생을 이렇게 해석하는 것을 옹호하는 글로는 토머스 쉐퍼Thomas Shaffer와 내가 쓴 다음 논문을 보라. "Hope Faces Power: Thomas More and the King of England", *Soundings* 61 (Winter 1978), 456-479.
16. 관건은 거짓말이 아니라 간통이라는 반론이 가능할 것이다. 내 친구는 승무원과 짧게 만난 후 집으로 가서 아내에게 진실을 말할 수도 있었기 때문이다. 그는 그렇게 할 수 있었을 테고 아내는 남편의 부정을 기꺼이 받아들였을 수도 있다. 그러나 요점은 그녀가 그런 '진실'을 받아들여서는 안 된다는 것이다. 그것을 받아들인다면 그나 그녀 모두 결혼생활에 합당하지 않은 것을 기대하게 될 테니 말이다. 그런 의미에서 보면 관건은 간통이다. 결혼이 참된 제도가 되려면 결혼 안에서 그리스도인들이 어떤 정절을 갖추어야 하는지 간통이 상기시킨다는 점에서 그렇다. 그러므로 이 사례는 내가 여기서 옹호하지 않았던 규범적 결혼관에 의존한다. 하지만 나는 그 결혼관을 지지할 것인데, 결혼의 정절과 진실함의 문제는 긴밀하게 연결되어 있다고 믿기 때문이다.
17. Yoder, p. 101.
18. 제임스 거스탑슨은 도덕적 담화의 중요성을 누구보다 온전하게 전개했다. 그의 책 *The Church as a Moral Decision Maker* (Philadelphia: Pilgrim Press, 1970)를 보라. 루크 존슨Luke Johnson은 그의 책 *Decision Making in the Church: A Biblical Model* (Philadelphia: Fortress Press, 1983)에서 사도행전을 분석하여 초대교회가 내러티브 공유 과정을 통해 결정에 도달했음을 보여 준다. 이처럼 사도행전 15장에 실린 예루살렘 공회의 결정은 고넬료의 회심에 비추어 볼 때만 이해할 수 있다.
19. Aristotle, *Nichomachean Ethics*, 1098a5-1098b7.
20. 예컨대, 찰스 우드는 "하나의 텍스트를 이해함"은 단일한 일이 아니고 한 가지 방법으로 포착되는 것도 아님을 상기시킨다. 이해함 아래에는 다양한 방식으로 드러날 수 있는 다양한 능력이 가려져 있다. 따라서 기독교를 이해하는 과제는 우리가 예상하는 것보다 힘든 일일 수 있다. 우드는 그 이유를 다음과 같이 제시한다. "기독교의 가르침에 중심이 되는 개념 중 일부는 상당히 복잡하고 실존에 뿌리내린 것들이라서 그 개념들을 습득하면 특정한 도덕적·정서적 성장이 따라온다. 감사나 기쁨 같은 그런 개념들은 개념적 필요조건을 갖고 있는데, 예를 들면 감사의 능력은 자아와 타자에 대한 특정한 인식을 전제하고, 기쁨의 능력은 배려하는 능력을 전제한다. 그래서 이런 특징적인 기독교적 개념들을 배

우고 '기독교를 이해'하는 일에는 인간 존재에 대한 상당히 집중적이고 철저한 교육이 포함될 것이다. 이전까지 받은 교육이 다소 고르지 못했다면 더더욱 그럴 것이다." *The Formation of Christian Understanding: An Essay in Theological Hermeneutics* (Philadelphia: Westminster Press, 1981), pp. 24-25.

21. "생생한 기억"은 유비적 비교로 우리의 도덕적 개념들을 계속 시험하는 것을 말한다. 결의론은 특정 개념들을 새로운 일련의 상황에 비추어 보고/비추어 보거나 다른 개념들과의 관계에서 계속 검토함으로써 그 의미를 길게 논의하는 일이기 때문이다. 예를 들어, 호흡 치료법의 발전으로 우리는 안락사가 의미하는 바를 재고하는 것이 마땅한 상황에 이르렀다. 좀 더 나은 표현으로는, 안락사 금지와 관련된 도덕적 핵심 사안이 무엇인지 우리가 더 잘 이해하는 데 도움이 되었다고 할 수 있다. 안락사가 자살과 어떻게 비슷하거나 다른지는 그다음에 고려해야 한다. 그리고 자살과 안락사가 둘 다 살인의 일종인지 여부도 논의해야 한다. 끝으로, 우리는 이런 형태의 살생이 하나님이 우리 삶의 최종적 주인이시라는 우리의 확신과 어떤 관계에 있는지에 대한 신학적 논의를 피할 수 없다. 바로 이 문제가 특정한 여러 형태의 죽음 허용을 안락사라고 불러서는 **안 되는** 이유를 결정할 것이다.

    결의론에서 유비의 중요성을 떠올리게 된 것은 데이비드 슈미트David Schmidt 덕분이다.

8장 비극과 기쁨: 평화의 영성

1. H. Richard Niebuhr, "The Grace of Doing Nothing", *Christian Century* 49 (March 23, 1932) 378-380.
2. Reinhold Niebuhr, "Must We Do Nothing?" *Christian Century* 49 (March 30, 1932), 415-417.
3. H. Richard Niebuhr, p. 378.
4. 앞의 책, p. 379.
5. 앞의 책.
6. 앞의 책.
7. 앞의 책, p. 380.
8. Reinhold Niebuhr, p. 416.
9. 앞의 책.
10. 앞의 책.
11. 앞의 책, p. 417.
12. 앞의 책. 라인홀드 니버가 H. 리처드 니버의 입장을 그만의 언어인 "순수한 사랑"으로 한사코 규정하는 것이 흥미롭다. H. 리처드 니버는 그의 기고문이나 책에서 그런 표현을 쓰지 않았고, 종말론적 강조점을 전개했다. 이처럼 두 형제의

깊은 차이점은 그리스도인의 삶의 규범으로서의 비폭력주의가 아니라 그리스도인의 세계 이해의 맥락을 제시하는 기본적인 신학적 용어와 관련이 있다. 따라서 형의 기고문에 답하는 편지에서 H. 리처드 니버는 행동이나 비행동의 선택이 관건이 아니라고 밝힌다. 실제로 이 둘은 두 종류의 활동을 말하기 때문이다. "근본적인 질문은 내 형의 주장대로 역사 너머에 놓인 목표에서만 의미를 끌어올 수 있는 '인류 역사는 영구적 비극이다'가 정당한지, 아니면 내가 지지하는 '종말론적' 믿음이 정당한지인 듯하다. 종말론적 믿음에서 인류의 비극은 성취의 서곡이고 인간의 본성으로 인한 것일 뿐이다. 하나님 나라의 도래는 필연적이다. 우리가 그 나라를 볼지 못 볼지는 그 현존을 인식하고 우리가 그 나라에 들어가게 해 줄 유일한 생명, 회개와 용서의 생명을 받아들이는 데 달려 있다." "A Communication: The Only Way into the Kingdom of God", *Christian Century* 49 (April 6, 1932), 447.

13. 현실주의적 기독교 사회윤리를 떠받치기에 충분한 영성을 신학적으로 정당화한 사람으로 라인홀드 니버를 통찰력 있게 다룬 책으로는 다음을 보라. Dennis McCann, *Christian Realism and Liberation Theology* (Maryknoll, N.Y.: Orbis Books, 1981).
14. Reinhold Niebuhr, p. 417.
15. 이 문제에 대한 추가적 숙고로는 다음 내 논문을 보라. "On Surviving Justly: An Ethical Analysis of Nuclear Disarmament", *Religious Conscience and Nuclear Warfare*, cd. Jill Raitt (Columbia, Missouri: University of Missouri Press, 근간).
16. 폭력이 어떻게 우리 사회생활의 토대를 이루는지 비범하게 설명한 책으로는 다음을 보라. René Girard, *Des choses cachées depuis la fondation du monde* (Paris: Grasset, 1978).
17. 에드워드 산투리Edward Santouri는 도덕적 삶은 비극적 딜레마를 본질적으로 포함한다는 주장과 비극감이 어떻게 다른지 내가 인식하는 데 도움을 주었다. 후자는 전자의 강한 주장을 필연적으로 수반하지 않는다. 하지만 비극적 선택에 대한 모종의 설명 없이도 우리의 도덕적 존재를 적절히 설명할 수 있는지는 여전히 잘 모르겠다.

    비극이 어떻게 덕에 대한 설명을 수정할 수 있는지를 대단히 흥미롭게 설명한 논문으로는 다음을 보라. John Barbour, "Tragedy and Ethical Reflection", *Journal of Religion* 63/1 (January 1983), pp. 1-28. 바버는 비극의 본질상 우리는 "삶에 대한 비극적 감각"을 가질 수가 없다는 중요한 주장을 한다. 비극은 선택되는 것이 아니라 피할 수 없는 것일 때만 진짜 비극이기 때문이다. 그러므로 내가 권하는 것은 그리스도인들이 '비극감'을 갖는다거나 가져야 한다는 것이 아니라, 비극적 결과를 피할 수 없게 만드는 삶에 헌신하는 것이다. 그렇기 때문에 우리에게는 비극에 맞설 수 있는 인내와 비극을 피할 수 있다는 소망이 필요하다.
18. Reinhold Niebuhr, *Beyond Tragedy* (New York: Charles Scribner's Sons, 1937), p. 169.

19. 행복에 대한 아리스토텔레스의 논의는 자주 오해를 받지만, 그보다 더 뛰어난 설명은 아직 없다. 아리스토텔레스의 해석에 따르면, 행복은 결국 우리가 욕망하는 대상이라기보다는 올바른 덕으로 올바르게 형성된 인생, 잘 살아 낸 인생의 끝에 찾아오는 어떤 것이다. 예를 들면 J. L. Ackrill, "Aristotle on Eudaimonia", in *Essays on Aristotle's Ethics*, ed. Amelie Rorty (Berkeley: University of California Press, 1980), pp. 15-34를 보라. 여러 면에서 아리스토텔레스의 행복론과 상당히 다르지만, 칼 바르트의 윤리학이 기쁨의 개념을 중심으로 한다는 점은 흥미롭다. *Church Dogmatics* III/4. (Edinburgh: T. & T. Clark, 1968), pp. 373-385.
20. Reinhold Niebuhr, *Beyond Tragedy*, p. xi.
21. 기독교 전통에서 영성에 대한 비범한 설명으로는 다음을 보라. Rowan Williams, *The Wound of Knowledge* (London: Darton, Longman, & Todd, 1979). 《기독교 영성 입문》(은성). 윌리엄스가 지속적으로 다루는 주제는 기독교 영성이 어떤 방식으로 그리스도를 신실하게 따르는 수단이 되지 않고 도피가 되는 유혹을 받느냐는 것이다. 그는 이렇게 주장한다. "그리스도인의 정체성이 역사적으로 무엇을 의미하는지 발견하고 싶다면, 조직신학 못지않게 소위 '영성'이라는 숙고와 탐구 영역을 열심히 살펴봐야 한다. 둘은 서로 뗄 수 없이 이어져 있다. 그 과정에서 우리는 기독교적 경험에서 인간적이고 우발적인 것에 대한 긍정과 피조물의 중재에 대한 철저한 거부 사이의 긴장을 분명히 보게 된다. 우선, 말씀은 육신이고 육신 안에—역사적 전통 안에, 인격적인 인간의 만남 안에, 물질적 성례 안에—전해진다. 말씀은 인간 존재의 여러 가능성을 재형성하고, 공적이고 사회적이며 역사적 세계에서 새로운 인류를 창조하라고 우리를 부른다. 그런데 한편으로, 육신이 된 말씀은 십자가 처형과 부활이라는 거대한 위기와 혁명 안에서 있는 그대로 인식된다. 세상은 말씀을 거부하고 십자가에 못 박는다. 세상에는 말씀을 위한 자리가 없다는 것을 알아볼 때 비로소 우리는 그것이 하나님의 말씀이고, 감추어진 초월적 창조주의 말씀임을 이해한다. 그리고 그때, 그때야 비로소 우리는 창조하시는 하나님의 새로움, 그분이 궁극적 부정과 절망으로부터 만들어 내신 새 생명, 부활, 은혜를 보고 듣고 경험할 수 있다. 기독교의 평화는 아버지와 아들 예수 사이의 평화, 인간과 인간이 함께하는 평화, 만남과 선물 사이의 평화이다. 이 평화는 절망과 공허의 순간, 십자가의 순간을 포함하고 그것을 생명에 엮어 넣는다." pp. 177-178.
22. David Burrell, "Contemplation and Action: Personal Spirituality World Reality", in *Dimensions of Contemporary Spirituality*, ed. Francis A. Eigo, O.S.A. (Philadelphia: Villanova University Press, 1982), p. 152.
23. 앞의 책, p. 160.

찾아보기

ㅇ

ㅈ

ㅊ

ㅋ

ㅌ

ㅍ

옮긴이 소개

홍종락은 서울대학교 언어학과를 졸업하고, 한국해비타트에서 간사로 일했다. 2001년 후반부터 현재까지 아내와 한 팀을 이루어 번역가로 일하고 있으며, 번역하며 배운 내용을 자기 글로 풀어낼 궁리를 하며 산다. 저서로《오리지널 에필로그》가 있고, 스탠리 하우어워스의 책《덕과 성품》, 그의 회고록《한나의 아이》를 우리말로 옮겼다.《오독》,《현안》등 C. S. 루이스의 여러 저서와 루이스 해설서와 전기 등을 번역하여 루이스 전문 번역가로 유명하다. 그 밖의 옮긴 책으로는《마틴 로이드 존스의 예수 내 구주》,《한밤을 걷는 기도》등 다수가 있다. 2009 CTK(〈크리스채너티투데이〉 한국판) 번역가 대상과 2014년 한국기독교출판협회 선정 올해의 역자상을 수상했다.
홈페이지 https://blog.naver.com/jrhong71

평화의 나라: 예수 그리스도의 비폭력주의

스탠리 하우어워스 지음 | 홍종락 옮김

2021년 12월 29일 초판 1쇄 발행

펴낸이 김도완
등록 제2021-000048호
(2017년 2월 1일)
전화 02-929-1732
전자우편 viator@homoviator.co.kr

펴낸곳 비아토르
주소 서울시 종로구 삼일대로 428, 500-26호
(우편번호 03140)
팩스 02-928-4229

편집 이지혜
제작 제이오

디자인 김진성
인쇄 (주)민언프린팅
제본 책공감

ISBN 979-11-91851-15-1 03230